十问

《论语》十问

李统兴 著

江蘇鳳凰教育出版社
Phoenix Education Publishing, Ltd

图书在版编目(CIP)数据

《论语》十问 / 李统兴著. — 南京 : 江苏凤凰教育出版社,2018.11(2020.9 重印)

ISBN 978-7-5499-7731-4

Ⅰ. ①论… Ⅱ. ①李… Ⅲ. ①儒家 ②《论语》—研究 Ⅳ. ①B222.2-49

中国版本图书馆 CIP 数据核字(2018)第 258952 号

书　　名	《论语》十问
作　　者	李统兴
责任编辑	李惠玲
装帧设计	李广玹
出版发行	江苏凤凰教育出版社(南京市湖南路 1 号凤凰广场 A 楼 210009)
网　　址	http://www.1088.com.cn
新浪微博	http://e.weibo.com/jsfhjy
照　　排	南京书梦圆图文制作部
印　　刷	龙口市新华林文化发展有限公司
厂　　址	山东省烟台市龙口市高新技术产业园区(通海路与石黄公路交汇处路西)
开　　本	787 毫米×1092 毫米　1/16
印　　张	18
字　　数	260 千字
版　　次	2018 年 11 月第 1 版
印　　次	2020 年 9 月第 2 次印刷
书　　号	ISBN　978-7-5499-7731-4
定　　价	48.00 元
邮购电话	025-83658642,025-83658688

苏教版图书若有印装错误可向承印厂调换

自　序

《论语》是20世纪80年代初种在我心里的一颗种子。那时，我大约十三四岁，正好读初中。

记忆中，我们学校有好几位老先生。他们看上去很庄重，一丝不苟，批评起人来也非常严厉，让人望而生畏。但找他们问问题或有什么事情求帮忙，他们都很和善，让人感觉很热心。现在回想起来，正是《论语》中所说的："望之俨然，即之也温，听其言也厉。"这几位老先生都有着深厚的国学功底，一个个题诗作对，低吟浅唱，飘逸自在。

其中，有一个是我的表伯。他是我爷爷的亲外甥，父亲的表兄，叫陈学伟，字弄璋。"弄璋"一词出自《诗经》，成语"弄璋之喜"，就是用来祝贺别人家生了男孩。我们都称呼他为"弄伯"。弄伯读了十多年私塾，后来投考黄埔军校，是黄埔二十三期的毕业生，解放战争那阵当了人民解放军。后来，从部队转业，当起了老师。那时的教育，条件虽然不好，但师资还真不错。就我们那闭塞的乡中学的老师，底蕴也相当深厚。

初二时，弄伯教我语文。他上课与别人不同，从不拘泥于课本，讲"四书"，讲《史记》，讲诗对，讲孔子，讲朱熹，讲黄埔的经历……讲得我们一个个都傻了眼。他也骂人，但骂人也与别人不同，他用的是文言文，让你知道他在骂你，却不明白他到底骂了什么。你想控诉他，但你讲不清他说了什么。所以要控诉，得有一定的国学功底！大家开始都不喜欢他。我倒还好，因为他十分崇拜他舅舅，即我爷爷这个有名的乡绅；还因为他不骂我，经常表扬我。有时下课了，他问我课上讲的那些文言句子懂不懂。我说不懂啊，他就讲给我听，要我记在本子上。我才发现他讲得最多的是《论语》里的那些经典句子。

这算是我最初接触《论语》。

后来，弄伯退休了，回老家大山里过着半隐的自在生活。我硕士毕业后参加工作，又读了博，一直忙忙碌碌。偶尔回家，也是来去匆匆。父亲经常忧虑我这种忙乱的生活，要我回家多住几日，多向弄伯讨教学问。每次去弄伯家，要爬将近一小时的山，山路崎岖，却风景宜人。不禁让人想起李中堂晚年一副对联中的上联："享清福无须为官，只要囊中有银，仓中有粟，腹中有诗书，便是山中宰相。"弄伯最喜欢给我讲的依然是"四书"，我和父亲听得津津有味。有一回，弄伯给我们讲了一个字"孝"。从《论语》中的问孝，到孟子、荀子，到《史记》，到朱熹，到朱伯庐，到他自己，到身边的人和事……他时而诵读，时而流泪，时而愤然，时而叹息。整整半天时间，讲得很透彻，很有启发。

从初中开始，我一直有晨读《论语》的习惯，感觉用我们那种拖长音调的方言诵读能让人身体舒适。但我一直认为《论语》很零散，不能很好地记住，运用起来也不能自如。

弄伯给我讲授国学经典后，我脑海里突然浮现了《论语》中的几句话：一是孔子对曾参说的"吾道一以贯之"，二是孔子对子贡说的"能近取譬"，三是子夏自己说的"切问而近思"。

孔子的学问广博深厚，实际是围绕着一些中心思想阐述的。我就想：那《论语》二十篇，四百九十二章，可以分出多个主题；以主题来学习，把原来的段句重新组合，不更容易理解和记忆吗？这就是《〈论语〉十问》在结构上的创新吧。针对弟子问孔子比较多的问题，以及当时比较热门的话题，我选择了"问道""问学""问师""问政""问仁""问礼""问孝""问友""问利""问君子"十个主题，作为"十问"。

传承国学经典有一种两难的境地，学的觉得枯燥，讲的也觉得难讲。原因在于不能"能近取譬""切问而近思"。我在《〈论语〉十问》中尽量用"能近取譬""切问而近思"的方式来讲述《论语》。

"能近取譬"，就是要能拿自身打比方，能推己及人。孔子也是一个凡人，他说的话，多从自身出发，很接地气。我们读《论语》，也要多从自身实际出发进行比照、思考、理解。有人总是讨论《论语》可不可以用来治国，我倒觉得《论语》更适合用来观照自己，让你把自己看得更清。子贡问仁，孔子说："己欲立而立人，己欲达而达人。"孔子的意思是，自己想立足，也要让别人立足；自己要通达，也要让别人通达。现在有很多自私的人，只许自己成功，不想别人也成功。你是不是这样的人？你有没有这样做过？你身边有没有这样的人？他们是怎么样做的？你是不是个心中有仁的人？这就是"能近取譬"。

"切问而近思"，就是恳切地提问，多思虑当前的事情。它与"能近取譬"有相同之处。《论语》其实离我们并不遥远，它说的就是当下。时间间隔虽然有两千多年，但历史总是惊人的相似。许多时候，读着读着，我就觉得孔老夫子说的不就是我们身边的那个谁谁谁吗？今天发生的那些事，孔子那时不也发生着吗？历史从未走远，走远的只是流光。

所以，学习《论语》，不时要托起自己的腮帮子，在心里多沉思一下，反观自己，反思身边的人和事，你会越读越通，越读越明。

目　录

contents

问道

中国文化里，“道”是一个高深的哲学命题。

老子有本著作叫《道德经》。《道德经》的“道德”不是我们现在意义上的道德，所以它不是讲道德修养的。此“道”非彼“道”，所谓“道可道，非常道”。有一次听一个人说，大家要加强思想道德建设，提高品德修养，建议去读《道德经》，那是专门讲道德的。有人开玩笑说：“那读《金刚经》是不是可以成为力大无比的金刚？”

老子讲道，道是一种与生命密切相关、却又看不见摸不着的超自然法则。“人法地，地法天，天法道，道法自然。”

孔子认为道是一种规律、法则。通过学习、思考、实践，可以掌握“道”，所谓“下学而上达”。但《论语》中，道，更多的是一种理想、一种追求，或者，一种原则、一种坚守。所以，当孔子说“志于道”“吾道一以贯之”时，说的是理想和追求。

《论语》中，孔子多次问道，弟子和时人也经常探讨道。那，道在何方？孔子为何要问道？孔子之道或儒家之道是什么？君子如何谋道？

一、天下无道，孔子问道

周幽王乱而亡国，西周辉煌的历史结束了。平王迁都洛邑，是为东周，也就是我们所说的春秋时代。

孔子生于公元前 551 年，其时正是鲁襄公主政，鲁国国内暂无大事。

9 年后，鲁襄公卒，鲁昭公立，依仗结盟晋国确保平安。

17年后，楚灵王举全国之力建造休闲娱乐场所章华台，还大办宴席收受贵重物品和礼金。鲁昭公也去凑热闹，楚灵王一时高兴，把一张宝弓赠给了鲁昭公，后又反悔要了回去。

34年后，鲁国上卿季平子极度无聊，与另一无聊贵族后昭伯斗鸡，两人都不遵守游戏规则，斗鸡转向了斗殴，并且引发两个家族大规模斗殴，鲁昭公趁机攻打季氏，却以失败告终。鲁昭公出逃齐国。鲁国暂无君主，大家倒也相安无事，只有孔子不能忍受国家没有领导的日子，也跑到了齐国，在高昭子家应聘当家臣。

41年后，鲁国新的领导人上任，是谓鲁定公；50年后，孔子正式出仕，任中都宰。任中都宰一年，中都大治，孔子被提拔当了小司空、大司空、行摄相事。孔子任职的五年，鲁国国力开始增强，礼乐兴起，鲁国欣欣向荣。但定公没有定力！齐国看到鲁国重用孔子，国家走向兴盛，当然不乐意了，因为齐国一直想把鲁国当成它的附庸国。于是，齐国大使美人计。你不是叫定公吗？我就送美女给你，送少了不行，送80个，并且都是会唱情歌会跳艳舞的美女。巧笑倩兮，美目盼兮。我看你还定得住不？

这鲁定公当然就定不住了，上卿季桓子那更不用说了。这两个掌管鲁国国家机器的人就天天看美女啊看美女，从此朝也不上了，对孔子更是爱理不理的。

孔子本要推行自己的政治理想，把鲁国建设成文明富裕的礼仪之邦，让人民安居乐业，让百姓得到教化。看样子，在鲁国，理想是实现不了了。那就去外国看看吧，反正那时也不要护照什么的，来一场说走就走的旅行！

孔子可不是真的去旅行，他哪有这个闲心啊！他是去问道！“我的理想在鲁国实现不了，难道天下就没有道了吗？”

走啊走啊，孔子于山野之中迷路了，于是他让子路去问道——

长沮、桀溺耦而耕，孔子过之，使子路问津焉。长沮曰：“夫执舆者为谁？”子路曰：“为孔丘。”曰：“是鲁孔丘与？”曰：“是也。”曰：“是知津矣。”问于桀溺，桀溺曰：“子为谁？”曰：“为仲由。”曰：“是鲁孔丘之徒与？”对曰：“然。”曰：“滔滔者天下皆是也，而谁以易之？且而与其从辟人之士也，岂若从辟世之士哉？”耰而不辍。子路行以告，夫子怃然曰：“鸟兽不可与同群，吾非斯人之徒与而谁与？天下有道，丘不与易也。”（《论语·微子》）

长沮、桀溺何许人也？

沮，读“居”时，意思为水中洼地；读“举”时，意思为沮丧。长沮，就是一个长期在水中洼地劳作的人，或者说，一个长期不开心、很沮丧、很郁闷的人。

桀，本是一个象形字，意思为鸡栖时的木桩。鸡栖息时喜欢站在木桩上。看来，几千年来，鸡这个习惯没有改变。溺，水淹没，或指沉迷不悟。桀溺，被水淹没的木桩或一个沉迷不悟、麻木不仁的人！

你看，孔子遇到的是啥人？而后会发生什么样的故事呢？

《论语》中的这段话就像戏剧的一个片段。

幕启——

天空阴雨，苍野间，两个满身泥泞的人在繁忙地劳作，脸上或沮丧，或麻木。

孔子与子路驾着一辆破旧的马车缓缓而来，人困马乏，疲惫不堪。面对前方山峦叠嶂、树木丛生，孔子茫然不知所措，我们该往何方行？路在何方？

孔子使子路问路。

镜头重现——

山野间，唯有耕者长沮、桀溺二人！

子路问，路在何方？长沮头也不抬，依然长长的沮丧，冷冷地反问：“那个驾车的是何人？”

子路立刻答道：“他是孔丘。”

“是鲁国的孔丘吗？”

“是的，是的。您认识？那……”子路有些窃喜，正准备套套近乎，话还没说完，长沮马上说话了：“他知道路在哪里！”

再也无话可说。

依然没有抬头，依然是长长的沮丧……

子路无趣，只得再问另一人：桀溺。话还没开口，桀溺却说话了：

“你是谁?”

“我是仲由。”

“就是鲁国孔丘的徒弟仲由?”

“对对对,您都知道啊,那您……”子路又窃喜,又想套套近乎,不想话又被打断了。

“像洪水一样的坏人太多了,你们同谁去改革它?你与其追随那些逃避坏人的人,为什么不跟着我们这种逃避整个社会的人?”

依然耕作,依然麻木!

子路只得回去告诉孔子。孔子都听到了看到了,失望地说:“鸟兽是不可能同群的,我不与我的徒弟们一起去改革社会,我还能同谁一起呢?如果天下有道的话,我孔丘就不用去改革了。”

子路问路,问到的是人心麻木,随波逐流。

孔子没有被沮丧的情绪所感染,而是更加坚定心中的“道”!天下无道,如果大家都随波逐流的话,这个社会、这个世界会好吗?

像长沮、桀溺这样逃避世事、麻木不仁的隐士,还真不少。他们是谁?没人知道。他们不过是一个符号,就像春秋时期的一声鸟叫、一片落叶,无人理会,也无人记得。

《论语》中的丈人、荷蒉者亦是如此!

> 子路从而后,遇丈人,以杖荷蓧。子路问曰:“子见夫子乎?”丈人曰:“四体不勤,五谷不分,孰为夫子?”植其杖而芸,子路拱而立。止子路宿,杀鸡为黍而食之,见其二子焉。明日,子路行以告,子曰:“隐者也。”使子路反见之,至则行矣。子路曰:“不仕无义。长幼之节不可废也,君臣之义如之何其废之?欲洁其身而乱大伦。君子之仕也,行其义也,道之不行已知之矣。”(《论语·微子》)

子路跟在孔子后面,跟着跟着,孔子不见了。遇到一个老人,他用拐杖挑着除草的工具。这个“丈人”,不是我们现代意义上的岳父,只是泛指男性老人。子路问他看见夫子没有。那老人说:“四肢不劳动,五谷都分不清,谁是你的夫子?”然后不停止劳作。

子路问路，遇到的人，不是脾气不好，就是对他爱理不理。这丈人还教训人，但他教训的不对吗？子路一想，对呀。生活即教育，你都不劳动，五谷分不清，那还当老师？子路觉得这人说话难听但说的却是事实。话糙理不糙嘛！于是，拱手站在那里一动也不动。子路可是难得如此低调！

老人看到子路还蛮有礼仪的，加之天又快黑了，于是留子路住。杀了老母鸡，做饭给子路吃，还让他的两个儿子来见子路。这已经是把子路当贵宾对待了。不是不要和陌生人说话吗？你说你家门口来了一个陌生人，你门都不敢开。这丈人倒是热情，杀老母鸡炖汤，还让儿子出来相见，对子路是相当的尊重了。

第二天，子路离开了，把事情告诉了孔子。孔子说，这是一个高尚的隐士，要子路回去再见老人。为什么孔子要子路返回去见老人呢？因为这老人有善心、讲礼节，正是孔子心中的志同道合者。子路你咋不加他微信成为好友呢?

子路返回还找得到那老人吗？找得到，那他可就不是高深的隐士了。再说，人家下蛋的老母鸡都杀了，已经做好逃避你们的打算了。你还找得到么？果然，老人搬家了！

留下子路在懊悔了:这么好的人啊，你怎么就不愿意出来与我们一同为社会做贡献呢？君子出来做官，是为了推行道义。这么好的人都不愿意出来做官，天下无道也是可见一斑了！

孔子处处碰壁。当权者敷衍他，利用他，拒绝他，甚至驱逐他;看破世事的隐士规劝他，回避他，嘲讽他，甚至怒怼他。

> 楚狂接舆歌而过孔子曰:“凤兮凤兮，何德之衰？往者不可谏，来者犹可追。已而已而，今之从政者殆而!”孔子下，欲与之言，趋而辟之，不得与之言。(《论语·微子》)

孔子到楚国去，路上遇到一个叫接舆的楚国狂者。古代所谓狂者，就是思想激进、敢作敢为的一类人。孔子曾说“狂者进取，狷者有所不为”，接舆乃是湖南桃江人。桃花江啊，最早不是出美人，而是出狂人。这位楚狂叫陆通，接舆是他的字。因不满时政，曾放言政事，引起不小的反响。相传楚昭王听说接舆很有才能，就派人带着百镒黄金、车马二驷去请他出来为官。春秋时期的隐士都还是真隐士，不去搞什么“终南捷径”，所以，接舆直接拒绝了。

西晋时学者皇甫谧著有《高士传》，对长沮、桀溺以及接舆都有记述。接舆和妻子最后隐居在峨眉山，死后被道教尊为大仙。

接舆边走过孔子的车子，边唱着歌说：“凤啊，凤啊，你为什么如此倒霉？过去的不能再挽回，未来的还来得及。罢了吧，罢了吧，现在那些执政者很危险。”

接舆不相信未来，尤其对政府没有信心。劝孔子放手，还狠狠地凿到了孔子的痛处：何德之衰！孔子不是说自己惶惶如丧家狗吗？就是四处碰壁、无人接纳！

但孔子就是孔子！至圣乃至刚！你说吧，你唱吧，你嘲笑吧！我还得和你谈谈——

孔子下了车，想和接舆同志聊聊未来、聊聊理想，但接舆同志跑得比兔子还快。孔子没法和他说上话！

> 子击磬于卫，有荷蒉而过孔氏之门者，曰：“有心哉，击磬乎！”既而曰：“鄙哉，硁硁乎！莫己知也，斯己而已矣。深则厉，浅则揭。”子曰：“果哉！末之难矣。”（《论语·宪问》）

孔子周游列国，在卫国停留的时间比较长。卫国君主虽然对孔子不错，但也没有重用孔子。孔子有吃有喝，就是没法施展自己的理想抱负，所以日子过得也是百无聊赖。

有一天，孔子没事就击磬。一个挑着筐的人经过他门前，自言自语地说：“这个击磬的人，有心事呀。”接着又说：“可鄙啊，硁硁的磬声似乎在诉说着没人了解我。你自己应该知道，没人了解我，那就算了。水深就踩着石头过河，水浅就撩起衣服过河。”

同为隐士，同为批评、规劝孔子，长沮、桀溺、丈人、接舆都是直截了当。

只有这个荷蒉者,相对来说,还比较委婉。尤其,还引用了《诗经》中的句子:“深则厉,浅则揭。”孔子不是说“不学诗无以言”吗?这下碰到一个种田的汉子也用诗来暗讽,似乎十分恰当地说出了孔子的心事。所以孔子很有同感地说:“果真如此,但要按你说的做,难啊!”

《论语》中的这四段话,五个人,道出了“天下无道久矣”,但孔子却义无反顾地“问道”!

长沮、桀溺、丈人、接舆、荷蒉者,都是隐士。中国很早就形成了隐士文化,相传善卷是尧舜时的隐士。

春秋时期,大量的隐士出现,那不是一个正常现象。

大量的隐士出现,那是一个时代昏暗的标志。

一个国家,如果读书人或者说士,都不愿意出来为官,去实现自己的理想抱负与担当,而是一味地寻求隐逸,那么这个国家的政治肯定不清明。

一个单位也是如此!如果一个单位中,有本事的人都不愿意出来做事而是寻求安逸,寻求心安,寻求混个日子,那么这个单位的管理肯定有问题。

这都是“无道”的表现。

《论语》中的这些人,都是有道德、有本事的人,却连真实的姓名都不愿意透露,只用一个特征来表述。对世人而言,他们就好像是一个影子、一个符号,模糊,飘缈,充满伤感。

这些隐士其实都是真正的智者,他们把现实看得很清很透,但他们的心却没有了温度,正如苏轼所说“心似已燃之木”,这是一沟绝望的死水!

难道孔子看不透这个世界吗?孔子也是智者,他肯定看得清、看得透,但不同的是,他是智者,更是仁者!于是,他和隐士们有着本质的不同,那就是:

他看透了这世界的本质,却依然热爱他!——这就是罗兰所说的真正的英雄主义。

“天下有道,丘不与易也。”正因为天下无道,所以孔子要问道。大有一种“我不下地狱谁下地狱”的味道在里面!

地上的道没有问到,但心中的道却更加清晰、坚定。《诗经》里有诗这样说:

“唐棣之华，偏其反而。岂不尔思，室是远而。”子曰：“未之思也，夫何远之有？”（《论语·子罕》）

意思是：“唐棣这花啊，翩翩地翻转。我岂是不思念你啊，只是住得太遥远。”孔子说：“你都没有思念，说什么遥远？如果是真的思念，那有什么远的呢？”诗似乎说的是爱情，孔子却拿来谈理想与追求。一个人真正有理想，想改变世界，未来的路，又何惧遥远，何惧风雨呢？

二、小道与大道，君子何为

《论语》中多次提出了“小道”。有“小道”必有“大道”。

孔子没有直接说大道。《礼记·礼运》中有“大道之行也，天下为公”，我们都耳熟能详，但这是假孔子之口所说的。

孟子倒是多次说到了“大道”。

那“小道”是什么？“大道”又是什么？君子如何选择？

古代文献中的“道、路、径”都是指地上的道路，但是有所区别的。

在古代，道是大路。就像现在城市里就叫什么道什么道，深南大道、中山大道、五一大道、中央大道，这说明这条路非常宽广，是该城市的主道。

径就是小道、小路。《论语》中有一章说到，子游在武城做官，孔子去考察，问他得到人才没有，子游说，有一个叫澹台灭明的人，非常不错，“行不由径”。“行不由径”，就是走路从来不会去走小路、捷径。

《水浒传》中这样写道：“走小路，多大虫，又有乘势夺包裹的剪径贼人。”第五回又讲道：九纹龙剪径赤松林，鲁智深火烧瓦罐寺。这里说的是“剪径”，而不是“剪道”。剪径就是打劫，强盗打劫当然在小路上或如赤松林那样偏僻的地方，谁敢在五一大道上去打劫？当然也有，那是非常极端的恶人。古代那些打劫的，一般都在小路上，人烟稀少，容易得手，也容易逃跑。

地上有小道、大道；儒家也有小道和大道之分。

子夏曰：“虽小道必有可观者焉，致远恐泥，是以君子不为也。”（《论语·子张》）

子夏曰："百工居肆以成其事，君子学以致其道。"(《论语·子张》)

子夏说："即使是小的技艺，也有可取之处，但对于实现远大的事业恐怕就有妨碍了，所以君子不会喜欢。"

子夏又说："工匠们在作坊里完成他们的事情，而君子靠学习来达到心中的道。"

孔子的学生子夏，跟孔子学习的时候家庭条件非常不好，有个成语叫子夏悬鹑，说的就是子夏家里非常穷，穿的衣服很破烂，披在身上就像挂着的鹑鸟尾一样。要是放到现在就是一"犀利哥"，说不定哪天就成了网红。家贫可能会造成心胸不宽广，格局打不开。这是环境带来的影响。所以子夏比较小气，格局不大。孔子告诫子夏要为君子儒、无为小人儒。子夏大概也在不断地修炼。他要往大道上走，摒弃小道。

这一段话是他发自内心的感悟。

这里的"小道"是什么？小技艺。什么是小技艺呢？

晋国有个君主叫晋灵公。这晋灵公无聊啊，一国之君，不理朝政，一天到晚就只知道寻乐子。各种玩都没味了，有人送了一把特制的弹弓给他——幸好那时还没有发明手枪，不然天下人都要遭他的殃了——他先是在宫里练着玩，打打小猫小狗，打打服侍他的下人。玩久了觉得不过瘾，就跑到闹市去了。站在一个台子上，对着下面的行人发射弹弓。行人有被他射中脑壳的，有被他射中眼睛的，有被他打掉牙齿的，有被他打晕过去了的……大家吓得一个个四处逃离，而晋灵公还哈哈大笑。

这玩弹弓就是小技艺。晋灵公玩得入迷，居然不顾君主的礼节，连起码的人性都没有了。当然这是极端的例子。小技艺还有哪些？

斗鸡是吧？打牌是吧？下棋是吧？打陀螺、滚铁环呢？都是！我们小时候玩跳房子，经常玩到天黑了也不回家。高衙内是个蹴鞠高手，菜园子张青会玩飞石，那都是"小道"。

小技艺为什么不是大道？为什么君子有所不为？

游戏有可取之处，比如偶尔打个牌，亲朋好友，大家放松一下，挺愉悦的。

比如你去坐飞机，飞机晚点几个小时，你和朋友下下棋，可以消磨时间，也转移一下焦虑的情绪。

但是小技艺容易使人沉迷其中，玩物丧志。虚度了时光不说，还容易使人变得浮躁和肤浅，因为学问是需要沉心学习和静气思考的，因为君子是有理想和抱负的，时刻不能忘记自己的使命！

你看，高衙内是不可能去研读《论语》的，他的世界里就只有蹴鞠和林冲的妻子。

所以，子夏说，那些小技艺虽然有可取的地方，但容易使人沉迷其中，故君子是不会喜欢的。

那有人说，孔子不是提倡学生博弈吗？

> 子曰："饱食终日，无所用心，难矣哉！不有博弈者乎？为之，犹贤乎矣。"(《论语·子张》)

孔子有时也很无奈。孔子教出了颜回、子路等杰出的学生，但也有许多学生是不听话的，也没有成什么才。"没有教不好的学生，只有不会教的老师"，这话孔子听了肯定会怒怼："未足与议也！"

有些学生家里条件好，整天吃得好，读书不用心。整天吃吃喝喝，无心读书，这种人很容易变坏，所以孔子看了就不无担忧：难以成才！与其这样下去，不如你们去掷采下棋吧，总比无所事事好些。古人掷采下棋，类似我们今天打麻将先投骰子，决定谁先来。后来演变成了摇骰子赌博。所以，孔子要学生去掷采下棋——当然不是赌博。从小道，那也是没办法的事了。有些学生不读书，你也不可能去打他强迫他，那就让他玩玩游戏，不干扰其他学生就好了。所以，别把老师当成救世主，人才的成功不可能由老师包打天下。孔子这个至圣先师早就告诉你了，你又何必执拗呢？

孔子坚持认为，君子要执着于大道，小道无须执着也无须多！

> 太宰问于子贡曰："夫子圣者与？何其多能也？"子贡曰："固天纵之将圣，又多能也。"子闻之，曰："太宰知我乎？吾少也贱，故多能鄙事。君子多乎哉？不多也。"(《论语·子罕》)

这段话就很有意思。为什么？因为有个太宰因孔子才能太多而怀疑他到底是不是圣人。

太宰是官名，西周时设立的掌管国家典籍、辅佐治理国家的官员，地位相当于后来的丞相、宰相。到底是哪个国家的太宰问子贡，不得而知了。

太宰问子贡："孔夫子到底是不是圣人啊？为什么这么多才能？"这话的意思是，既然你孔夫子是圣人，为什么会那么多技能？明着说吧，圣人就不会有那么多技能。古人认为，音乐就是盲人的事，称为师；跳舞是美女们的事，称为伎；驾车有专门的御者。这些人地位都不高！因为他们只是从事专门工作的技工！圣人不能这样，他要放眼全局，治理天下！你看尧舜，会打麻将吗？你看大禹，会去 K 歌吗？都不会，他们要专门治理国家，为人民服务，哪有闲心搓麻 K 歌？这叫唯精唯一！

孔子会什么技能？会得可多了。以至于达巷党人都说："孔子伟大啊，博学却没有哪一门是他的专长。"孔子听了心里觉得可气又好笑，就说："我要专长吗？是射箭还是驾车？驾车吧，驾车是我的专长。"因为他们所说的专长是技艺，而不是安家立命、达己达人的学问。你说你就能蹴个鞠，你能算什么社会贤达？当然，后来的情况发生变化了，蹴鞠蹴得好成了权贵，斗鸡斗得好还成了宠臣。

孔子当然不想别人就关注他的那些小技能，他志不在此，也不想别人以此来评判他是否有才。这不足道也！所以，他赶紧解释："太宰了解我吗？我年轻时候贫贱，所以学了一些粗鄙的技艺。君子有这么多的技艺吗？没有！"一句话，君子不是要杂的！

回到现实，我们不要因为某个人球打得好、魔术玩得好、歌唱得好，就把他捧上天，还要给个什么级别的官。评价一个人，不能以这些小道为标准，而要看他理想、追求、学问、品德等，这才是大道。有的人让自己的孩子学十几门才艺，每年要花费十几万。我身边就有这样的家长。孩子每天学这学那，这个可以表演那个也可以表演，圣贤之书倒完全没有读过！当然，家长的初衷是好的，但我认为，不可舍本逐末，主次不分。对孩子终身发展有益的学问要从小重视，这是引导孩子走大道！

大道是什么?

孔子没有明说,《论语》中也没有提"大道"。倒是孟子这样说过:

"居天下之广居,立天下之正位,行天下之大道。"

居天下之广居。字面上的意义是居住天下最宽广的房子。如果孟子的意思只是想住好房子大房子,这跟现在的土豪有啥区别?现在很多人,房子越住越大,车子越开越贵,心灵却越来越小,精神越来越萎缩。所以,孟子讲的不是物理的广居,而是心灵的广居、精神的广居,是一种博大的仁爱精神!有仁,居亦广!

立天下之正位。立,顶天立地,孔子说"立于礼",要立在天下最正大的位置。君子讲规则,不能因为名利就没有规则,偏离自己应有的位置!古人不仅要求站要有站相,站的地方也很有讲究。行不由径,站也不能站在暗处、院子的旮旯、污秽的地方。光明正大的地方你不站,你站那些黑暗的角落,那心里有鬼!所以,立之正,在于礼!

行天下之大道。地上的大道多了去,我们每天都走。但这并不是孟子所说的真正意义的"大道"。孟子的"大道",是大家都认同的仁义之道。一个人坚守仁义,处处行得通,能得到大家认同,所以路最宽最广。一个人不坚守仁义,自私自利,最多在与你有利相交的人那里行得通,不会得到广泛认同,你还有什么大道可行呢?

孔子的大道是什么?

有一回,孔子和颜渊、子路一起谈理想,"各言其志"。孔子说他的理想是"老者安之,朋友信之,少者怀之"。"老者安之,朋友信之,少者怀之",这是孔子的大道!让老年人能得到安乐,让朋友信任你,让年轻人怀念你,非大仁大爱,如何能做到呢?西伯侯善养老,所以伯夷、叔齐等贤人都投奔他。贤君圣主都会这样做,这就是圣贤之道,也就是孔子崇尚的大道。

子路问君子,子曰:"修己以敬。"曰:"如斯而已乎?"曰:"修己以安人。"曰:"如斯而已乎?"曰:"修己以安百姓。修己以安百姓,尧、舜其犹病诸!"(《论语·宪问》)

子路问怎么样可以成为君子。孔子说："要好好地修身，严肃认真地对待自己的工作。"我们说，能够做到这样子，很不错了。现在能够这样做的人，都是优秀员工、劳动模范！但子路觉得这样显然不够，因为他早就这样做了。

孔子就说："好好地修身，让身边的人得到安乐。"有句话说：让人们因我的存在而感到幸福。有的人却是让身边的人因他的存在而感到痛苦。以前碰到过一个这样的管理者，今天一个规定明天一个规定，无端地增加了许多工作量。本来简单的事复杂化，做不完的事，生不完的气。其实背后就是一个意图：显示自己的权力！与这样的人共事，哪有什么安乐可言？所以，一个社会人，不管你有什么理想与追求，先做好"修己安人"。人生中也碰到过这样的人：总是处处考虑你的感受，对你礼让三分。你在办公，他接电话把声音压得很低很低；你喉咙嘶哑，他会奉上一杯菊花茶；天下雨，你出门，他会提醒你带伞……这就是"修己安人"！

修己以安人，能做到这样子，又有多少人呢？显然子路已经做到了。子路古道热肠，乐于助人。自从他跟随孔子，更是常常让孔子和其他同学，因他的存在而感到幸福！所以他不禁问：这样子就可以了吗？

孔子说："好好地修身，让天下的老百姓得到安乐。但这样子有难度啊，尧、舜都还受到诟病呢？"让身边的人得到安乐，这个是每个人都可以做到的！让天下的老百姓都得安乐，这就不易做到，但孔子有这个情怀和志向！他一生就是为这样的理想辗转奔波！有人说："修己以敬、修己以安人，我可以做，跟我有关；但修己以安百姓，这是领导的事，我想这干啥？"你能修己以安百姓，你就成了孔子！圣人干吗的，圣人就是胸怀苍生的！

这是大道！

大道从哪里开始？从修身开始！所以，儒家认为，一个人的修身太重要了，近者决定你如何对待生活，远者决定你如何对待苍生！

曾经有个家长跟我交流。他说，现在的小孩呀，习惯真不好，我家的孩子就这样。我问："怎么不好呢？"他说，孩子上小学了，吃饭还要哄，脚踩在凳子上，吃东西筷子乱搅，食物扔得到处都是。我说，你自己不觉得你习惯够不好吗？你看你那坐的姿势，那二郎腿坐哪里都跷得老高，垃圾随意丢，粗鄙话不断。自己不修身，哪里能安人？家长也好，老师也好，领导也好，修己，才能安人，才可安百姓！

三、孔子之道，人在中央

春秋时期，真可谓乱象环生。乱不在下，而自上。君主不像君主，臣子不像臣子。君臣不用心于正道，而专营歪门邪道。这样的事太多了。

> 子曰："臧文仲居蔡，山节藻棁，何如其知也。"（《论语·公冶长》）

臧文仲是鲁国的大夫，世袭司寇，曾侍奉庄公、闵公、僖公、文公四君。平心而论，这个人还是不错的。但孔子对他评价不高。《论语》中涉及两处。

一是说他没有提拔柳下惠，是一个"窃位者"，不仁。窃位，就是通过不正当手段得来的官位。一个人花钱或者通过欺骗得来了一个官位，他哪会去提拔贤者，那不是打自己的嘴巴吗？当然这是孔子生气时说的话。臧文仲还不能说是一个窃位者。

二是说他养乌龟，不智。蔡，本指蔡国，蔡国有特产大乌龟，所以，以蔡指代大乌龟。臧文仲你是一个大夫，你应该忙着管理国家，为人民服务，日理万机，鞠躬尽瘁，死而后已。但你却把大乌龟当宠物养，还把乌龟住的地方搞得那么豪华：柱头斗拱上都刻上山形，梁上的短柱都画上水草。

养宠物啊，不是只有现在才这么疯狂的。龟比人贵，狗比人贵，鸟比人贵；狗死人下跪，鸟死人偿命……这样的事，春秋时期比比皆是！

卫国有个君主叫卫懿公。懿，美德，本来意义很好。但不知道为何，谥为懿公的都不是太好。齐桓公的儿子齐懿公，蛰伏多年，欺世盗名，一旦上位为君主，原形毕露。邴原曾与齐懿公争夺采邑，齐懿公失败，怀恨在心。当了君主后，邴原已经死了。人死恩怨了，但齐懿公却没有这么心胸宽广，他把邴原的坟掘开，断其足。死者为大，这是大不敬。邴原有个儿子叫邴歜，花言巧语，齐懿公任用他做自己的司机。这下糟糕了，司机邴歜联合齐懿公的贴身护卫雍职（这雍职的老婆被齐懿公抢去了）把齐懿公弄死在车里了。

好，先不说其他的懿公，单说这个卫懿公。他也养宠物，养的是鹤。这可是国家一级保护动物呀。

这卫懿公养鹤宠鹤到什么程度呢？他把鹤都养在宫殿里，上朝议事一般这样子：啊，小鹤鹤，来来来，吃一点啊，爸爸疼你啊，那个那个啥大夫，你有啥事，说吧，小声点，别吓着我的小鹤鹤……

大夫哪还敢议事啊，一个个都闭嘴了，或者和卫懿公一起养鹤算了。大家都养鹤，都是小动物保护协会的，有事好商量嘛。

这卫懿公还给鹤封了官，按官位给俸禄。

上有所好，下必甚之。你君主养鹤，那鹤就有好价钱。卫国上下都养鹤。父母不养了，小孩不养了；农业生产不搞了，良田改为养鹤场；士兵不操练了，也都养鹤玩。

北方少数民族狄人来侵，气势汹汹。卫懿公这下慌了手脚，可是大家说，你去叫你的鹤来打仗吧。后来卫懿公被狄人杀了。

齐景公也养宠物，孔子批评他养马——

> 齐景公有马千驷，死之日，民无德而称焉。伯夷、叔齐饿于首阳之下，民到于今称之。其斯之谓与？（《论语·季氏》）

齐景公还喜欢养鸟，在皇宫里养了很多鸟。并且，谁动了他的鸟，那会招来杀身之祸的。

齐景公要一个叫烛邹的人给他养鸟，结果，他喜欢的鸟飞走了。

鸟飞走了，这不很正常吗？有句话叫天高凭鸟飞，你把鸟养在笼子，它可不喜欢。结果，齐景公要把烛邹杀掉。

晏子知道了，赶紧劝齐景公。

君主不好劝的，再加之养小宠物的人特别执拗。狗要咬你，你打了它，狗主人要你向狗跪下道歉。狗都不计较，你计较啥？再说，你要管好自己的狗嘛，怎么只怪别人呢？

晏子知道，如果这样劝齐景公，没准救不了人，还会迁怒于自己。于是，他跟齐景公说："杀了好，该杀。"齐景公诧异了，这晏子平时都跟我唱反调的，今天是抽什么疯吧？咋的了？只见晏子指着烛邹说："烛邹，你知道你为啥要被杀吗？我跟你说说你的罪状。你给国君养鸟，鸟飞走了，你没有尽责，此为罪一；你让国君为了一只鸟而要杀人，背上了嗜杀的恶名，此为罪二；其他诸侯知道了这件事，都会认为我们的国君草菅人命，此为罪三。"景公一听，你这哪是要我杀人啊，分明是在威胁我嘛！今天这人也是杀不得，杀了就成了昏君。春秋时候的昏君最不好当了，手下的大夫会和你拼命，外面的诸侯也会趁机铲除你。拼了命、铲除了你，那是好事呀，大家觉得这样做既正义又划算！

卫桓公，有个弟弟叫州吁，这州吁就是一混混，骄奢淫逸，经常和一些乱七八糟的混一起。卫桓公骂了他，他就纠集一帮坏人把卫桓公杀了。卫国人都讨厌他。一个叫石碏的大夫就想了个办法，引诱州吁到陈国，与陈国君主合谋杀了州吁。大家都觉得做了件正义的事。尤其陈国，在国际舆论中还得到了广泛支持！

齐景公是因为害怕扣上昏君的帽子而没有杀人。但你看，鸟飞走了有多大个事，国君却要杀人。这些为君者，心中有人吗？

他们更多的是鸟道、马道、龟道，而很少有人道！

孔子则不同。孔子不养宠物。有人说，孔子要周游列国，哪里养得了宠物？那也是。孔子要是带个鸟去周游列国，人家会认为他是去搞休闲游，还宣传什么礼乐仁义？但孔子在鲁国安静地生活的时间很长，他也没有养宠物呀，那是因为孔子心中只有人！在那个人民生活窘迫的时代，孔子考虑的是人如何更好地生存与生活。

所以，孔子之道，人在最中央！

> 厩焚，子退朝，曰："伤人乎？"不问马。(《论语·乡党》)

孔子家的马棚失火了。孔子退朝回家，只问了一句："伤人没有？"而不问马。

这事要是换成齐景公，肯定要问马，说不定又要杀养马的人！

设身处地想一想，如果是你，你们家的马棚失火了，你回家知道了，你第一反应是什么？我做了个小调查，结果身边的人第一反应大多是马有没有被烧死。我想是不是马比较贵重比较可爱，那换成猪圈着火了，结果第一反应也是猪有没有被烧黑。我又换成了鸡窝，结果第一反应是鸡以后在哪生蛋。

不是说我们没有人性，而是我们潜意识里没有把人的安全摆在最显著的位置。

孔子却不同，他时时刻刻考虑的是人的生命！

> 子路问事鬼神。子曰："未能事人，焉能事鬼？"敢问死。曰："未知生，焉知死？"（《论语·先进》）

子路总是喜欢跳出孔子的学术范围来问问题。孔子不言怪，也少谈鬼神。子路偏问了一个怎么样侍奉鬼神的问题。孔子的语气不太好，说："人都没有侍奉好，哪里能侍奉鬼？"子路又问："死到底是怎么回事？""人死了是不是变成鬼？"孔子直接来了一句："生还没弄明白，哪里知道死呢？"

一个人处心积虑地去侍奉鬼神，就会忽略人的存在。再说，即使有鬼神，鬼神也有自己的价值判断，需要你想尽办法去侍奉么？所以，一些明白人都不会把希望寄托在鬼神身上。

《左传》记载，郑国占卜大师裨灶预言郑国将发生大火。春秋时期，中原大地经常发生火灾。孔子著《春秋》，把火灾都记录了，一共有二十多次。水火无情，孔子记录火灾，警醒后人注意防患。这大师都预言有火灾，大家都相信。于是，都劝当时郑国的执政上卿子产按照大师的话，用玉器禳祭，以避免火灾。子产却说："天道远，人道迩，非所及也。何以知之？"意思是，天道很遥远，非人力可以改变；能改变的是人道，人道就在我们身边。大家谨慎、相互爱护、同心合力，火灾也是可以避免的。

许多所谓的天灾其实是人祸。比如，你不保护环境，过度开采，掠夺自然资源，旱灾、洪灾、虫灾、病灾等相继而来！自然灾难发生了，人不齐心抗灾，自怀私心，灾难直接变成人祸。这样的例子还少吗？所以，晏子与子产的说法一样，他说："天道不謟，不贰其命，若之何禳之。"天道不会骗人，对大家一视同仁，通过求神拜佛没有什么用！

《道德经》里有这样一句话:"天道无亲,常与善人。"就是说,天道没有轻薄亲私,它是公正的,但他常常会照顾为善之人。

所以,孔子不谈事鬼,不谈死,他强调人,强调事在人为!

孔子赞赏过楚庄王,说:"贤哉!楚庄王!"孔子还盛赞楚昭王。算起来,楚庄王是昭王的曾祖父。两代君王,都很有政绩。孔子这样评价楚昭王:"楚昭王通大道矣。其不失国,宜哉!"

"通大道",是什么意思?孔子为啥这样评价?

原来,楚昭王二十七年的春天,吴国攻打陈国。陈国是楚国的盟国。吴楚两国争霸,经常打仗。有时不直接打,而是打你的盟国。我是老大,小弟被人打,那我得去管啊。要是我不管,那好,小弟要么被灭了,要么跟了别人。春秋那时没办法,就这么现实。所以,楚昭王带兵救助陈国。

那时当国君不容易,打仗常常要亲自去,有时还得打头阵。吴王阖闾不就是上战场被砍掉了脚趾头吗?受伤了是吧?那不算个事,你不能乱,还要故作镇定,因为你是领导呀,你一乱,底下就更乱了。所以阖闾就忍着,装着若无其事,还对身边的人说,砍掉个脚趾头算啥,再砍两个也不怕,我忍!可流血靠忍是忍不住的。结果,阖闾失血过多,倒在了前线。其实那是个轻伤,要是不那么忍,也不至于死掉的。

楚昭王带兵去救陈国,驻军在城父。十月,楚昭王病倒了。这时,出现了异象:天上突然有红色云霞,像鸟一样,围绕着太阳飞翔。古人打仗要观天色。因为他们相信,这里面隐含着信息。所以,楚昭王向太史询问:这是怎么回事,是吉还是凶?太史都是有文化的,会占卜,能观天象。他一看,这是凶兆,并且会应验在楚昭王身上,于是以实相告,楚昭王问有什么办法可以去掉凶灾。太史说:"你可把灾祸移到你手下的将士们身上,那你就没事了。"将士们听到这句话,都愿意代替楚昭王受灾。昭王却说:"你们与我如同手足,我怎么会做这样的事呢?"太史占卜病因,认为是黄河河神在作祟。大夫们就请求祭祀河神。昭王说:"我们楚国自受封以来,祭祀的是长江、汉水等,黄河不是我们要祭的。我们不能越礼。"古代诸侯祭祀是有规定的,叫"祭不越望",就是不能超越受封的区域。打个比方,你本来受封在湖南,湖南的大川是湘、资、沅、澧四水，那就是你要祭祀的。你如果跑到松花江或黄浦江去祭祀，那就是违反礼仪了。所以，楚昭王不肯祭黄河。他不答应大夫们的请求。

这也不搞，那也不搞。楚昭王的病就越来越重了，最后就死在军营中。

楚昭王宁愿自己病死也不让手下的人替代他受难，也不愿意违反礼仪。他心中坚守的是人道，亦是大道。孔子当时正周游列国，来到了陈国。陈国国君对孔子挺好的，但无奈国小，经常受欺负，生存都成问题，搞礼乐仁政那是不大可行的。孔子当时在陈国听说了楚昭王的事，对昭王发出了由衷的赞叹。

孔子赞昭王，一是他的人道，二是他的守礼。对一个领兵打仗的君王来说，要做到这两点，谈何容易？

但在人道与礼法发生冲突的时候，我们该如何选择呢？我们通常说“法不容情”，这从法理上讲，没有错。但从人道上讲，又是不当的。一个真正的人道主义者，会坚守人道第一，人在正中央！

> 叶公语孔子曰：“吾党有直躬者，其父攘羊，而子证之。”孔子曰：“吾党之直者异于是。父为子隐，子为父隐，直在其中矣。”(《论语·子路》)

叶公，楚国贵族。我们继续拿楚国的贤者来论道。

叶公和孔子谈论了一个什么话题呢？

父亲偷了羊，官府抓了要审理。审案得讲证据呀。有谁可以作证是他偷的吗？没有人说。大家都说没看到。可能那父亲是晚上黑灯瞎火的时候干的。这谁知道啊！那时又没电灯，一到晚上就黑灯瞎火，月黑风高。结果，儿子跑去了。没人作证是吧？我作！我就看见晚上他偷了邻村的羊，就是这只羊。这家伙，够没良心的，父亲偷羊不也是想给你改善伙食吗？他不是看你那么喜欢吃羊肉，才不会忍不住干这事呢！

叶公的结论是，我们这的人很正直。当然正直呀，父亲偷羊，儿子作证，大公无私，法治社会！

孔子怎么说呢？“我们家乡就不同了，父亲为儿子隐瞒，儿子为父亲隐瞒。偷了羊也好牛也好，都不会去作证。正直就存于其中。”孔子讲的是正直吗？显然不是，讲的是人性、人道！

从人性的角度来讲，父与子之间，最重要的是人之情，而不是正直、法律。父亲偷羊，如果儿子去作证，这就有违人性了。法律与人性，两个不同的范畴。孔子立论的原则是：人性！

孔子之道，人在正中央！

四、君子之守，安贫乐道

每个人心中都会有道。有道不难，难在践行，贵在坚守。

每个时代总有不同的特点，也有相似的地方。但于道的核心来说，几千年来，没有什么变化。不然，我们还谈什么孔子的道、圣贤的道呢？

孔子在鲁国当大夫当得好好的，突然转身离去，是因为待遇不好吗？不是，是因为有违心中的道。

> 宪问耻，子曰：“邦有道，谷；邦无道，谷，耻也。”（《论语·宪问》）

原宪问什么耻。孔子的回答是，国家上轨道，政治清明，你要领取俸禄，这正常；如果国家不上轨道，政治黑暗，你还领取俸禄，那就是可耻的！

为什么拿工资过日子还成了可耻的呢？我不是依靠诚实的劳动领薪水吗？我又不是在单位混日子？

你想想，春秋那时候，除了当官，还有干什么是可以领俸禄的呢？那时没有事业单位，也没有国企、私企。领俸禄，那是从政当官。如果国家上轨道，政治清明，你领工资，那说明上层看重你的才华和品德。如果国家不上轨道，政治黑暗，你还领着大把的工资，说明你与上层同流合污、狼狈为奸，丧失了自己的基本立场，更不用说“道”了。

孔子一再谈到了“耻”，并且越谈越清晰：

> 子曰：“笃信好学，守死善道。危邦不入，乱邦不居。天下有道则见，无道则隐。邦有道，贫且贱焉，耻也；邦无道，富且贵焉，耻也。”（《论语·泰伯》）

这一段话要慢慢分析。

你看，“邦有道，贫且贱焉，耻也；邦无道，富且贵焉，耻也”，两个都是耻！什么意思？

孔子是说，国家有道，政治清明，你还吃不上饭、住不上房、买不起车，也没什么地位，那是可耻的。有些人听了可能觉得有点刺耳了。为什么我虽然有饭吃却买不起房也买不起车就可耻呢？

学《论语》要放在那个特定的时代背景里。有些话，脱离了时代就不好理解。我们刚才说了，春秋时期包括以后的社会，你当官尤其受到重用，国家给你俸禄，给你房子，给你车子，那是标配！所以，颜渊死了，有棺无椁，椁是外棺。颜渊的老爸想要孔子把车子卖了给颜回买椁。孔子当然不肯，他说，我从前可是当部长的，车子是标配，我不能这样没身份。

所以，现在你贫且贱焉，不能以可耻来论。情况不同了。

孔子继续说，如果国家政治不上轨道，政治黑暗，你还发大财当大官，那又是可耻的。政治黑暗，天下无道，你却混得风生水起，那是一丘之貉，发黑暗财。当然可耻。

那天下无道，或遇到道不行的时候，我们该怎么办？

一是守死善道，君子固穷。为了自己的理想与追求，要坚守，不能改变。

孔子周游列国，厄于陈蔡之间，断粮好几天了。弟子都病倒了，起不了床。子路生气了，来见孔子，质问孔子：“你要我们做君子，我们也都做了，但君子有这么穷困的样子吗？”孔子说：“君子有穷困的时候，贫困的时候也要坚守理想；小人则不同，穷困的时候就乱搞，无所不至。”

孔子赞赏颜回，因为他真正能够这样做到安贫乐道。颜回的学问高吗？肯定高；品德高吗？也非常高。属于品学兼优、德才兼备的三好学生。但颜回最大的特点不是有才，是安贫乐道，处事不惊！

孔子更是能坚守心中的道，并且知其不可而为之。

子路宿于石门，晨门曰：“奚自？”子路曰：“自孔氏。”曰：“是知其不可而为之者与？”（《论语·宪问》）

子路晚上睡在石门这个地方，早上进城门就有人盘问他："你从哪里来？"春秋战国时期，守城门的人又叫司门官，那是一个很重要的官职，可不是一般的门卫。

楚国楚文王时，有个大臣叫鬻拳，这个人脾气比较大。楚文王不是利用蔡侯与息侯这两傻连襟的矛盾，轻松地灭了蔡国又灭了息国，并且把息侯的老婆——春秋四大美女之一的桃花夫人抢了过来吗？楚文王俘虏了蔡侯，准备用油锅炸了。这时，鬻拳觉得这样子就过分了，杀了蔡侯可能会招致其他诸侯国对楚国的一致抵制，对楚国极为不利。但楚文王不是那么听劝的，还是要炸了蔡侯。没办法了，鬻拳就冲上去，用剑逼着楚文王，说你要杀他我就要杀你，为了楚国的未来，我情愿你死，也不能让你杀蔡侯。楚文王吓傻了。你这是干吗？脾气这么大，疯了吧！好好好，我不炸了。不杀蔡侯了，照理说，这事就过去了。楚文王也知道这鬻拳是忠心，也在理，蔡侯是杀不得。可鬻拳不干了，他说，我今天以剑胁逼君王，我以下犯上，该死，你就下令杀了我吧，如果你不杀我，以后别人会仿效我的。楚文王懵了，今天这是咋回事，天煞星下凡吧，不杀人还平静不了了。他说，我不追究了，没事。但鬻拳还是坚持要楚文王下令处死自己。楚文王就是不下令。鬻拳说，那好吧，挥剑剁掉了自己一只脚。楚文王说，你这干吗？去养伤吧，算工伤！

鬻拳伤好了后，主动要求换工作，他觉得自己残疾了，不能担任行军打仗的大任了，不能给国家增加负担，就去当了司门官。

不久，楚国被周边的几个小国搅得很乱，楚文王和其中一个叫巴国的军队作战，被打得大败，狼狈地逃回来，走到城门前，却没有人给开门。楚文王命令打开城门，这时鬻拳回话了，说王啊，你有什么收获没有。楚文王打了败仗，哪有收获。这下可好了，鬻拳不开门，他说，我们的祖先开拓疆土，每次都有收获，没有收获不能进城。楚文王又饥又饿，但没办法，只得召唤士兵们转身离开，去攻打黄国。仗是打胜了，收获也不小，但楚文王受了伤，死在了半路。

子路一大早从孔子的家乡出去城里。进城门时被司门官问住了。子路只得诚实地说："我从孔子那里来。"司门官又问："是不是那个明知做不到却还要坚持去做的人?”

孔子那时可能还比较年轻,不是特别有名。但也有一定的知名度,只是没有出来做官。神龙见首不见尾,比较神秘,别人也就了解得不是很清楚。从司门官的语气里,可以看出,他与孔子不熟,但知道孔子最突出的特点,那就是对于理想的执着!

二是有道则见,无道则隐。

孔子主张坚守自己的道。但天下无道的时候,你无道可坚守,孔子主张:藏或隐。

当然,藏或隐,也是一种坚守。有自己的原则和底线,不因为现实而改变自己的理想和追求,所谓“君子谋道不谋食”。天下有道,那你要出来实现自己的理想;天下无道,那就隐藏。

当然,这个隐,不是做隐士。隐士,那是对现实的彻底逃避,是消极避世!孔子不主张这样,只是暂时地藏起锋芒。不郁闷,不放弃,不消极。

有道则见,无道则隐。孔子还说过同样的话:“用之则行,舍之则藏。”“邦有道,则仕;邦无道,则可卷而怀之。”

君子有道,但如何坚守,如何践行,如何实现?需要韧性,更需要智慧!

问仁

《论语》中的大多数概念是实在的，因而比较容易理解。但也有一些概念比较抽象，理解起来没有那么容易。仁义礼智信，“仁”就比较抽象，没那么好理解。

仁是什么？一个人怎么做才是仁？哪样做是不仁？真的难以界定得那么清晰。

我对于仁的认识算起来比较早。因为我父辈的名字里都有一个仁字。我父亲叫奢仁。我小时候就疑惑：做过老书先生的爷爷怎么给父亲取个这样难听的名字？奢侈，谁都知道是个不好的词。因此那时候，最怕别人高声叫我父亲的名字，尤其有些人特意把“奢”字喊得那么重，让我瞬间觉得父亲像个恶霸地主。到了初中，毕业于黄埔军校的表伯教我《论语》，我才注意到，奢跟仁合在一起，是个非常好的名字。而我父亲那两个堂兄弟，一个叫就仁，一个叫挥仁。今天看来，他们三个名字，都源自爷爷这个乡绅对孔子、对《论语》的深深情结！

仁，是孔子的核心思想。孔子的思想很深邃、很复杂，但无论怎么变化，孔子都围绕“仁”来展开。

《论语》中说，“子罕言利，与命，与仁”。一般解释为孔子很少说利、仁、命。但翻开《论语》，孔子言仁却是非常之多。这是怎么回事呢？难道记述有错误吗？不，是我们大多数人解释错了，应该是：孔子少言利，但赞同天命和仁。“与”，读去声，赞同的意思。这样就好理解了。

《论语》中，哪些学生问过仁？孔子又是如何回答的呢？

一、樊迟问仁

《孔子家语》中说，樊迟比孔子小 46 岁，是孔子晚年收的弟子。

樊迟家贫，拜孔子为师前就在季氏府中做事，冉求正好为季氏宰。樊迟跟随大师兄冉求一起参加了对抗齐国的"清之战"。

孔子的弟子中有不少种过田的，樊迟就是其中之一。

做了孔子的学生之后，樊迟对种田还念念不忘，向孔子"问学稼""问为圃"。惹得孔子生气了，骂他是"小人"。学生问你怎么种田、怎么种菜，你孔老师怎么骂人呢？至于吗？那是因为孔子真不懂种田种菜。"你们来我这里读书，我不是明确告诉了你们吗？我这教的是仁义道德，教的是六艺。你樊迟该问的不问，不该问的、老师也不太明白的，你偏要问，那你这不是刁难老师吗？"孔子都快 70 岁了，垂垂老矣，你要不尊重他老人家，挨骂是必然的。

《论语》中，樊迟问的问题比较多，除了"问学稼""问为圃"没问好、被挨骂了外，其他的问题都问得比较好，孔子也给了他耐心解答。

樊迟问仁就问了三次。一个问题问三次，孔子却没发脾气，还给了不同的答案，并且和颜悦色地给樊迟进一步解释。这说明，问仁义道德，这就对了，随你问几次，孔子都会给你尽心讲解。教育真是个良心活，从教育产生开始，良心就注入了教育。樊迟第一次问什么是仁，孔子认真讲解是应该的；没多久，樊迟又来问什么是仁，孔子认真讲解也是应该；没多久，樊迟又来问什么是仁，孔子完全可以说："都给你讲两次了，还来问？笨死了！烦人！"

但是，樊迟如何问的，孔子如何答的？

> 樊迟问仁，子曰："爱人。"问知，子曰："知人。"（《论语·颜渊》）
>
> 樊迟问知，子曰："务民之义，敬鬼神而远之，可谓知矣。"问仁，曰："仁者先难而后获，可谓仁矣。"（《论语·雍也》）
>
> 樊迟问仁，子曰："居处恭，执事敬，与人忠。虽之夷狄，不可弃也。"（《论语·子路》）

我们按《论语》的顺序来排列樊迟问仁。

樊迟第一次问仁。孔子的回答就两字。问什么是智？孔子又是两字。孔子对樊迟为什么惜字如金呢？其实不是，孔子有时候说得挺多的。樊迟樊迟，有点迟钝，给他讲得多了反而会把他弄糊涂了。孔子因材施教，对学问比较浅的学生讲得简洁。简洁可不简单！

仁是什么？孔子首答“爱人”。这是给仁最基本的含义。我们都觉得仁比较抽象，不好把握。其实，仁的本义就是爱人，有爱就有仁。就这么实在！

天底下两种职业注定了必须是仁者才可以做。一是医生，二是教师。

我们经常说“医者仁心”，就是说，做医生的必须有一颗爱人之心。病人的生命握在医生的手中。如果你用心医治、对症下药，他会好得快；如果你不用心医治，小病都可能酿成大错。

小时候，第一次经历医者乱用药使病人一夜之间就离开了人世的事。至今，那次亲历还留在记忆深处。

10 岁那年的夏天，我好朋友的父亲从田间劳作回来，吃完晚饭后开始肚子痛。那时我们住的是一栋四合院形式的老屋。我们住南边，小伙伴一家住北边。两家人之间没有间隔，来去自由。听到大人呻吟，我也跑去看热闹。村里的医生来了，说是中暑，打了一针，给了一些药片。当然，我们小孩子都不知道这是什么药。只听医生说，没什么事，睡一觉就没事了。我们也都散去，各自睡觉去了。睡梦中，只听到急促的脚步声和大声说话的声音。大人们都起来了，手忙脚乱，说是要用楼梯把病人送县城去。不一会就哭声大作，我忍不住爬下床，过去看个究竟。只见小伙伴一家都跪在地上烧着纸钱。附近的大人们都来了，一个个流着泪……医者仁心！草率与随意，那是谋财害命，更别说仁心了。

生命中，还有一位医生令我不能忘记的。那是一位真正的仁者！

上高中时，我正好得了急性肝炎。很少生病的我不习惯吃药打针，因而好一段时间病都没有完全好。等到到县城去上学时，糟糕了，体检时医生说我是肝炎，传染病，那是不能上学的。学校说，如果短时间治不好就要休学，并强迫我自己到医院去检查。来自农村的我，家境贫穷，交了学费，身上已经所剩无几了。为了能继续读书，我只好硬着头皮去了县城的中医院。没有挂号，而是直奔化验室。一个四十多岁的女医生接待了我。我说我没钱。她打量了一下我，叹了一口气，然后说："你不用去挂号，我直接给你化验吧。"化验结果出来后，她又详细跟我讲解每一项指标。我看到化验单的下方写着她的名字：皮放梅。看完化验单，我无奈地准备离开。她叫住我，转身飞快地写了一个纸条，告诉我到另一所医院找一个姓陈的医生。我说，我没钱买药。她说她就是看到我没钱，要我到那里去，不用付钱，那医生是她丈夫，记在他名下。拿着纸条和化验单，我直奔那家医院，找到了陈医生，然后取了两大袋药，有中药、西药，还有注射用的药水。赶到车站，正好坐上了一天一班回家的客车。

一个月过去了。我到县城复查，然后又带回一个月的药……待我再到县城，身体已经好得差不多了，然后皮医生依然要她丈夫给我开了一些巩固治疗的药。

在学校没地方煎中药，皮医生就在家里帮我煎好，要她儿子带到学校。中药太苦，每次她还给我准备了一个小点心。周末了，她要儿子把我请到他们家里改善伙食，补充营养。在县城我也有亲戚。但不敢去找亲戚，因为毕竟是肝炎，有传染性。在皮医生一家的照顾下，我的身体恢复得很好。

很多有名的药店或医院都有一个仁字。著名的有北京同仁堂。带有仁字的这些药店也好，医院也好，要知道，这个仁字，不是为了名字好记好听，也不是为了显得高端，而是对病人要真正有爱！

翻看北京同仁堂的历史，大概知道，这个老字号品牌药店是有仁爱之心的。"同仁堂"，仁行天下，一直坚守的是"炮制虽繁必不敢省人工，品味虽贵必不敢减物力"的古训。企业良心，良心就是仁心。"修合无人见，存心有天知"，一定要保持你的善心、爱心。所以同仁堂这个著名的中医行业的老字号品牌，几百年来一直屹立着，原因就是企业坚守了医者仁心、药者仁心的原则。

医者医身，教者医心。医生医病，教师医愚。二者同法，法在仁心！

没有爱，就没有教育。教育里没有爱，学校就只是一个工厂。流水线管理方法是不适用于教育的。如果我们用工作量来作为唯一评价标准，只要求上好规定的几节课,那是不可能当好老师的。所以,作为教师,教育无处不在,无时不发生。

放学了,下了班,家长发了一个短信过来:“孩子放学回来,有一道要孩子写生活作文的题不知从何下手。”老师接电话,立马给家长讲要如何如何观察、记录。很晚了,该睡觉了,家长打电话过来:“老师,我想问一下,孩子今天洗澡,为什么屁股上有两块是青的?”老师又要解释:“今天开运动会,可能孩子在运动中不小心蹭到了。”早上起来,老师还没出门,电话来了,一看,是校长的,电话那头说:“从今天开始,给孩子的牛奶和面包,老师先吃,你不要吃早餐了。”还没到学校,又有家长打电话,说:“我崽今天起迟了,没吃早餐,老师麻烦你买两包子给孩子吃!”……

一个合格的老师,总是无时无刻不在做教育。师者仁心。

所以,仁是什么?最基本的含义就是爱人。不仅是医生和教师,所有的人,都要心存爱心。

仁者爱人,可能有人理解为要刻意地献爱心。献爱心,捐助,那当然是仁的表现。但“仁”更多的是体现在生活中、工作中。很少有人一天到晚都在献爱心、捐款吧,一般人没那时间,也没那资本。人,都是要为生活奔波的。那,“仁”就更多地落实在日常行为中。

所以,樊迟同学二问仁的时候,孔子给的答案是:“先难而后获。”孔子的意思是:先帮别人解决困难再获得报酬,这就可以叫作“仁”了。帮别人解决困难再得报酬,这可是再正常不过了的,这也叫“仁”?那“仁”是不是太容易了?

别想得太简单了!

你没见过事情没办好,钱照收不误的吗?你没发现,我们现代社会的大多数规则是先收钱再做事,而不是先做事后收钱、没做好不收钱?你打电话,得先交钱吧?通话质量有问题,200 分钟有 50 分钟通话质量不好,移动电信谁给你退过钱?这下你该明白“先难而后获,可谓仁矣”了吧!

“先难而后获”,是一种做人的基本准则,体现的是你忠厚、本分的人性美。我为别人着想,而不自私、贪婪。所以,孔子的思想不是高高在上的,而是“下学而上达”“上学而下达”。

樊迟三问仁，孔子给的教诲是：“居处恭，执事敬，与人忠。”平常生活中规规矩矩，工作中严肃认真，替人谋事尽心尽力，这就是仁。恭是仁，敬是仁，忠是仁！这样的品质你就是到了没有开化的地方，也是会得到认同的——毕竟，人性是共通的！

平常工作生活，处处可以为仁，怎么解释？怎么可以做到呢？

二、子张问仁

子张，姓子还是姓张？

子张既不姓子，也不姓张，姓颛孙，名师，字子张。张，我们一般解释为张扬。子张子张，外在形象有些张扬，同学们对他颇有微词——

> 子游曰：“吾友张也为难能也，然而未仁。”（《论语·子张》）
>
> 曾子曰：“堂堂乎张也，难与并为仁矣。”（《论语·子张》）

子游同学说，我朋友子张已经做得不错了，但还是没有达到仁。曾参同学也说，子张外表倒是帅，但难以和别人一起实现仁。

这同学们不是嫉妒子张长得帅吗？子张就纳闷了：长得帅是我的错吗？

据《孔子家语》记载，子张确实长得帅，仪表堂堂，玉树临风，比孔子小48岁，孔门弟子中的小鲜肉。值得一说的，还是外国留学生——陈国人。好在那时孔门弟子中没有女学生，要不，堂堂子张，只怕不能安静求学了。还值得一说的是，这帅哥、小鲜肉，居然清高孤傲，孔子说“师也辟”。“辟”，就是说有点骄傲的样子。哇，大师门徒，顶级学府，留学生，贵族，长得帅，小鲜肉，还骄傲得很！

不过，长得帅的子张，在“仁”这个方面，可能还确实做得不够好。不够好就得问。所以——

> 子张问仁于孔子，孔子曰：“能行五者于天下为仁矣。”请问之，曰：“恭、宽、信、敏、惠。恭则不侮，宽则得众，信则人任焉，敏则有功，惠则足以使人。”（《论语·阳货》）

子张问孔子什么是仁，怎么样能做到仁。孔子的回答是：能做好这五个方面，就可以实现仁了。哪五个方面？恭、宽、信、敏、惠。

恭，弯下身子作揖的样子，表示庄重，谦逊有礼。恭就是不随随便便，无论什么时候，保持应有的庄重，做到谦逊有礼。现在的考试，时间就那么两三小时，古代科举考试一考就是几天。那考生要上厕所怎么办？举牌子，上面写着"出恭"。你不能说我要撒尿！那叫不庄重，没礼仪。

恭，虽然说的是自己的庄重、谦虚有礼，但那也是对他人的尊重。自己保持庄重，对他人给予尊重，大家都怀一种诚敬之心，实现着"让人们因我的存在而感到快乐"，爱己爱人，那肯定是"仁"了。所以，你子张帅，但要庄重，不要轻浮，女生发微信，送秋波，约见面，你不要随便接招！"恭则不侮"，庄重，不随便，就会让自己不受侮辱，也不会去侮辱别人！仁矣！

宽，宽厚、宽容、宽待。

上级要学生评价老师，你的学生给你打了差评，你没有和学生计较，而是反思自己是不是做得不够好，一如既往地爱你的学生，这是宽！你班上某个学生总是迟到，影响了你们班的评优，你不是对该生口诛笔伐或整肃纪律，甚或要把他赶出去，而是深入调查、耐心教导、尽心帮助，这是宽！你的下属因为失误，导致公司出现了经济损失，你不是忙着罚款扣钱，而是和他一同分析情况、总结教训并适时宽慰鼓励他，这是宽！

那年，我在一所农村高中教书，忙碌的工作之余，我啃英语，钻研专业，报考了湖南师范大学中文系的研究生。远在偏远农村，信息闭塞，所搜集的参考书甚少，许多问题弄不明白，只有向教授们写信求助。教授们有信必回。我先写了一封给黄力之教授，黄教授那时正要离开湖南，调往上海。这种情况，本可以不回信。但黄教授不但给我回信，还就我的问题做了很多指导。我又写信给赵炎秋教授。忙乱之中，却只寄了后面两页，前面一页居然落在桌子底下。等我发现，已经是两天后的事了。我当时想，这下完了，赵教授肯定觉得我这人粗枝大叶、不谨慎，不尊重他。无奈，只好硬着头皮又写一信寄给他。幸好，赵教授回了一封长长的信，不仅鼓励我认真备考，还指导我如何系统读书以及研究的方法。对我的粗心只字未提！一块石头终于落下了！

我信心倍增,努力甚于以前。后来果真考上了湖南师范大学中文系的研究生,赵炎秋教授成了我的导师!试想,如果教授不给我回信,尤其赵炎秋教授不给我回信,我想,我是没有勇气去考研的。

不要把你的宽待看作无关紧要,于他人而言,那是黑夜里的亮光、冬天里的暖阳、大旱时的甘霖!宽就是爱人,是仁也!所以,宽厚就会得到众人的认同,这就是孔子所说的“宽则得众”!

信,诚实守信,那也是仁吗?当然。

我有个很忠厚的朋友,大学毕业后一直做生意。依靠自己忠厚守信的品质,也积累了一些资本。前两年准备去投标一个大项目,当时怕自己实力不够,邀请了他的同学合作。当时说好,两家公司,谁中了标都利益均沾,共同做项目。朋友帮他同学办理各种资质,牵线搭桥,出钱出力。结果标是他同学的公司中了。然后,他同学就一脚把他踢开了。当然,商业有商业运行的规则,在商言商,我这书呆子不太懂。但我总觉得我这朋友是够亏的了,花上将近一年的时间,劳神费力,损失的何止是金钱呢?

不守信,是害人,哪有仁?

所以,孔子认为,诚实不欺,是所有人必须具备的美德。不仅是商人要诚实,做教师、做学生、做记者、做公务员、做农民,哪一行不要诚实守信呢?学生成绩不好,考了个9分,你加上一个0,那是对他好吗?种田亩产1000斤,你说亩产10万斤,放卫星,结果大家都以为粮食太多,不种田了或者大量浪费,最后饿到去讨饭!

从前的媒婆是个职业,但社会评价不高,各种小说戏剧里,媒婆的形象很丑、很夸张。为什么社会对媒婆评价不高?因为媒婆为了说成一桩媒,经常随意夸大其词。明明对方不到一米五,硬说仪表堂堂、玉树临风;明明对方性格偏执、刁蛮任性,硬说温柔贤淑、善解人意。两边都骗,成功后就可得赏钱,不管你们对不对眼!

小的时候,邻居奶奶就给我奶奶讲她的经历。邻居奶奶说,18岁那年,她长得可漂亮了。媒婆来说媒,说的是邻村大屋里的一位后生。父母都不认识那后生。那时的女孩就基本生活在闺房里,大门不迈、二门不出,哪知道男生长得啥样？但相亲那天还是会让女方匆匆一瞥男生，仅仅知道个大概模样。在媒婆的安排下，邻居奶奶目睹了从远处飘过的未来丈夫的模样：高高的个子，魁梧的身材。真是玉树临风，风流倜傥！邻居奶奶不禁心里暗暗庆幸。待到新婚之夜，却发现眼前的男人与那飘过的男人却大相径庭：矮小的身材，不停地咳嗽。原来，那飘过的男人是媒婆请的“托”，这个矮小并且患有肺痨的男人才是“真神”。可是，生米煮成了熟饭，悔之晚矣。待到几年后，那男人病逝，邻居奶奶才得以改嫁到我们村。

诚实不欺，这样的人才会得到别人的信任，这就是孔子所谓“信则人任焉”。

敏，敏捷，做事有效率。孔子很重视“敏”，说“敏于事而慎于言”。

敏，为什么也是仁？跟爱人有关系吗？

比如说，你是农民，你要种田吧。那种田得不违农时，种田得讲季节，错过了季节就没有收成。春天你不播种，没有秧苗，到夏季你再播种就晚了，这一年你就吃野菜、打野味算了。不要以为那时野菜多，可那时李时珍还没出生，《本草纲目》也还没出版，搞不好吃了就中毒了；也不要以为那时山里野味多，山高林密，狩猎工具又不好，如果不依靠团队，你捕得了几只野味？所以，有违农时，饿死的可能性就大了。自己饿死，还要连累别人！所以，种田的人，有些季节特别忙，那是要赶时间。

再比如说，你是普通的工作人员。别人来找你办事，你磨洋工，拖拖拉拉，外面排队等候的人很多。别人都事务缠身，在你这办一件小事耽误大半天。你这不是害人吗？

所以，看一个人乃至一个单位的效率，也可以看出他或他们是不是有仁爱之心！官僚习气严重，扯皮推诿，做事无效率，表面上是工作作风问题，深层里是仁德的缺失！

惠，就是给别人恩惠，给别人好处。这肯定是仁了！

你要别人做事，又不给别人工资，这叫剥削！给少了也不行，还是叫剥削！

一个老板也好，一个单位也好，得考虑员工的生活问题，这叫有仁爱之心。以前，单位经常有个来收破烂的人，都叫他老刘。老刘来自偏远的农村，人很老实，也很勤快。因为经常到单位来收破烂，大家都熟了。许多人一有粗活就叫他做事，比如扛个柜子、搬个冰箱、通个厕所，都不给他钱。这老刘人老实，肯帮忙，但人家没有拿我们工资，他也要维持生活，找他帮忙，得付报酬给他。我每次请他帮忙都按时计价。老刘只要到单位来了，总会来我办公室，问我有什么要帮忙的。互利互惠，大家美美与共，不就是仁吗？

三、仲弓问仁

冉雍，字仲弓，鲁国人。

仲弓出身贫贱，为人敦厚老实，不善言重辞。孔子很看重他，把他列为德行科的高才生。孔子曾说，以冉雍的才德，做一诸侯国国君都绰绰有余。学而优则仕，冉雍是孔门弟子中出仕比较早的一个，他曾担任季氏宰。

冉雍是个当官的料，并且是当大官、挑大梁的那种。所以，孔子教导他的那些话，比对其他学生的不同，格局要大，气象要开阔。

> 仲弓问仁，子曰："出门如见大宾，使民如承大祭。己所不欲，勿施于人。在邦无怨，在家无怨。"仲弓曰："雍虽不敏，请事斯语矣。"（《论语·颜渊》）

冉雍问如何做才是仁。

孔子说了三个观点：一是出门就如见贵宾一样，使唤老百姓就如去承办重大的祭祀一样；二是自己所不想要的，不要推给别人；三是在国家任职没人怨恨，在卿大夫家做事也没人怨恨。

孔子说的第一个观点，其实就是严肃认真地对待工作，也就是孔子给樊迟说的"执事敬"。

敬，严肃认真。这如何能体现仁？体现爱人呢？还是来举事例。

我读小学时，我们乡才通班车。每天只有一班车，上午到县城，下午从县城返回。开车的叫钟师傅，就住在乡政府旁边。

那时大人都说这个钟师傅车开得好，很谨慎，也很严肃。崎岖狭窄的山道，交通事故接二连三，但钟师傅开车从未出过事。那时一班车，车少人多，每次都严重超载。

钟师傅每天晚上睡得早，从不打牌熬夜；上车前要认真检查车况；在车上从不与人谈笑。等到我到县城读高中时，钟师傅还在开车，依然是一天一班。

有一回我早早到车站候车，正好有时间，就观察钟师傅如何细致认真。只见他拿着一个小铁锤，挨个地敲打着轮胎，不时用耳朵听听，还钻进车底下，用手电查看，然后又到车上发动……正式出发前，他都要弄上好一段时间。

等到我读完高中上大学，乡里的班车开始增加，钟师傅却还在开他那辆旧班车。听年纪大的人说，钟师傅开车就没有出过事故。原因何在？其实就是一个字：敬！不仅仅是钟师傅，以前那些专职的司机都是非常爱惜车辆、珍惜工作、做事严肃认真的。

其实，许多的事故，大多都是由于某些的“不敬”造成的。在牛奶里添加三聚氰胺，致使婴幼儿喝了患上肾结石。不法商人对所做的事有一点点“敬”吗？相关的执法部门对自己所管辖的牛奶产品又有多少的“敬”呢？

三国时，马谡失街亭，那不能完全怪马谡无能或纸上谈兵，很大程度上是他对守街亭这一项工作没有严肃认真的态度。马谡驻军南山，以他的军事才能，他难道就没有想到敌军会断他的水源吗？正如我们现在许多执法官员，是他发现不了或者没有想到那些有毒食品的危害吗？不是的，可以说，绝大多部分是没有落实“严肃认真”四个字罢了。

现在，许多人觉得孔夫子讲的都是说教，我们都是21世纪了，过时了，懒得听。但孔夫子的话过时了吗？如果我们自己和整个社会机构都事事严肃认真，怎么会有那些触目惊心的地沟油、矿难、中毒事件？

有人说，天灾背后是人祸，而很多的人祸是由于无知和无耻造成的！

孔子的第二个观点：己所不欲，勿施于人。讲的就是一个“恕”字。

子曰：“参乎，吾道一以贯之。”曾子曰：“唯。”子出，门人问曰：“何谓也？”曾子曰：“夫子之道，忠恕而已矣。”（《论语·里仁》）

孔子曾饶有兴趣地和曾参谈自己学问的中心思想，曾参却比较愚鲁，只是“嗯”了一声。孔子不高兴，出门了。同学问曾参，老师说的中心思想是什么？曾参这时倒是快人快语，说：老师的学问，概括起来，不过是忠恕二字罢了。

夫子之道，一以贯之的是仁。忠恕是仁的具体表现，以偏概全，那是不行的。曾参的答案虽然也没有大错，但毕竟离标准答案还有那么一段距离。这也怪当时曾参没有学会如何归纳文章的中心思想！

恕，如人之心。就是说，将心比心，拿自己的心去度量别人的心。比如说，你损失一万块钱，心痛吧；那别人损失一万块钱呢？你也一样替他心痛。这就是恕。你不能只要自己没损失，别人有什么损失，不关我事！

人的自私就在于，只要我的利益不受损害，他人损失又有什么关系呢？很多时候，我们看到这样的事例：孩子不想吃面包，推给妈妈，说“妈妈、妈妈，你吃吧，我不想吃”；要加晚班了，谁都不想加晚班，她却说“我身体不舒服，要某某加吧”；要去农村某偏僻的小学送教，你怕颠簸，觉得辛苦，就对领导说“某某很优秀，应该要她去”……自己不想要的、不想做的，却以爱的名义、利的名义、善的名义推给别人，这就是不恕！这就是：己所不欲，却施于人！这还有什么仁呢？

孔子的时代，“己所不欲，勿施于人”的事很多。楚庄王得病了，占卜的说，你有灾难，要用手下的人来顶替受灾，你就没事了。楚庄王不同意，情愿病死。所以孔子赞赏他。同样的事情，宋景公那时也发生了。司星官夜观天象，发现有灾难将降临于宋国，就对宋景公说：“把灾难转移到宰相身上吧。”宋景公不同意。转移到老百姓身上或转移到宰相身上，宋景公也都不同意。这就是己所不欲、勿施于人。你自己是不是不想得灾祸？肯定不想，那别人肯定也不愿意呀？那又怎么能施加给别人呢？

所以，“己所不欲，勿施于人”，那是人性的善，是仁！

孔子的第三个观点：在邦无怨，在家无怨。说的是在国家任职、还是在卿大夫家做事都没有人怨恨！邦指国，家指卿大夫的家；春秋时期，卿大夫家可以有家臣，又称之为宰。孔子当了大夫，行摄相事，原宪为之宰。孔子的弟子子路、冉有、冉雍都给季氏当过家臣。

在国家任职、在卿大夫家当家臣，都是挺有权力的。臧文仲执政鲁国时，多次罢黜柳下惠，柳下惠正直贤能啊，这样的人却得不到重用，所以孔子怨恨臧文仲，说他是“窃位者”！

有权不能任性，否则会产生怨恨。怨恨的产生当然是你没有做好，损害了国家的、人民的利益。孔子告诫冉雍，为官不要让民众怨恨，这才是仁！

四、子贡问仁

子贡，既不姓贡，也不姓子，姓端木，名赐，字子贡，卫国人，比孔子小31岁。

子贡是孔子的得意门生，孔门十哲之一。该生有两大非常突出的特点：一是口才好，能言善辩，很有外交才能。春秋时的外交官自由度大，没啥规定说什么或不说什么，你只要不让国家受辱就行，怎么发挥是你自己的事。子贡曾为鲁国开展外交斡旋，出使齐、吴、晋、越等国，成功为鲁国摆脱危机，成为春秋外交史上的经典案例。二是会做生意。现在也有这样的学生，大学没毕业，公司开了几家。只是那时做生意尽是些买进卖出的跨国贸易。齐国的海鲜便宜，秦国却卖得贵，那赶紧进一批运到秦国卖，就这样赚点差价。所以，那时要赚点钱、发个财，难度比现在大得多。

子贡聪明好学，在《论语》中，子贡问的问题可真不少，与夫子交流很多。

子贡问仁，在《论语》中有两处。

> 子贡曰：“如有博施于民而能济众，何如？可谓仁乎？”子曰：“何事于仁，必也圣乎！尧舜其犹病诸！夫仁者，己欲立而立人，己欲达而达人。能近取譬，可谓仁之方也已。”（《论语·雍也》）
>
> 子贡问为仁，子曰：“工欲善其事，必先利其器。居是邦也，事其大夫之贤者，友其士之仁者。”（《论语·卫灵公》）

子贡第一问，不像其他同学那样直接问什么是仁，而是“以案说法”：“如果有人广泛地施与和救济老百姓，怎么样？这是仁吗？”

这当然是仁呀！子贡这个问题问得没有深度。你说，一个老板给每个老百姓发钱——注意是都发，不是发几个人。哪有这样的人？要有这样的人，肯定是行大仁之人！子贡问这样"傻帽"的问题，也说明当时对"仁"这个概念，大家都还是比较陌生的。

孔子当然非常赞同普遍地施与老百姓，因为这是那些圣人想做的事，所以他说："这何止是仁？那是圣德！尧舜都没完全做好！仁是什么？就是你想要立得住，也要让别人立得住；你想要通达，也要让别人通达。从自身出发，推己及人，这就是践行仁的方法。"

孔老师一不小心，说了一个著名的论断："夫仁者，己欲立而立人，己欲达而达人。"仁啦，就是你自己想要立得住，也要让别人立得住；你自己想要行得通，也要让别人行得通。

联系子贡与孔子的整个"问对"来看，要表达的意思也就是如人之心，也就是恕！"己所不欲，勿施于人"，那是恕的否定表述；"己欲立而立人，己欲达而达人"，则是恕的肯定表述！你想要立得住，也要让别人立得住。

晏子是春秋时期的名人，侍奉齐国几代国君，非常贤良。

齐景公时，晏子为相。齐景公与晏子相处得很好。晏子善于沟通，不直接顶撞齐景公，用的都是讽谏。君王嘛，都比较吃这一套。君王认同臣子了，那是要什么给什么，美女呀，别墅呀，封地呀，金戒指呀，玉镯子呀。哪知道这些晏子都不要！齐景公虽然好玩，喜欢享乐，但还是个性情中人，好几次在臣子们面前来了情绪就哭泣，说明他还真不是个玩深沉的人。

晏子什么都不要，这齐景公就想啊想，越想越觉得这老哥们日子没过好，老婆太丑了，房子太差了。齐景公就想着把晏子的老婆换了，但晏子说这可不行。换老婆不行，那就给你换房子。你老晏住的是什么？房子小、旧不说，旁边还一菜市场，杀蛤蟆的，破鳝鱼的，鸡也叫，狗也跳。环境实在太差了！一国宰相，怎么能住这样的地方？再说，安保也成问题，万一来个什么人行刺，你老晏人又矮小，又不会武功，那不束手待毙？想来想去，齐景公觉得先给晏子把房子弄好再说。齐景公是个细致的人，他知道，如果直接提出改造晏子的住房，晏子决不会同意的。怎么办？派他去出差，太近不行，要去远的地方，到晋国去，三五个月才回得来。嘿嘿，我还搞不定你吗？等你回来，我要你认识你老婆，认不得你的房子了！

齐景公布置好拆迁队，一声令下，把晏子的房子拆了，晏子邻居的房子也都拆了，菜市场也拆了。有人考证说，强拆的鼻祖其实是齐景公。然后，一座富丽堂皇、庭院深深的宰相府建成了。晏子回来了。真的找不到家门了！那是一座齐国第一高档的宅院，两只大狼狗把着门。晏子哪敢靠近！“这咋回事呀，到楚国要我钻狗洞，去晋国出差回来差点被狗咬，难道我命中犯狗吗？”晏子想。找人一问，才知道这都是齐景公做的好事！晏子赶紧找到齐景公，说：“君王啊，我住那么好的房子，我周边的邻居都流离失所了。这怎么行？我不能只管自己，不顾别人？”晏子还找人去做齐景公的工作，齐景公也没法，只好又依了晏子的，把他的房子、邻居的房子都恢复原样，菜市场也还是原来那样！

齐景公改造晏子的房子，晏子不领情。这当然跟晏子一向的廉洁有关。但就事论事，晏子坚守的是“己欲立而立人”！我自己有好房子住，别人却遭殃了，这肯定行不通。

现实世界中，许多人只顾自己，只要自己立得住，别人立不立得住，那是不管的。

有个朋友给我讲过一个“永远是四百元”的笑话。事情是这样的：有一年，他获评单位的优秀员工，优秀员工不是有奖励嘛，上一年奖金 1000 元，他想这一年奖金应该就是 1000 元。结果，他们这一年的优秀员工都只奖励 400 元。一打听，原因是：上一年，某某领导被评为优秀员工，所以奖金是 1000 元；这一年，某某领导没有被评为优秀员工，被评上了优秀党员。这下，优秀党员的奖金由上一年的 400 元变为 1000 元。他想：自己总有与领导同为优秀的机会。第二年，他成功被评为优秀党员。然世事总是阴差阳错，某某领导居然又被评为优秀员工。他的奖金又是 400 元！

有什么好说的呢？人家根本不知道“己欲立而立人”，还沾沾自喜于“我就是招财猫”！

“己欲达而达人”，自己想要行得达，也要让别人行得达。

一家人修房子，为了把房子修得宽一点，结果把邻居出行的路堵了。双方吵起来了，各说各有理。但修房子的人得想想，你的房子大了，你出行没问题，人家怎么办？人家是憋死，还是另修一条路？这是“己欲达而不达人”。

之前，有一个单位的领导们想尽各种办法，把自己的正高职称一窝蜂给评了，然后宣布职数已满，不再评高级职称，管你硕士博士也好，工作突出也好，研究成果多也好，就是没有评高级职称的份。十多年过去，依然如故。“己欲达而达人”啊，为什么在许多人那里变成了“己欲达而不达人”呢？

孔子说，“仁远乎哉，我欲仁，斯仁至矣”！孔子通达于仁义，他不畏艰难，孜孜以求，让世人也通达于仁义。所以有人说：天不生仲尼，万古如长夜！

于仁者而言，仁何远哉！然于不仁者而言，于自私自利之小人而言，仁何不远？仁在九天之外！或许，许多人一生未曾近仁，更遑论得仁、行仁！

孔子告诫子贡，能近取譬，从近身的事情做起，所以我就结合近身的事情思考了！

子贡二问仁。问的角度稍有不同，是为：为仁。为仁就是行仁！孔子的回答有点绕：想把事情做好，得先把工具准备好。在一个国家，要敬奉大夫中的贤者，要结交士人中的仁者。

孔子的意思是，你要行仁，得具备仁德。一时的行仁，那是容易；但要一辈子行仁，真正成为一个仁者，那是很难的。孔子说过，仁者安仁。一个仁者他必须安于行仁，这不容易。你行仁，为他人做有益的事，而不求名利，要做到心安志笃，得有一颗强大的心、纯正的心！

我不是仁者，差仁者还很远。但我也想行仁。2009年，我从华中科技大学博士毕业，我就想着要为农村教师做一件事。因为我长在农村，又在农村教过三年书。我觉得农村教师不容易，中国教育的发展看农村教育，农村教育的发展看农村教师。于是，我自己制订了一个计划，命名为“春晖计划”。我没有钱，不能像子贡说的“博施于民”，只能利用自身的优势培训农村教师。2012年，我办起了全国首个大型援教公益项目——“春晖学院”，利用暑假的时间，邀请全国知名的专家、特级教师来当志愿者，免费培训全国各地的农村教师。我发动了湖南乃至全国的优秀教师、校长来共同管理，由平江县教育体育局、平江县教师进修学校共同承担，10 年连续不间断地举办，社会反响强烈，得到了湖南省教育厅、湖南省中小学教师发展中心的大力支持。做这一件事，我一直以来这样拷问自己：你是否安仁？就是说，你是否能心安志笃，有这样的担当和勇气？当我确定后，我才能这样做！

也许这就是孔子说的，要行仁，先准备好，让自己的意志、理想更加坚定！

五、颜渊问仁

颜渊，姓颜，名回，字子渊。鲁国人，比孔子小 40 岁。

颜渊是孔门弟子中最优秀的一位。可怕的是，他是个超级学霸，却还超级努力！他不仅成绩好，品行也排在第一，真正的品学兼优！

《论语》中，孔子多次不由自主地表扬颜渊，说："吾见其进也，未见止也。"就是说，我只看见他进步，从没有看见他停止过。还说，"回也，其心三月不违仁，其余则日月至焉而已矣"。颜渊的心长时间不违背仁德，其他学生，就只有短时间坚持仁罢了。

那"其心三月不违仁"的颜渊问仁，孔子给他什么答案呢？

> 颜渊问仁，子曰："克己复礼为仁。一日克己复礼，天下归仁焉。为仁由己，而由人乎哉？"颜渊曰："请问其目？"子曰："非礼勿视，非礼勿听，非礼勿言，非礼勿动。"颜渊曰："回虽不敏，请事斯语矣。"（《论语 · 颜渊》）

对颜渊这样的学生，问仁这样的问题，孔子还有什么讲的呢？

孔子说："克制欲望，回到礼上来。一天这样做了，天下人就会称赞你一天。行仁在于自己，不能依靠别人。"孔子讲的其实是"坚持修炼自己、继续努力"这一类的话。颜渊既不想当官，也不想当老板，他只想提升自己的德行，好好地修炼自己，似乎他就是为提高学识修养而生的。所以，你如果说"在邦无怨，在家无怨"之类的话，他不感兴趣。而对于提高自己的德行，那就不同了，所以，他急切地问："请告诉我行动的纲领是什么？"孔子说："不合礼仪的不看，不合礼仪的不听，不合礼仪的不说，不合礼仪的不动。"

“克己复礼”，克制自己的欲望，回到礼上来。这样做就是仁吗？

有句“鸡汤”这样说：生活本不苦，苦的是我们的欲望太多；人心本不累，累的是我们放不下的太多！

小和尚跟着老和尚修行。一天，他们在河边看到一个美女要过河，正好涨水季节，美女无法过河。老和尚看了，三步并作两步，把美女背过了河。小和尚看了，那还得了！师父你不是说女人是老虎吗？你不是说遇见女人要避开走吗？那你还把美女背在背上？但小和尚嘛，胆子小，哪敢直言师父？有话憋着，一直憋着……师徒俩就这样不说话，走啊走，走了好久，小和尚终于憋不住，再憋要憋出毛病来了。于是就说：“师父，你怎么可以背美女？”老和尚看了他一眼，慢吞吞地说：“我都放下了，你怎么还没放下？”

要真正放下，哪有那么容易啊！克制欲望，那一场修行。人的欲望是不断增长的，最后趋于无穷。

小孩子不懂事，偷针偷桃子，小偷小摸的。大人看到了，觉得不过就是一些小东西罢了，孩子那么小，好玩，不仅不教育，还觉得聪明伶俐。上学了，偷同学的笔呀、本子呀，也觉得无所谓。再大点，偷家里的钱，还是无所谓。糟糕了，最后发展到偷银行、偷金铺，乃至打劫。

人的欲望表现在口目鼻舌上，所以老子说：“五色令人目盲，五音令人耳聋，五味令人口爽。驰骋畋猎，令人心发狂。难得之货，令人行妨。”都喜欢绚烂的色彩，但色彩斑斓，会令你眼花缭乱；都喜欢听不同的声音，但声音多了，会令你耳朵暂时失去辨别能力；都喜欢吃各种味道的美食，但味道多了，会令你味觉失调；纵情捕杀猎物，会让你的身心发狂；看到那些稀世宝物，你就会控制不住自己，想非法占有。

所以，孔子告诫颜渊：管好自己的眼睛，管好自己的耳朵，管好自己的嘴巴，管好自己的行为。这些方面都管好了，克制了欲望，回到礼上来，不做过分的追求，那自然就有仁了。

说起来容易，做起来难。人，偏偏难以管好自己的眼、耳、口，克制不了那些好奇的、过分的欲求。

晋国公子重耳，因为老爸晋献公心发狂，对太子和其他几个公子大开杀戒，没办法，老爸要杀你，你只能跑。重耳逃亡，介子推、赵衰、狐毛、狐偃等一班铁杆跟着。这一逃就是19年，逃亡的路真是漫长的。但还算幸运，铁杆们对重耳可真好。重耳心情郁闷，打也好骂也好，铁杆说你随意，我们能忍受的。重耳说好久没吃肉了，介子推拿把刀在自己大腿上割了一块挺瘦的肉，煮了给重耳吃。

一天，他们到了曹国。这曹国是个小国，照当时的礼仪来说，人家一大国公子来了，国君你得出个面，好吃好喝招待一下嘛。但这曹国比较穷，加之君主曹共公也没把逃亡公子重耳放在眼里，就说：随便让他们在小招待所住两晚，搞几个小菜打发算了。落毛的凤凰不如鸡。按理说，有个小招待所住，有几个小菜吃，逃亡的重耳也不会说什么了。毕竟比起饿肚子、风吹雨淋强多了。但曹共公听说重耳的身体长得跟常人不一样：重瞳、骈肋，就是每个眼睛都是双瞳；肋骨不是一根根组合的，而是一整块。从医学来说，这是人的身体有畸形，这有啥好看的！但这曹共公不懂“克己复礼”，更不懂“非礼勿视”。还和大臣们说，这等稀奇难得一见，晚上我们一同去看。

重耳一行人胡乱吃了几个没荤没腥的小菜，正在说这曹共公小家子气，以后要是曹国人到了晋国就给他们喝稀饭，小菜都没有。大家都累了，洗洗睡算了，明天还要赶路。小招待所就一个洗澡房，那肯定得让公子先洗。重耳打好水，自己提着水去洗澡。刚开始洗，突然发现那破窗户里、那墙洞里，有好几双眼睛滴溜滴溜地转，并且还听到有人在议论说：“哇，你看，那排骨真的就一块，跟乌龟壳差不多。”“不知道用锤子敲得碎不？”“真是个稀奇！”

这不是偷窥吗？重耳吓得大叫。赵衰、狐偃等人赶紧冲过来，跟偷窥的这帮人打了起来。人是打跑了。但这阴影在重耳的心里不是一点点大！人家虽然是流亡公子，可人家立志要当国君的。国君的身体贵重着，哪能随便给人看，何况是一帮大老爷们指指点点地看。这曹共公，也真是无礼到极致，一个大男人洗澡你也感兴趣，可见你真是欲望太多了。有人考证说，曹共公乃是偷窥狂的鼻祖。

好奇害死猫！重耳后来当上了晋国的君主，成了晋文公。上任不久，就攻打曹国，抓了曹共公。一场偷窥引发了亡国！也是千古奇谈！

这就是“非礼而视”引起的后果。

非礼勿视、非礼勿听、非礼勿言、非礼勿动，都是要克制过分的欲望，消除逾越礼仪的行为。能这样做到，当然是有仁了！我们说，仁者爱人。克制欲望，遵从礼仪，那也是对他者的爱护！看到自己喜欢的东西就抢过来，想吃好的就去滥杀野生动物，这本是欲望的泛滥，哪里还有仁呢？

对孔子所说的“克己复礼”，我们不能僵化地理解，也不能一概摒弃。比如说，对待孩子，你也不能一切按照“非礼勿视，非礼勿听，非礼勿言，非礼勿动”来限制他的生活，毕竟时代不同了，也要相信孩子的判断力和免疫力。同时，也不能就完全置“礼”于不顾——身边有些很小的孩子就成天沉迷于那些暴力游戏、惊悚的漫画书，还有，整天听着那些嘻哈的音乐，他们的心性会好吗？

我们不可能成为颜渊，但我们至少也不能沉入深渊！那还是“克己复礼”吧！

六、司马牛问仁

司马牛，姓司马，名耕，字子牛，宋国人。

司马之姓，以官而姓。有人说，他的哥哥就是宋国的司马，叫司马桓魋。孔子周游列国到宋国境内，司马桓魋想杀孔子，幸亏孔子跑得快。哥哥仇视孔子，弟弟却拜孔子为师。孔子当老师也真如他所说，只要想学的都来，不管你爸爸跟我有仇还是你哥哥跟我有恨。司马一家在宋国的势力很大，司马桓魋更是猖狂，居然发动叛乱，被宋景公剿灭。司马牛家道中落，被迫逃亡。兄弟四散，死的死，逃的逃，所以他对子夏感叹说：“人皆有兄弟，我独亡！”

司马牛同学的缺点比较多，最突出的就是性情急躁，话多，哆嗦。急躁是肯定的，他那哥哥司马桓魋就有点狂躁症的样子。司马牛自知急躁，所以跟孔子学习，修炼心性。孔子因材施教，针对司马牛话多且躁，提出中肯的意见。

司马牛问仁，子曰：“仁者，其言也讱。”曰：“其言也讱，斯谓之仁已乎？”子曰：“为之难，言之得无讱乎？”（《论语·颜渊》）

司马牛问什么是仁？

孔子的回答是：说话迟钝，就是仁！

说话迟钝是仁？老师，你没搞错吧？我们都表示怀疑。司马牛更是不相信孔老师的答案。

孔子说：做起来难啊，能不说话迟钝吗？

讱，言字旁边一把锋利的刀。那是告诉你，说出来的话就像刀刃一样锋利，能杀人！所以，说话要迟钝，不要说多了，也不要说快了，考虑清楚，谨慎地说，诚实地说！

有几种状况的说话是孔子认为不仁的！也就都是"不讱"的！

一种情况是不经过脑子的说。

小区几户人家被偷了，监控拍到了一个极有作案可能的陌生人，警察圈定为嫌疑人，但监控嘛，不太清楚。照片贴出来，要大家辨认和举报。你一看，不假思索地说："这人不是四楼那小伙子吗？"警察把四楼那小伙子找去盘问了。大家都看到警察上四楼带那小伙子。这下糟糕了，小区都传那小伙子是贼。小伙子正好在谈对象，对象拜拜了。小伙子哪是贼，他根本没有作案的时间。只是照片的背影和他很相像。警察说不是他！可人言可畏，人家怎么办？出来搞个新闻发布会？还是写个公告，说"我不是贼"？那别人会相信吗？搞不好还会说"此地无银三百两""贼喊捉贼"……

我们常说"某人说话不经过脑子"，就是说，话说出来之前要先考虑，考虑你的话该不该说，说出来的话是不是会引起不良后果。不加思考，随意说话或评论，会给他人带来伤害，这当然就不仁了！

其言不讱，就是不仁！反过来，如果你说话先思考了，觉得说出来的话符合事实，那就可以说，这就是讱！

第二种情况是不管能不能兑现就说。

单位要办一本新的杂志，考虑成熟后都可以来说自己的方案。你说你没有调查没有研究，也没啥思考，就凭自己三寸不烂之舌，天花乱坠，最后别人似乎都没有你有才，别人不信，但领导信了，他们被你那些所谓的"著名"头衔所蒙骗，还因为平时也不读《论语》，不知道"其言不讱，非仁也"，盲目地相信了你。你来办新杂志，除了那三寸不烂之舌，其余是八窍通了七窍。最后杂志出现严重亏损，办不下去了，停刊！你说，能怪得了市场不好吗？只怪你满嘴跑火车！

所以，现实世界中，那些动不动激情宣告、动不动豪言满天、动不动山盟海誓、动不动就要赚个千万上亿的人……要不就是脑子不清白，要不就是投机分子！我只悄悄告诉你，别信！其言不讱，非仁也！孔子还说过一句话——

子曰："其言之不怍，则为之也难。"(《论语·宪问》)

大言不惭，要做起来就难了！所以，孔子认为，说出来的话，不能实现，这样的人可耻！所谓"古者言之不出，耻躬之不逮也"。古人很有羞耻心，说出来的话要是兑不了现，那多丢人。所以，没把握的话，打死也不说！

第三种情况是花言巧语，只为逢迎谄媚。

《诗经》中有一首诗名《巧言》，诗中有这样的句子："巧言如簧，颜之厚矣。"说那些花言巧语的人脸皮厚。人为什么要花言巧语？还不是为了讨好，为了得到不正当的利益，这肯定是不仁的了！

商纣王身边有两个佞臣，一个叫费仲，一个叫尤浑。这两人一唱一和，让纣王弄不清真实的民意，分不清好歹了。纣王劳民伤财建摘星楼，民怨沸腾，有良知的大臣说老百姓都快要饿死了，怨气冲天，大王要体恤民情。费仲、尤浑却说老百姓听闻大王建摘星楼，那是欢欣鼓舞，激动得都哭了，都说大王英明神武，劳苦功高，要保重身体。两个奸佞之臣花言巧语，得到的好处可是不少。

现实生活中，总有那么一些人，身为一个单位的领导、部门的负责人，却总喜欢花言巧语、伪善的面孔，也许对于他们来说，真诚且说话迟钝的人是不聪明、不明智、不晓得"来事"。在一个单位时间久了，自然就见得多那些惊人相似的画面，如同历史的轮回。"年年岁岁花相似，岁岁年年人不同"。新的领导来了，一群人立马用各种花言巧语、糖衣炮弹进行"围攻"，只要领导说的话都是"太对了""震撼了""前无古人，后无来者"。于是，各得其所，其乐融融。等到领导到届了或要退休了，那些花言巧语的人马上改变了脸孔，有的还对他各种议论甚至诋毁，然后又是花言巧语、糖衣炮弹地迎接新领导的到来……而后，而后的而后，相似的剧情循环地上演！

为了捞取好处，得到在位者的认同，不真诚地说话，违背起码的良知，哪还记得“仁者，其言也讱”呢？对这样的人，孔子可谓深恶痛绝——

> 子曰：“巧言令色，鲜仁矣。”（《论语·学而》）
>
> 子曰：“巧言、令色、足恭，左丘明耻之，丘亦耻之。匿怨而友其人，左丘明耻之，丘亦耻之。”（《论语·公冶长》）

问政

问政就是咨询或讨论为政之道。

《论语》中孔门弟子和时人向孔子问了很多为政方面的问题；孔子也常常有感而发，对于为政很有见解。《论语》有“为政”篇，比较多的讨论了为政之道。许多人把《论语》当作一部为官为政的宝典，北宋赵普就曾有“半部《论语》治天下”的名言。

每个人都与政治脱不了关系。“人在政中，政在人中”，人与政是分不开的。

春秋时期，诸侯国众多，政事频繁，需要参与政治的人很多。读书人掌握了“六艺”，又怀着改变社会的理想，参与政治，成为非常普遍的现象。“政”是什么？孔子的政治主张是什么？他如何理解“政”？又如何教导弟子为政？我们读《论语》，一起“问政”。

一、政者，正也

孔子在鲁定公时期担任要职，鲁国一片欣欣向荣。邻国齐国看不下去了，不希望鲁国强大，于是便使了个下作手段——给鲁定公送了八十名“女乐”。什么是“女乐”？就是能歌善舞的美女。选拔美女，教之以歌舞，使之“回眸一笑百媚生”，这是那个时代惯用的美人计。美人关难过啊。鲁定公就多日不理朝政了，故意冷落孔子。于是，孔子周游列国去了。

鲁定公死后，鲁哀公继位，11 年后，68 岁高龄的孔子归来。哀公时期的执政者叫季康子。召回孔子主要是季康子的主意。孔子的弟子冉有在季康子手下做事，在与齐国的两次战争中，冉有能谋善战，受到季康子的赏识，被封为将师。季康子好奇：冉有是个读书人，怎么打仗也打得挺好的。于是，他问冉有是从谁那里学的文武之道。冉有说是从孔子那学的。季康子对孔子早就心有敬佩，只是孔子傲然独立，不可接近。而季康子的父亲季恒子死时曾说："相鲁必召仲尼。"故季康子礼召孔子归来。

孔子归鲁，担任国事高级顾问。每当季康子来请教的时候，孔子便会微言大义，尽心点拨。你看——

> 季康子问政于孔子，孔子对曰："政者，正也。子帅以正，孰敢不正？"(《论语·颜渊》)

季康子向孔子问怎么治理国家，孔子单刀直入：政就是正！

什么是正？从字形来看，从一，从止。一，代表天；止，就是足。二者合起来表示一个人头顶着天，脚踏着地，堂堂正正，大义凛然。所以，我们将"正"解释为：公正、正义、正气、正直，正大光明、堂堂正正。

> 冉子退朝，子曰："何晏也？"对曰："有政。"子曰："其事也。如有政，虽不吾以，吾其与闻之。"(《论语·子路》)

这个冉求不是在季康子手下当官吗？退朝之后，却好晚才回去。孔子知道了就问他："你怎么弄到这么晚才回去？"冉求回答说："我有政事。"孔子说："你这不叫有政，你这叫有事。要是有政，我虽然不亲自参加，但是会有所耳闻的。"

古人说的"事"就是私事，"政"才是公事。

冉求退朝后去了季康子家和他讨论事情，这叫公私混同、政事不分。这是不符合当时的礼制的。《论语·稽求篇》说道："凡朝无晏之礼，晏则必问。季氏议国政于家，是僭越到不自知了。公事不私议。"意思是说，凡是上朝就不能很晚回来，如果晚了就一定要问清楚。而季氏在家里议论国家大事，那是僭越。公事不在私下讨论。

冉有与季康子讨论朝政，这不合礼法，是"不正"的表现，故孔子大为不满。

子曰:“晋文公谲而不正,齐桓公正而不谲。”(《论语·宪问》)

孔子在公开场合评价过春秋时期的两个大人物:一个是齐桓公,一个是晋文公。这两位都是风云人物,孔子却给出了截然不同的评价:晋文公诡诈,行事不正派;齐桓公行事正派,不诡诈。

孔子之所以有这样的评价是有原因的。晋文公这个人比较擅长做表面文章,总是喜欢打着正义的旗号办事,私底下却最关注利益。周朝发生“子带之乱”。周襄王的弟弟子带盗嫂事发,招致狄人的攻击。周襄王兵败逃到了郑国,向秦晋两国发布勤王的消息。这晋文公一看称霸捞资本的机会来了,便迅速打着“尊王攘夷”的旗号,帮周天子打了一仗。晋文公自己呢?不仅得了周天子赏赐的八座城池,还树立了威信,为称霸走出了关键的一步。

齐桓公则不同,他也想称霸,但他待人真诚,没有那么多心思。他不为利益所驱动,只要合乎正义,就敢于付出。齐桓公“九合诸侯,一匡天下”。“九合诸侯”,就是多次与其他诸侯国谈判,通过谈判的方式,使天下太平。他与诸侯谈判不完全是为了自己的利益,而是基于双方利益的均衡。可以说,齐桓公在尊王和兼顾其他诸侯利益上做得非常好。燕国与齐国交好,山戎攻打燕国,燕庄公向齐桓公呼救,齐桓公便出兵大败山戎。燕国得救。齐桓公返齐,燕庄公非常感激,一路相送,竟把齐桓公送到了齐国的境内。齐桓公一看,这不得了,违反了周礼:不是天子,诸侯不能相送出境。因为“普天之下,莫非王土,率土之滨,莫非王臣”。于是,齐桓公又把燕君所到的地方割让给了燕国,叮嘱燕君学习召公为政,像周成王、周康王时一样尊重周天子。这齐桓公可真是个守法的楷模。

正如李零先生《丧家狗——我读论语》所说:“齐桓公、晋文公是孔子之前的两大霸主。他对于这类霸主,并不一概否定,不像孟子,尊王必贱霸。但这两人孔子更欣赏齐桓公,因为他尊王攘夷,霸是放在王下,完全合法,绝无邪招,这是‘正而不谲’。晋文公不同,他的尊王,让人觉得有点‘挟天子以令诸侯’的味道,这是‘谲而不正’。”

既然“政者,正也”,那从政者先要干吗呢?孔子认为,为政先要正名!

子路曰:“卫君待子而为政,子将奚先?”子曰:“必也正名乎!”子路曰:“有是哉,子之迂也!奚其正?”子曰:“野哉由也!君子于其所不知,盖阙如也。名不正,则言不顺;言不顺,则事不成;事不成,则礼乐不兴;礼乐不兴,则刑罚不中;刑罚不中,则民无所措手足。故君子名之必可言也,言之必可行也。君子于其言,无所苟而已矣。”(《论语·子路》)

孔子周游列国到了卫国,在卫国停留了很长一段时间。他虽然在卫国没有做什么有实权的官,但卫君对他的态度非常友好。孔子是名人,又那么有才,卫君想起用他来治国。但起用孔子不是随便安个什么位置就可以的。卫君想了好久也没想好。于是,孔子就整天闲着。子路这帮学生就陪着孔子。有一天子路问他:“老师,这个卫君他是等着你去参政,如果你去的话,先做什么?”子路对老师受卫君重用很感兴趣,毕竟,师生的理想抱负可以付诸实际。

孔子就对子路说:“先要正名。”正名,就是纠正名分。比如你是君主就不能叫你司寇;你是老爸更不能称你为老弟。

子路本以为老师参政应该先搞搞人事改革或抓基建工程项目之类的,因为这样才能取得政绩。没想到老师说的却是正名!子路与孔子的关系很亲近,说话也有点随便,便又说:“有这样做的吗?老师你这就太迂腐了,正啥名啊?”

子路居然批评老师迂腐!这下孔子可来火了,就斥责子路:“你怎么这么粗鲁?如果名不正,那你所说的话就不会顺当合理,工作就不能推行,礼乐就不能兴起,刑罚就会不得当;刑罚不得当,老百姓就不知道怎么做了。所以,君子使用‘名’一定要能说得出来,说得出来也一定要行得通。君子对于他所说的话,不能马虎。”

当然,孔子在卫国倡导“正名”说,是有针对性的。

卫国当时比较混乱,卫灵公死后,由灵公的孙子公子辄担任国君。春秋时期,国君死后由嫡长子继任国君已经成为一种惯例。卫灵公的嫡长子叫蒯聩,那时正身强力壮、活蹦乱跳的。为什么他没有继任君主?因为卫灵公在位时宠幸南子,这位南子是宋国的美女,长得娇艳,还很风流,没出嫁时就与自己的堂兄公子朝要好。她嫁到卫国后，又把公子朝弄到卫国当官，还与弥子瑕等人关系密切。老百姓的言行一般都遵从为政者的，上行下效，整个卫国风气便不太好，从《诗经》中可以看出，卫风之淫甚于郑风。

太子蒯聩有一回去宋国，路人就唱歌讥笑他："你们的母猪已经满足了，是不是该把公猪还给我们了？"这南子是蒯聩继母，也是国君夫人，被宋人说成这样已经不是个人名誉的问题了，已经关乎国格了。蒯聩气愤难抑，就派杀手阳戏去杀南子，谁料这戏阳是个"美女迷"，一看到南子就两腿发软。结果，刺杀没成功，蒯聩却因计划失败逃到赵国去了。卫灵公死后，蒯聩还在逃亡中，于是就由蒯聩的儿子公子辄做君主，史称卫出公。为什么叫卫出公？因为后来蒯聩打回来了，把儿子赶出去了，所以将公子辄谥为出公。

本来应该由嫡长子继任君主，却由孙子继任。这是不符合周朝的礼法制度的。所以孔子认为，卫国之政最大的问题是"名不正"，其他诸多问题的产生，皆源于此。

当然，这只是一个例子。"名不正"还包括德不配位、才不配位等。你没有高尚的品德，那不能担任高官，不能居高位；你没有才能，就不能担任一个部门的长官，否则容易造成巨大损失。

"名不正"的背后就是"位不正"。

> 子曰："不在其位，不谋其政。"（《论语・泰伯》）
>
> 曾子曰："君子思不出其位。"（《论语・宪问》）

这两句话说的其实就是不该你做的事你就不要去做，你不配去，也做不好。

另外，你不在这个位子上，就不要去考虑这职权内的事。比如说我一个平民百姓，就不用考虑市长县长的事情。我说我去搞旅游开发，增加本市本县的经济收入，这想也是白想呀！所以，最重要的还是每个人都做好自己的事、分内的事。

曾子说："君子思不出其位。"与孔子的思想一脉相承，说的也是这个道理。

名不正，言不顺，事不成。古人讲究师出有名，这个名是正当、正义。周武王伐纣的时候，写了檄文《牧誓》——就是武王要伐纣，在牧野誓师，发布的一篇正名宣言。宣言说的是武王讨伐纣王不是为了争地盘，不是为了财和利，而是为了天下苍生。这篇檄文中有一个最直接的理由就是：牝鸡司晨。什么是牝鸡司晨？

牝鸡就是阉过的鸡，公鸡才司晨，牝鸡怎么能司晨呢？农耕文化时代，公鸡打鸣太重要了，不像现在我们有闹钟有手机。农业社会要掌握好时辰季节，那公鸡的地位和职责重要呀。公鸡不司晨，牝鸡司晨或母鸡司晨，名不正，言不顺，那是很不好的预兆，预示天下大乱。这是隐喻商纣王宠幸妲己，妲己干扰朝政，天下大乱。武王这么说，为的是师出有名！

“政者，正也”，即先正名，再正身。

执政者从来都是老百姓效仿的对象。对于当下什么可以做，什么不可以做，什么是值得推崇的，什么是应该摒弃的，老百姓就看当官的——所谓上行而下效。

> 子曰：“其身正，不令而行；其身不正，虽令不从。”（《论语·子路》）

孔子认为，既然老百姓的眼里只有“你”，既然执政者是风向标，那执政者自身品行端正，能做模范表率，即使不发布命令，老百姓也会去实行；若自身品行不端正，即使发布命令，老百姓也不会服从。

就像晋文公喜欢穿粗布衣服，结果晋国上下都喜欢穿粗布衣服。粗布衣服好吗？当然好，环保，天然，主要是对身体没有什么伤害。春秋时期，穿衣打扮那都是有等级的。粗布衣只是老百姓的行装，王公贵族穿着华丽、鲜艳。晋文公乃一国之君，春秋一霸，却喜欢穿粗布衣。为什么呢？他没钱吗？当然不是。原来，晋文公曾经流亡十九年，这期间过着非常艰苦的生活。所以等当上君主后，他已经习惯了穿粗布衣，生活节俭。晋国人看到君主经常穿这种衣服，就觉得既好看，又环保，还实用。于是，便举国上下都仿效了。

齐桓公也逃亡过，但日子过得比晋文公高级多了。他就不喜欢穿粗布衣，而喜欢穿紫色的衣服——那时紫色的布料很贵。为什么齐桓公喜欢紫色？可能他觉得紫色是他的幸运色。那时人们喜欢占卜，估计占卜的结果是他尚紫色。正如后来秦始皇尚黑色。齐桓公喜欢穿紫色衣服，这下可好，大家都穿紫色衣服。全国上下一片紫。这好吗？肯定不好。一来紫色衣服贵，大家把钱都花在穿上可不行。二来大家都穿紫色衣服，这出门也容易看花眼呀。于是，管仲对齐桓公说："你试着不穿紫色衣服吧。还要对手下说，'我讨厌紫色衣服的味道'。"果然，三天之后，齐国就没有穿紫色衣服的了。

还有，邹君喜服长缨，百姓皆服。吴王好剑客，百姓多创瘢。楚王好细腰，宫中多饿死。

子曰："苟正其身矣，于从政乎何有？不能正其身，如正人何？"（《论语·子路》）

执政者有着强大的磁场，这就是权威带来的影响力。尤其在那个普遍认同"王权天授"的时代，天子、君主的喜好都会成为臣民的风向标。所以，孔子一再强调为政者自己身要正——"如果自身端正，对于从治理国家有什么难的呢？如果自身不端正，你又如何匡正别人呢？"

季康子患盗，问于孔子。孔子对曰："苟子之不欲，虽赏之不窃。"（《论语·颜渊》）

季康子苦于鲁国盗贼太多，向孔子寻求治理的办法。孔子没有说你应该加强法治，来一场严打——他给出的答案竟然是："如果你自己不贪，就是奖赏偷盗，也没人去干。"

齐景公有马千驷，死之日，民无德而称焉。伯夷、叔齐饿于首阳之下，民到于今称之。其斯之谓与？（《论语·季氏》）

齐景公对孔子也非常好，想要孔子到齐国做官，还想封一块地给他，但孔子的好朋友却不同意。谁呢？晏子。从晏子使楚可以看出，晏子是一个非常聪明、情商又很高的人，他在齐国可是三朝元老，这时候正好做齐景公的谋臣。齐景公有雄心，想恢复齐桓公的霸业，但纨绔子弟的特点又太严重，比如喜欢养宠物，喜欢宠幸佞臣，游手好闲，沉迷酒色。孔子曾经拿齐景公和伯夷、叔齐作比较，认为他没有品德，说："齐景公有马四千匹，到死的时候，老百姓对他没有什么好处可说。而伯夷、叔齐饿死在首阳山下，老百姓至今还称颂他们。这说明了什么呢？"

这说明了什么呢？说明养宠物不好？当然不是。这是身正与身不正的问题！

> 齐景公问政于孔子，孔子对曰："君君，臣臣，父父，子子。"公曰："善哉！信如君不君、臣不臣、父不父、子不子，虽有粟，吾得而食诸？"（《论语·颜渊》）

春秋时期，为君不正的现象非常严重。一国之君宠幸小人、不务正业者多；君臣一起私底下进行无耻勾当的也有很多；无聊者喜欢以人娱乐者也不乏其人；至于贪财恋色、弑父杀兄者，多得不计其数。君主早已不像个君主了！

所以，当齐景公问孔子怎么搞好政治时，孔子给的答案就是"君君，臣臣，父父，子子"，也就是说，君主要有君主的样子，臣子要有臣子的样子，父亲要像父亲，儿子要像儿子。"君君，臣臣，父父，子子"，一个"正"字足可以概括！

孔子所说"君君、臣臣、父父、子子"隐含了对齐景公的批评。齐景公还能说什么呢？他只好顺着孔子说："你说的对啊！如果君不君、臣不臣、父不父、子不子，即使有粮食，我能吃得了吗？"

> 哀公问曰："何为则民服？"孔子对曰："举直错诸枉，则民服；举枉错诸直，则民不服。"（《论语·为政》）

"正"与"直"，意义相近，常常联用。"直"，甲骨文为十目。想想，你的行为举止在十双眼睛的关注之下，你还敢隐藏什么吗？你还敢搞歪门邪道吗？

鲁哀公问孔子："怎样做老百姓才服我呢？"孔子回答说："你把正直的人提拔到不正直的人的上面，老百姓就服你了；你把不正直的人提拔到正直的人的上面，民众就不会服你。"

历史从未走远。许多大问题，几千年来事不同，但理相同。今天我们为政，这话是相当地实用。一个正直的人，得到提拔重用，这个部门、这个单位的风气就会很好。如不正直的人受提拔重用，整个部门、整个单位就容易陷入歪风邪气盛行的境地。

那正直的人是什么样？长得都像包公？

> 子游为武城宰，子曰："女得人焉尔乎？"曰："有澹台灭明者，行不由径，非公事，未尝至于偃之室也。"（《论语·雍也》）

学生子游在武城做官，孔子免不了要去看他管理得怎样。孔子去武城，最关心的是子游得到了什么人才。毕竟，人才是社会发展最关键的因素。子游就跟他说："有啊，有一个叫澹台灭明的人，就是一个优秀的人才。"

澹台灭明是两个人还是一个人？当然是一个人。他是怎样的人呢？先从一个故事说起。有个书生去坐船，自以为读了很多书。同船的和尚见他很高傲，以为他很博学，又觉得自己学不如人，便在他面前小心翼翼的。书生就讲呀，孔子的两学生叫澹台和灭明，怎么怎么样。这和尚听了就舒展了身体、伸长了腿，不再畏畏缩缩了。

这澹台灭明为何是人才？子游讲了两件事。

一是"行不由径"。古人所讲的"径"就是小路，"道"才是大路。我们如今叫"五一大道""深南大道"等，都是非常宽阔的路。《水浒传》中经常讲"剪径"，"剪径"就是到小路上去打劫。因为小路上人少，打了劫容易逃跑，一下子也抓不到。澹台灭明走路他不走小路，不走捷径，说明他光明磊落，诚实肯干。

二是"非公事，未尝至于偃之室也"。偃就是子游。澹台灭明没有公事就不会到领导的办公室去。有公事肯定要去领导那汇报，没公事去找领导是无事献殷勤。澹台灭明没有公事，不去领导办公室，说明这个人一心为公，没有私心，不会拉关系，不会扯闲篇，不会跟你套近乎。这样的人，当然正直。

澹台灭明有才，但长得很丑。孔子第一次见他的时候，觉得这个人可能没啥才德。但听子游这样一说，又经过一番观察，觉得这个人果然不错，就收澹台灭明为弟子。澹台灭明后来把孔子的学问发扬得很好，自己也有了一大批粉丝，在南方自成一派，影响很大。孔子说："以貌取人，失之子羽；以言取人，失之宰我。"说的就是自己以貌取人，差一点就失去了澹台灭明这样一个人才；自己以言取人，却没有看到宰我的缺点。宰我话多，夫子失察。

二、恭己正南面

春秋时期，为政要向谁学习？他们又是怎么做的？《论语》中对此作了多次记述。

孔子最推崇的为政者是尧、舜、禹。

在《论语》中，孔子三次说了同一个词——"巍巍乎"。"巍巍乎"，用今天的话说就是"真伟大啊""真崇高啊""真了不起啊"。这个词说了三遍，都是用来称颂尧、舜、禹的。

> 子曰："巍巍乎！舜、禹之有天下也而不与焉。"（《论语·泰伯》）
>
> 子曰："大哉尧之为君也！巍巍乎，唯天为大，唯尧则之。荡荡乎，民无能名焉。巍巍乎其有成功也，焕乎其有文章！"（《论语·泰伯》）

这两段文字里，除了"巍巍乎"，孔子还用了"大哉""荡荡乎""焕乎"这几个表达强烈语气的词。

孔子这样惊叹："真崇高啊，舜和禹拥有整个天下但不享受。"

孔子还这样惊叹："真伟大啊！尧这位君王！真崇高啊，尧这位君王！只有天是最高大的，尧效法的是天！真博大啊，他给老百姓的恩赐，老百姓都不知道怎么赞美他！真崇高啊，他立下的功勋！真漂亮啊！他制定的礼仪制度！"

孔子这样称道尧、舜、禹，那尧、舜、禹在个人品德上又有哪些特别之处呢？有哪些被后人所称道的美德呢？

第一个是孝慈。古人认为，孝慈是为政者最起码的美德。老吾老以及人之老，幼吾幼以及人之幼。一个人怎样对待他的父母和小孩，就会怎样对待他身边的人。连父母、孩子和自己都不爱的，别指望他会用心爱别的人！舜是孝慈的典范。在他三岁时，母亲去世了。父亲瞽叟为他娶了个继母。继母有了亲生儿子和女儿后，便将舜视为眼中钉肉中刺，还唆使瞽叟虐待舜，甚至想杀死他。幸运的是，舜每次都机智地逃脱了，还当什么事都没发生一样，依旧孝敬父母、关心弟弟和妹妹。

第二个是正直。尧、舜、禹都是正直的化身。任人唯贤、量才为用。他们从不搞裙带关系，别人拍马屁也没有用。禹的父亲叫鲧，舜重用他治水，但当鲧治水不力时，舜依法处罚了鲧。水还得要治，还需要人才来治，舜又召禹来治水，在禹有功有德有才的前提下，舜又毫不犹豫地把帝位让给了禹。罚也好，用也好，当帝王也好，不当帝王也好，一切为了天下黎民，一切那么简单自然！非正直无以如此！

第三个是无私。尧、舜、禹都拥有整个天下，但他们从不认为天下是他们的私产。他们有天下，但没有财产，也没有心情去享受，更不会想：我老了我死了怎么办？是不是让我的儿子来继承帝位。

第四个是宽仁。尧、舜、禹都对自己苛严，对下属、对黎民却很宽仁。舜的治国方略中有一项“象以典刑，流宥五刑”，就是在器物上画出五种刑罚的形状，起警示作用；用流放的办法代替肉刑，以示宽大。那时要酷刑吗？肯定要，但舜把它画出来，以警示大家；真的要用酷刑了，他又不忍心用，换了一种保全身体的方式：流放。这当然是很宽仁的做法了。所以舜把共工流放到幽州，把欢兜流放到崇山，把三苗驱逐到三危，把治水无功的鲧流放到羽山。有罪受到了惩处，但留有余地，所以，天下人都心悦诚服。

第五个是勤勉。尧、舜、禹这些上古帝王，都是埋头干活、艰苦创业、一心为民、不谈享受的典范。现代人一想到帝王，那是拥有绝对的权力，富丽的皇宫、众多的嫔妃、天南海北的美食、不计其数的奇珍异宝……想做什么就做什么，没人能管束得了！尧、舜、禹却不是这样，他们作为上古帝王，住茅屋，吃糙米饭，喝野菜汤，身上穿着麻布袄。当时的很多农作物、工具都是他们在劳作过程中创造出来的。可见，只有解决了大家的生计、安全问题，对天下百姓有功，你才会得到部落的拥戴。

正所谓，打铁还需自身硬！为政者须先修炼自身的品德！尧、舜、禹除了突出的个人美德外，又有哪些治政业绩为世人称道、为孔子三呼“巍巍乎”呢？

禅让帝位

孔子所生活的春秋时期，诸侯国争夺君主的斗争愈演愈烈，父子相残、兄弟相斗，为的是什么？就是一国之君！而尧、舜、禹之间既不是父子，也不是兄弟。他们的帝位不是争来的，是让出来的。孔融让个梨，大家称赞至今。尧、舜、禹可是让帝位，此种伟大当然是“巍巍乎”！

你看，尧的儿子叫丹朱，而尧把帝位让给了舜。尧心里没有一点顾虑吗？肯定有。但他经过认真考虑和权衡：“授舜则天下得其利而丹朱病；授丹朱，则天下病而丹朱得其利。”意思是说：我把帝位传给舜，则天下人都会受益，唯有对丹朱一个人不利；如果我把帝位传给丹朱，那么天下人都会受害，而唯有丹朱一个人会得利。相比天下人，儿子的利害就不那么重要了！

舜跟尧一样，把帝位让给了禹。舜也有个儿子叫商均。商均其实也非常优秀，精于下棋、造船、射箭，可能不太喜欢表现自己的治国才能。舜就觉得儿子只会一些雕虫小技，不关心重大民生，不会治理朝政和国家大事，于是便把帝位传给了禹。

禹也秉承舜的做法，确定了伯益为帝位的继承人。大禹死后，伯益继位称王。禹的儿子启一直辅佐禹，颇有成就。由于伯益的影响力没有启这么大，伯益辅佐禹的时间也不长，所以各方部落、诸侯都到启那里去朝拜，更愿意拥戴启。启最后得到了帝位，为夏朝的天子。禅让制才就此终结！

知人善任

史载尧之功臣九人，或说十一人，可谓人才济济。但他唯恐埋没人才，担忧野有遗贤，经常深入穷乡僻壤、山野河间去寻查细访，求贤问道，察访政治得失，选用贤才。传说尧曾到湖南常德访察善卷先生，但是善卷先生是一位德高望重的隐士。上古时代，原始森林遍布，猛兽虫蛇肆虐。这些帝王到深山乡野可不容易，为找一个人才，有时候走上十天八天甚至半年，搞不好还要遭受猛兽袭击。那是绝对真心地选用贤才，丝毫不作秀！

舜那个时候吸纳了“八恺”“八元”。“八恺”掌管土地事务；“八元”掌管民俗教化，布五教。“舜有臣五人而天下治”——禹、稷、契、皋陶、伯益。

“八恺”“八元”这些人都是非常有本事有才能的。舜知人善任，图难于易，天下无事。孔子这样说：

子曰：“无为而治者其舜也与！夫何为哉？恭己正南面而已矣。”（《论语·卫灵公》）

孔子说：无为而治的人就是舜。他做了什么事呢？他只是端端正正地坐着就把天下搞定了。治理天下容易吗？谁说容易？但如果懂得用人、知人善任，治天下如烹小鲜——小菜一碟！

禹的知人善任也可圈可点，暂且不一一列举了。

为政勤勉

子曰：“禹，吾无间然矣。菲饮食而致孝乎鬼神，恶衣服而致美乎黼冕，卑宫室而尽力乎沟洫。禹，吾无间然矣。”（《论语·泰伯》）

孔子对大禹这样评价：“禹啊，我对你是没有什么可以批评的。你自己吃得很差，却把祭品办得很丰盛；自己穿得很差，却把祭服做得很华美；住的地方很差，却竭尽全力发展水利。禹啊，我对你没有什么可以批评的。”

为什么自己不讲吃，却要用丰盛的祭品敬鬼神？为什么自己穿粗布衣，却在祭祀的时候要穿华美的祭服？

因为要敬鬼神，让鬼神感动，让鬼神保佑天下太平，风调雨顺，使老百姓免于灾祸。自己的王宫可以是陋室，也许就是一个茅草屋或山洞，都没关系，只是一个吃饭睡觉的地方。重要的是把水利工程修好，这样才不至于损害农作物。这样的帝王，这样的领导，连找到批评他的理解都很难。

大禹治水三过家门而不入。他不想回家吗？肯定想。但当时水患严重，而使用的办法多依靠人力，难度可想而知。大禹虽然是指挥长，但仅仅指挥可不行，还要身体力行，自己带头。这样的帝王当得苦！所以，韩非子等人提出尧、舜、禹他们为什么要搞禅让、为什么当时很多贤能的人不想当帝王等问题。最后找出的原因是：当帝王太苦了！上古的帝王确实勤勉、艰苦。舜帝和大禹都死于巡狩途中。什么是巡狩？孟子说：“天子适诸侯，曰巡狩。巡狩者，巡所守也。”《尧典》中写到的“巡守”，意思是巡行视察诸侯为天子所守的疆土。尧舜禹管理天下的时期实行部落联盟制，就是许多部落联合在一起，推举一个人来当天子。天子要定期去巡查。从一个部落到另一个部落，山高水远，会经历无限险阻，那时交通又不便利，巡守的难度就可想而知了。

“舜帝死于南巡途中苍梧之野（今湖南永州等地），葬于江南九疑山（湖南宁远县）”。

大禹死于东行巡狩途中，就近葬在一座山上，命名为会稽山。“会稽者，会计也”。大禹东行江南会诸侯“记功而崩”。

“会计”一词就来源于此。

大禹给部落开展“评优评先”，用的是量化评价，大概跟我们现在评先进单位差不多，分成很多项，打分。大禹对各部落进行评比时，巡查非常认真，再加之常年跋山涉水，奔波劳累，于巡查途中就去世了。

推行德政

尧、舜、禹所在的时代，也是荒蛮的时代，文明才刚刚开始。那样的时代想要平定四方，武力征伐是重要手段，但我们自古以“止戈”为“武”，用武是为了和平。尧、舜、禹恰到好处去用武，又恰好其分地止戈。他们推行“德政”，以德治天下，以仁睦四方。

> 尧曰：“咨！尔舜，天之历数在尔躬，允执其中。四海困穷，天禄永终。”舜亦以命禹。（《论语·尧曰》）

尧把帝位传给舜的时候讲过这样一段话：“舜啊，上天的使命已经落到你肩上了，你要认真地保持中道。如果天下百姓困穷，上天给予你的福禄就终结了。”

中道而行，是不能过也不能不及。靠杀伐治国的帝王很多，这就是没有守中。以德治天下，以教化治天下，这就是守中。舜又把这样的一些话赠给了禹。古人喜欢赠言，有时赠言比赠物更重要。有德之人赠的言留传至今，物就不一定能留传下来。

尧、舜、禹都广施德政，重教化。舜举用“八元”掌管民俗教化，布五教——父义、母慈、兄友、弟恭、子孝。

所谓五教，就是五种人伦教化。父、母、兄、弟、子，讲的是一个家庭之中的五种角色五种成员。这五种角色都有了良好的定位，自己的角色扮演好了，家庭就稳定了，就美好了；每个家庭都如此，整个国家都会稳定而美好。因为家是国的细胞！正是儒家所讲，修身齐家治国才平天下。

除尧、舜、禹这些圣贤天子外，孔子还十分推崇周公——

子曰："甚矣吾衰也！久矣吾不复梦见周公！"（《论语·述而》）

孔子说："哎呀，我已经衰老得很厉害了，我好久没有梦见周公了。"孔子梦周公，那是希望周公能激励他鞭策他指引他。古人说梦见了某个人，那个人一般来说都是高人。程咬金梦中学斧，那是高人教的，他只记住了三板爷，三板斧就那么厉害，说明教他的人何其高！

孔子对周公非常崇拜，在《论语》中每每提及周公，崇拜之情都溢于言表——

子曰："如有周公之才之美，使骄且吝，其余不足观也已。"（《论语·泰伯》）

一个人有周公那样美好的才华，但如果他骄横、吝啬，那他其他方面就不必看了。

孔子强调才华的重要，但更强调个人修身的重要。

有人说，人可以分为四类：头等人，有本事，没脾气；二等人，有本事，有脾气；三等人，没本事，没脾气；末等人，没本事，大脾气。所以，有本事有才华，还得修炼个人的品德和心性。

孔子十分推崇周公，那周公到底是怎样的一个人呢？

周公，姓姬名旦，周文王第四子，周武王的弟弟，他曾先后辅助周武王灭商、周成王治国。武王死后，成王年幼，由他摄政治国。平定三监之乱后，大行封建，营建成周（洛邑），制礼作乐，然而还政成王。在巩固与发展周朝统治方面，周公发挥了关键性作用，对中国历史的发展也产生了深远影响。我们现在遵循的很多礼仪、行政制度就是周公旦那时创制的。

周公是一心为民的典范。有两个典故"一饭三吐哺""一沐三握发"，讲的就是他。

周公辅政，日理万机。他忙到什么程度呢？忙到吃饭的时候，有人来办事，就赶紧把饭吐出来，不吃了，马上给人办事，而且经常这样，不是一次。好在周公身体素质过硬，不然他肯定会营养不良，积劳成疾。

古人的头发长，要经常洗头发，不然，头发里就会长虱子。瞧，周公正在洗头发，不巧，有人来办事了，周公不洗了，用手握着头发给人先办事。而且，好几次洗头发时都出现了这样的情况。这周公也不请助理，觉得这些事就该自己干，因为自己是人民的仆人，压根没把自己当领导，所以他就这样一直很务实地为人民做事。

汉初大思想家贾谊曾这样评价周公："文王有大德而功未就，武王有大功而治未成，周公集大德大功大治于一身。孔子之前，黄帝之后，于中国有大关系者，周公一人而已。"

三、为政以德

鲁哀公曾经问孔子一个问题："当年舜头上戴的帽子是什么样的？"

一个君主，问古代圣王戴的是啥帽子，却不问他为何治理天下，这不是无聊吗？孔子不搭理。鲁哀公又问："孔顾问，怎么不回答我呀？"

过了好一阵，孔子才说："君王你怎么舍本逐末，该问的不问。你不问治国理政的大道，却问帽子，我真不知道你要干吗？"

哀公问冠，从中可以看出他关心的不是什么国家大事。孔子，一个理想主义者。理想主义者通常很悲催。所谓"理想很丰满，现实很骨感"。孔子自嘲是丧家狗，那是理想在残酷的现实中四处碰壁之必然结果。孔子的理想最终要落在政治上。他理想中的"政"是什么呢？道有王道、霸道，政有仁政、暴政。

何谓王道？就是圣王之道。谁是圣王？尧舜禹之类是也。王道就是君主以仁义治天下。

何谓霸道？现在说一个人霸道就是说他蛮不讲理、武断任性。与王道相对的霸道，就是以武力、刑法、权力来治理国家。

王道行仁政，霸道行暴政！孔子理想中的政是仁政，期盼的是王道；反对的是暴政和霸道。

子曰："为政以德，譬如北辰，居其所而众星共之。"(《论语·为政》)

孔子说，以德来治理国家，就像天上的北斗星一样，众星都会围绕着你。

有首流行歌这样唱：大河向东流，天上的星星参北斗哇。

我国的地势西高东低，人生长恨水向东！水往低处流！天上的星星都像参拜北斗星一样环绕着它！在中国古代，人们敬天，对天有着特殊的感情。那时的空气好，天也特别清，人眼看得特别远，人们对天上的星宿很有研究。北斗星广为人知，众星环绕，孔子以此喻以德治国者，天下的人才和老百姓都会团结在他身边。孔子还说过相似的话——

叶公问政。子曰："近者说，远者来。"(《论语·子路》)

叶县的这位行政长官叫叶公。众所周知有个成语叫叶公好龙，说的就是这个叶公。叶公真名叫沈诸梁，字子高，春秋末期楚国军事家、政治家，被楚昭王封到古叶邑(今河南省平顶山市叶县叶邑镇)为尹，史称叶公。

据《叶县志》记载，叶公主持叶政49年，大兴富国强兵之策，筑城固边，开疆拓土，与民众一起兴修水利，发展农业，叶县之民因此深受其利，对叶公充满感激。大概也就在此时，孔子周游列国，听说了叶公的仁政，加之孔子对楚昭王很是称道，于是从蔡入楚，到了叶县，与叶公有过深入的交流。

那后来所传"叶公好龙"，讲的是叶公表里不一、言不由衷。这又是从何而来呢？

叶公到叶县后，当时水患严重，百姓苦不堪言。叶公治水，要画水利施工图，用竹简木简不好画图，就在自家墙壁上画。当时大概没有普及唯物主义，大家都信神，都觉得水患是龙王降雨太多。叶公就在出水口画上龙，龙出来了，水患自然消除了，称之为"水龙头"。所以"水龙头"这名称就流传到了现在。

叶公礼贤下士，家里客人往来不绝。有些人对叶公肯定也不尽认同，于是说:“人人皆知龙能腾云驾雾,而叶公却画龙不画云,可见他并不真的喜欢龙。”到了汉代,文学史、经学家刘向有了另一个版本,在其所编的《新序·杂事》中,说“叶公见龙而走”“是叶公非好龙也,好夫似龙而非龙者也”,叶公成了一个伪君子。这就是“叶公好龙”的前世今生。

楚国后来发生了白公胜叛乱,叶公率叶地之军勤王,打败白公胜,救出君主,被楚惠王封为令尹与司马,这可是总理兼国防部长,实际掌握着楚国文武大权。但这位叶公并不喜欢当官,将总理和国防部长的职位都让给了别人,自己却退居叶县,过着幸福而安宁的晚年生活。

孔子到叶县,叶公很高兴,趁机向孔子寻求治政的良策。

孔子很委婉地说:“近处的人很开心,远处的人都来投奔。”

我们现在经常说“你开心就好”,孔子讲的是要近处的人——就是你治下的人,开心。远处的人知道你的治下人民都开心,也就会来追随你。大家都想要开心嘛。有人来投奔,那是治政的成功。人是第一生产力。尤其在春秋时期,人多力量大,有人就能打仗,就能修城墙修水利,所以那时抓来俘虏不会随便杀掉,要养着帮忙做事。百里奚就是这样的俘虏。如果有很多人来投奔,那是天大的好事,说明这个地方、这个国家兴旺发达,大家都开心——开心最重要!当然,别人来投奔不是说他和你有亲,你也不能依凭你的武力胁迫别人来“投奔”。而是要像孔子在“季氏将伐颛臾”中说的那样:“故远人不服则修文德以来之。”

子路和冉有做了季康子的家臣。季康子好战。这俩同学听季康子的,赞同讨伐颛臾。颛臾是鲁国的附庸国,是一个小国。季康子讨伐颛臾是别有用心。孔子反对讨伐,并说:如果你真担心别人不服,就要修治文教和德政,让别人心悦诚服地来投奔你。

> 子曰:“道之以政,齐之以刑,民免而无耻。道之以德,齐之以礼,有耻且格。”(《论语·为政》)

孟子说,人都有恻隐之心、羞恶之心、辞让之心、是非之心,并说无此四心,非人也。人之初,性本善,四心皆俱。但随着环境的改变,人的心性也会发生变化，四心也许会全无。一个饥肠辘辘的人，就可能丢失羞恶之心；在金钱和权力面前，很多人就容易失去辞让之心和是非之心。

保持纯正的心是非常必要的。那怎样才能保持纯正之心呢？答案是：通过德政治理好老百姓生活的环境，让人们四心完存。

孔子认为，用政令来管理老百姓，用刑罚来整顿他们，老百姓做事就会只求免于受到惩罚却没有羞耻心。用仁德来引导他们，用礼制去规范他们，老百姓就会有羞耻心并且人心归服。

成功的执政和治理，其标志就是人心归服！

经济多发达，GDP排名多厉害，建了多少高楼，开了多少工厂，这些都不是最终的评价标准。孔子说，要看人心。比到最后比人心！人心归服，才是硬道理！

那么，还有一个问题就是刚性的政令、刑罚，能不能真正达成人心归服？孔子的回答是不能。不仅不能，还会让人没有羞耻心——“民免而无耻”。老百姓没有羞耻心，那是非常可怕的。

孟子说：“人不可以无耻。无耻之耻，是耻矣。”

人不能没有羞耻心，不知羞耻的那种羞耻，是真正的可耻。一个人都不知道羞耻了，那他什么都可以干得出来。刑罚也好，政令也好，拿他都没办法。这就等同于禽兽。没有哪国刑罚、哪纸政令对禽兽能发挥作用的！

定公问：“君使臣，臣事君，如之何？”孔子对曰：“君使臣以礼，臣事君以忠。”(《论语·八佾》)

孔子说德政很好。那执政者如何运用德政呢？

首先要在人伦关系上有清晰的边界和规则。

我们又回到孔子跟齐景公讲过的“君君，臣臣，父父，子子”上来。这既是身份的界定，也是规则的制定。君跟臣，父跟子，都要守住自己的德，遵循各自的礼。同样的话孔子对鲁定公也说过。

鲁定公九年，孔子才正式出来做官，那年孔子五十一岁。鲁定公问了一个看似平常却又不那么容易回答的问题：“君上使唤臣子，臣下侍奉君主，应该怎么做?”

君主使唤臣下,臣下侍奉君主,这不是顺事成章、天经地义的事吗?但这里面可有大学问,是个大课题。有人的地方就有江湖。有权的地方就会暗流涌动。所以民国时李宗吾研究出了一门学问:厚黑学。这门学问说的是人脸皮要厚而无形、心要黑而无色,这样才能成为“英雄豪杰”。

孔子可不讲厚黑学,他反对厚黑学,他倡导一种纯粹的人际关系:“君上依礼使唤臣下,臣下以忠事奉君上。”这两句不是独立的,而是相互关联的。君上以礼相待,臣下就会以忠事奉。否则,你不仁,我不义!

我们知道,春秋时期发生过很多臣属不忠不义的事。究其原因,是君主自己不守礼,对臣下不以礼相待。

陈国有个陈灵公,纯属酒色之徒,在位时与手下两位大臣孔宁和仪行父狼狈为奸,经常干些荒淫无耻之事。他们君臣之间恰似狐朋狗友,毫无威仪可言。

很多问题的产生往往不是因为事情有多危险,而是你不知道自己是谁!

用现在的话说,就是不能给自己定好位。你是君主,你就不能没有礼义廉耻;你是父亲,你就不能没有责任感。如何明白自己是谁、给自己定好位?那就要深悟孔子说的“礼”道。孔子认为唯有守礼方能分清自己是谁,明晰我该做什么、我不该做什么。这样,德政才可能产生。

> 子曰:“道千乘之国,敬事而信,节用而爱人,使民以时。”(《论语·学而》)

孔子说,治理一个有着一千辆兵车的国家,就应该严肃认真地对待工作,讲求信用,节约用度,爱护他人,使老百姓依时务农。

孔子强调一个“敬”字,就是要严肃认真,就是要怀万分虔诚之心。一个君主如果不敬自己的天命,拿江山当儿戏,那灾祸也会随之降临。周幽王不拿国家当回事,为博褒姒一笑,竟然点起了烽火台,诸侯们以为受到侵略,发兵勤王,结果发现竟是天子开玩笑。这玩笑真的开大了!美女是笑了,但周幽王后来就哭了——犬戎来攻,周幽王再命人点烽火,你玩我,我还会来吗?

国破了，王死了，西周结束了。

孔子不仅强调在上位的要“敬”，在下位的也要“敬”。

“敬”是人人都需有持有的。它是一种态度，一种品德，一种精神！

季康子问：“使民敬、忠以劝，如之何？”子曰：“临之以庄，则敬；孝慈，则忠；举善而教不能，则劝。”（《论语·为政》）

季康子问：“要使老百姓严肃认真、忠诚和相互劝勉，怎么办？”

刚才说了，在上的要严肃认真，在下的也要严肃认真。老百姓不严肃认真，那也会很糟糕。话说八国联军入侵，进攻京城。当地老百姓却在一旁看热闹。洋鬼子打到家门口了，你说你还在看热闹，那不是不爱国？但不能这么定义。晚清政府没有把老百姓当回事，老百姓只知有家不知有国。

孔子认为，你要老百姓对你吩咐的事严肃认真，那你得先对他们的事严肃认真。就是说，你把我当回事，我才把你当回事。这绝不是那句歌词：我只在乎你！这个世界从来没有规定只能我对你无条件的好！

绕了这么远，言归正传，再来看孔子是如何回答季康子这位大领导的：“你对待老百姓的事认真慎重，老百姓对你就会严肃认真；你孝顺父母慈爱幼小，他们就会忠诚于你；你提拔好人，教育能力差的人，他们就会互相劝勉。”

哀公问于有若曰：“年饥，用不足，如之何？”有若对曰：“盍彻乎？”曰：“二，吾犹不足，如之何其彻也？”对曰：“百姓足，君孰与不足？百姓不足，君孰与足？”（《论语·颜渊》）

鲁哀公时期，鲁国国力衰微，国内又发了生饥荒，怎么办？鲁哀公向孔子的弟子有若寻求解决办法：“饥荒的时候，国府用度不足，怎么办？”

哀公期待的答案是怎么搞到钱，但有若却不按套路出牌，他说：“为什么不实行十抽一的税收政策？”

鲁哀公本来实行的是十抽二的税。年岁饥荒，没有钱，有若却说要减税，并且减一半。这是什么办法?!

鲁哀公很惊诧，虽然心里在骂有若的办法不靠谱，但还是问：“我十抽二都不足，怎么能够十抽一呢？”

有若解释道："老百姓富足了，您就会富足了；老百姓不富足，您的用度怎么会富足呢？"这话讲得太有道理了。孔子不是书呆子，他的弟子也都是政治家、经济学家。有若的解释很在理，国库没钱，简单粗暴的办法是加税印钞，反其道而行之，通过减税而让老百姓富裕起来，老百姓有钱了，你十抽一也好，还是十抽二也好，都会有够多的收入。有若，有头脑！

子适卫，冉有仆。子曰："庶矣哉！"冉有曰："既庶矣，又何加焉？"曰："富之。"曰："既富矣，又何加焉？"曰："教之。"（《论语·子路》）

孔子到卫国去，冉有给他驾车。卫国在夹缝中生存，左右逢源，加之重用人才，治国有方，所以呈现一派繁荣气象。

孔子说："人真多啊！"这话含有赞赏的味道！人多好哇！有人，说明国家繁荣。

但问题来了！有人的地方就有江湖。所以冉有就问："人多了怎么办呢？"孔子说："让他们富裕起来。"

人多了，首要的事是养活他们。如果没得吃没得住，那可不得了。孔子说过君子固穷，那小人穷则斯滥矣。那天底下哪有那么多君子！所以，只有让他们富裕了，才会仓廪实而知礼节呀。

冉有又问："如果富裕了又怎么办呢？"人这种动物很复杂的，穷了不行，富了也出问题。小人穷困就乱来了，无所不做。那富了，有钱了呢？也一样出问题——我开宝马，我就要横冲直撞；我有钱，我就把你家的房拆了……怎么办？

孔子说："教化他们。"

我们可以说用法律制裁。人性的恶可以用制度来遏制它，也可以用教化的方式来纠正它。但治标的方法还是教化。孔子喜欢用教化。怎么教化？当然是礼乐教化！孔子认为，礼乐可以作用于人心，从而改良人性。

子曰："善人为邦百年，亦可以胜残去杀矣。诚哉是言也！"（《论语·子路》）

季康子问政于孔子曰："如杀无道以就有道，何如？"孔子对曰：

“子为政，焉用杀？子欲善而民善矣。君子之德风，小人之德草，草上之风必偃。”(《论语·颜渊》)

孔子期待出现的局面就是“胜残去杀”，即让残暴的人得到教化，废除死刑。这是人们所说的至治，天下太平。孔子的理想难能可贵。但乱世春秋，“好杀”甚至“嗜杀”的君主很多。郑国的君主郑厉公，杀傅瑕、祭仲、公子阏、强锄。楚平王杀伍奢一家……

季康子大概也好杀。所以他这样问孔子：“如果我杀掉那些无道的人，亲近有道的人，怎么样？”季康子的思维比较简单，不管三七二十一，坏人通通杀了，剩下的不就都是好人了吗？这不是治国，这是种庄稼——把杂草都锄掉，万事大吉。

季康子这话恐怕吓到孔子了，孔子赶紧制止，说：“治理国家，哪里用得着杀啊？你追求善老百姓就会善。领导人的品行是风，老百姓的品行是草。草随风动。”

四、弟子问政

孔门弟子很多都参与了政治，有的甚至得到了比较显要的职位，如子贡就曾为鲁卫之相。“学而优则仕”，弟子们参与政治，向孔子请教的问题很多都是关乎为政的。

子张学干禄。子曰：“多闻阙疑，慎言其余，则寡尤；多见阙殆，慎行其余，则寡悔。言寡尤，行寡悔，禄在其中矣。”(《论语·为政》)

这段话的中心就是：多听，存疑，慎言；多看，存疑，慎行。

什么是干禄？就是不用交税的俸禄。差不多就是今天的税后工资。

子张想去当公务员拿工资。这也是那个时代绝大多数读书人的选择，就像今天的大学生抢着考公务员一样。孔子当然鼓励学生去为官。于是建议子张慎言慎行、多听多看，以免招来怨恨。官场是复杂而敏感的，而从政的人也是被民众所高度关注的，不保持谨慎的态度，信口开河亦或行为举止随意，很有可能招致是非。

《三国演义》中有一个“杨修之死”的故事。杨修有文采，有本事，但文人的个性太强，不服管教，不加约束，喜欢挑刺、钻牛角尖。言不逊、行不敛。对曹操颁布的军令，他刻意找差错，然后进行更改。看似他有理，实则是不买曹操的账。这还得了！曹操可是梦中都杀人的主，还不随便找个“谣言惑众、扰乱军心”的理由把他给砍了。不慎言、不慎行，招致的是杀身之祸，哪里还能够拿什么干禄？

子路问政，子曰：“先之，劳之。”请益，曰：“无倦。”（《论语·子路》）

子张问政。子曰：“居之无倦，行之以忠。”（《论语·颜渊》）

子路向孔子问怎样管理政务，孔子回答说：“带头干，使其他人勤劳起来。”子路还不满足，请求老师多讲一点，孔子说：“不懈怠。”同样的问题子张又问孔子。孔子回答说：“你平时不要懈怠，出来为官就要忠诚。”

带头干，不懈怠。正如范仲淹留下的名句：“先天下之忧而忧，后天下之乐而乐。”看似平常的一句话，要做到实则不易。凡官场留名的人，大概都是带头干、不懈怠的典型。凡是能把一地治理得好的官员，大多是自己带头干，不懈怠！无论是什么年代，老百姓总是看为官者的，官正则民正，官清则民清，官勤则民勤！

仲弓为季氏宰，问政，子曰：“先有司，赦小过，举贤才。”曰：“焉知贤才而举之？”曰：“举尔所知。尔所不知，人其舍诸？”（《论语·子路》）

在《论语》中，仲弓问政有好几次，说明仲弓这个人好学，也说明仲弓在从政的过程遇到了不少麻烦。

这一次仲弓担任季氏季桓子的家臣，季桓子辅佐鲁定公执政，孔子在那一时期也出来从政，深得季桓子信任。仲弓做季桓子这个上卿的家臣，地位非常重要，他必须对管理政务有丰富的见解，于是不停地求教于孔子。

孔子这次给他讲的是：“先明确各部门的分工和职责，赦免一些小过，推举贤能的人。”

作为一地长官或一个单位的领导，不可能事事亲力亲为。那种什么事情都管的人，不可能成为一个好的管理者。所谓行政，就是要各行其政。所以，做一个领导首要的是厘清各部门的职责，然后各行其是，各尽其责，无为而治。人非圣贤，皆会犯错。作为领导，不可求全责备，而应宽容对待，给属下成长的时间和空间。

当然，最重要的是推举贤能的人。

贤才是最为稀缺的资源，仲弓对此特别感兴趣但又很迷茫，就问："怎么能够发现贤才而举之呢？"孔子说："推举你知道的，你不知道的，别人会推举。"

发现贤才不易。真正的贤才像散落尘世的珍珠，不一定那么光彩夺目，如伊尹、百里奚。真正的贤才并不一定表现在表面上，所谓不露圭角，如管仲、孙叔敖；而往往看似才华四溢者实则志大才疏、徒有其表，赵括、马谡之流是也。真正的贤才内心潜沉，个性独异，深藏而不外露，往往不易接近，不易识别，孔子、魏征就是这样的人……

有时，贤才就在你的眼前，只是你缺了一双识才的慧眼，少了一种容人的气魄。

> 子夏为莒父宰，问政，子曰："无欲速，无见小利。欲速则不达，见小利则大事不成。"（《论语·子路》）

子夏被派到莒父邑做官，向老师请教怎么为官。孔子跟他说："不要图快，不要贪图小利。图快就达到不到目的，贪小利就办不成大事。"

"欲速则不达"，这个成语就来自这里。

之前也讲了，子夏出身贫穷，家里很苦，现在终于当官了，成了今天我们所说的"凤凰男"了，但他性格有点小气，孔子都不敢向他借车盖；他心胸不够开阔，格局不大，所以孔子曾告诫他"女为君子儒，无为小人儒"。"凤凰男"当了一地行政长官，肯定想赶紧做出一番政绩来。孔子熟悉每一个学生的特点，所以告诫子夏，不图快，不贪小利，总之就是不要急功近利。

为官不搞政绩工程，不杀鸡取卵，不急功近利，这些今天耳熟能详的话语，几千年前，孔子早就说过了，只是你没有看《论语》而已。

颜渊问为邦,子曰:“行夏之时,乘殷之辂,服周之冕,乐则《韶》、《舞》;放郑声,远佞人。郑声淫,佞人殆。”(《论语·卫灵公》)

颜渊问孔子怎样治理国家,孔子给他的答案是:“用夏朝的历法(夏朝的历法一直流传到现在,实用于农作);乘商朝的车子(比较好,相当于宝马、奔驰);穿周朝的礼服;用《韶》《武》这些雅乐;摒弃郑国的音乐,远离奸诈小人;郑声淫荡,佞人危险。”

从这段话可以看出,孔子很厌恶郑声、佞人。郑声是郑国的音乐,听说很淫荡,严重扰乱人的心智和礼法。《吕氏春秋》中说:“郑卫之声,桑间之音,此乱国之所好,衰德之所说。”孔子倡导以礼乐教化治国,是要人回归美好的人性,人好了,一切都好了!所以他要摒弃郑声、远离佞人。

“郑卫之声”一直受到儒家诟病。“郑风”中绝大部分是情诗,卫国也是一样的。这跟郑国的风俗习惯有关,它允许男女自由恋爱。郑风里有一首诗叫《溱洧》,这首诗描述郑国的上巳节,实际就是一个青年男女谈情说爱的节日,互赠芍药,以订终身。大家想想,在春秋这样一个时代,这种行为可以说是非常前卫的了,所以引来了“郑风淫”的说法。

顺便提一下,有个成语“人尽可夫”出自郑国。说的是,郑国的大夫祭仲专权,郑国国君为此担忧,于是派出心腹雍纠,想把祭仲杀掉。雍纠是何人?祭仲的女婿。女婿要杀自己的老丈人,这事谁都会纠结。纠结怎么办?那就和自己的老婆商量商量。老婆一听杀她老爸,也纠结了,不知道怎么办,就和自己的亲妈商量!但话也不能说得很直白,于是她就问了亲妈一个问题:“老爸跟老公哪一个更亲呢?”这跟“老妈、老婆一起掉水里先救谁”的问题如出一辙。不过,这问的对象不是别人,是老妈,于是答案立马出来了:“男人都可以找来做老公,但是老爸就只有一个,怎么可以相比呢?”不纠结了,老爸重要!于是女儿把消息告诉了父亲:“你的女婿,也就是我的老公,想要干掉你。”祭仲听了,二话不说,就先下手为强,把女婿给杀了。

“人尽可夫”,这话是两难境地中的一种选择,但从一个侧面说明了郑国人的思想比较开放。

子贡问政，子曰："足食，足兵，民信之矣。"子贡曰："必不得已而去，于斯三者何先？"曰："去兵。"子贡曰："必不得已而去，于斯二者何先？"曰："去食。自古皆有死，民无信不立。"(《论语·颜渊》)

子贡向孔子请教管理国家的问题，孔子说："有足够的粮食，有充足的军备，要讲信用。"子贡说："这三个中要去掉一个的话，哪一个可以先去掉呢？"孔子说："可以先去掉军备。"子贡说："再去掉一个。"孔子说："把粮食去掉。自古以来人都有一死，但一个国家要是没有信用也就不存在了。"

粮食、军备、信用，此三者为一个国家存在的三个必备要素。

民以食为天，没有粮食，人都要饿死；军备是国家安全和平的保障；信用，是政府存在的前提。但三者之中，孔子最看重的是信用。最不为看重的是军备。这不是说孔子不爱国，也不是说孔子不懂军事，而是因为他是一个人道主义者。自古有"兵者，不祥之器也"。战争是残酷的，打仗是要死人的，这对老百姓不好。当然，孔子也赞同必要的军备，以保障不受外力侵扰。信用就不同了，它涉及国家存在的合理性问题。所以，一个国家要得到普遍支持，最重要的是立信。

齐鲁两国会盟。鲁庄公和曹刿趁机用刀逼迫齐桓公归还四百里土地，并重新划定齐鲁以汶水为界。齐桓公不答应不行呀，他可不会要地不要命。但事后齐桓公很后悔，觉得心有不甘，想要反悔。管仲就说："我们得讲信用，既然答应了鲁国，就不要反悔了。"齐桓公失地，但立了信，这为他之后成为春秋第一霸奠定了基础。

商鞅变法，先立根木头在城南门，说如果有人搬到北门，政府奖励十金，没人相信；商鞅提高到五十金，有人试着搬到了北门，于是得到了五十金的奖励。老百姓这才相信这个商鞅是讲信用的，商鞅这也才开始推行新法。

子张问于孔子曰："何如斯可以从政矣？"子曰："尊五美，屏四恶，斯可以从政矣。"子张曰："何谓五美？"子曰："君子惠而不费，劳而不怨，欲而不贪，泰而不骄，威而不猛。"子张曰："何谓惠而不费？"子曰："因民之所利而利之，斯不亦惠而不费乎？择可劳而劳之，又谁怨？欲仁而得仁，又焉贪？君子无众寡，无小大，无敢慢，斯不亦泰而不骄乎？君子正其衣冠，尊其瞻视，俨然人望而畏之，斯不亦威而不猛乎？"子张曰："何谓四恶？"子曰："不教而杀谓之虐；不戒视成谓之暴；慢令致期谓之贼；犹之与人也，出纳之吝谓之有司。"（《论语・尧曰》）

子张又来问政了：要怎么样做才可以从政呢？孔子提出"尊五美，屏四恶"。我们可能都只知道"五讲四美"，却不知道什么是"五美四恶"。

五美就是五种美德。大概说的是，君子给老百姓恩惠而自己无所花费，役使老百姓他们不会有怨恨；自己有欲求却不贪婪，为人安详平和而不骄横，威严却不凶猛，老百姓就会顺服。

四恶是不加教育便加杀戮的"虐"；不戒视就要做出成绩的"暴"；发布命令慢突然限期完成的"贼"；出手小气无端缩减开支的"有司"。

子张的毛病是"过"，孔子评价子张"过犹不及"，于是对他提出"尊五美，屏四恶"，是很有针对性的。

问礼

对于礼，我们不陌生。

我们头顶“礼仪之邦”的光荣称号，脚踏几千年的文明圣地。

但，我们有礼仪吗？我们传承了祖先的礼仪吗？我们可能不屑一顾，甚至说，今天是什么时代？科技那么发达，还讲那么多繁文缛节！有的还会说，要向西方学习，提高效益，直接简单。

科技发展、经济发展跟讲礼仪有矛盾吗？怪不得孔子担心两个极端：贫不乐道，富不好礼！科技发展、经济发展更应该知礼，不然，技术主宰人类、经济主导一切，世界就会变得冷漠，人也就成为机器。

《论语》关于“礼”的讨论很多。我们不妨追问：孔子的愤懑是什么？他有哪些礼数？礼的作用与本原是什么？

一、孔子的愤懑

春秋的天气，和现在差不了太多；春秋的人心，和现在也差不了多少。

但有个人天天上火，很生气，很愤懑。他就是孔子！孔子啊，你有吃有穿、有房有车，干吗还要跟自己过不去呢？生气容易得病，你老人家不是懂医道吗？你要知道养生，不能发脾气。但，能忍得了吗？

你看——

孔子谓季氏：“八佾舞于庭，是可忍也，孰不可忍也？”（《论语·八佾》）

八佾是啥?

初中那时读《论语》,也不认识这个佾字,就看成了俏。误以为八俏就是八个俏丽的美女。有一天给同学讲,说孔子不喜欢美女跳舞,说八俏舞于庭,孔子就骂人。老师听到后笑得前仰后翻了。

佾,是周朝时的一种乐舞,也以此来表示不同的乐舞等级、规格。一佾指一列八人,八佾指八列六十四人。按周礼规定,只有天子才能用八佾,诸侯用六佾,卿大夫用四佾,士用二佾。

季氏是谁?一般认为是季平子。季平子是鲁国正卿,卿大夫。按当时的礼节,季平子家要搞什么乐舞,就只能是四佾,三十二个人跳舞。

天子跳的乐舞,你一个卿大夫跳,在当时那是非常严重的僭越。那季平子为何这么牛?

这话还得从鲁桓公开始讲起。鲁国刚刚建成时,以礼为治国基本方针。大家都讲礼,多好啊。但慢慢的,鲁国就不那么讲礼了。鲁桓公上位靠的是弑君——把自己的兄弟鲁隐公杀掉了。而鲁桓公自己则更加悲哀。他的美女老婆文姜,出嫁前就和自己的哥哥齐襄公搞起了兄妹恋。文姜嫁给鲁桓公后,齐襄公还是不死心,就邀请鲁桓公进行国事访问,并要求带上文姜。不知道鲁桓公是太自信,还是太傻太天真,居然答应带文姜前往。那哪是国事访问啊,分明是送菜上门,羊入虎口。果然,鲁桓公一到齐国,晚上就不见了文姜,哪去了?去了齐襄公的寝宫。鲁桓公就骂她不守本分。文姜哪受得了这气。她不是有当诸侯王的哥哥罩着吗?于是在齐襄公面前哭诉。齐襄公更是嚣张惯了,说,亲爱的你别哭,我让他以后话都说不了,别说骂了。过几天就请鲁桓公吃饭喝酒。这鲁桓公啊,也是够皮厚的。碰上这样的事,普通人都不会见面了,你还去喝什么酒!结果,被灌醉了。醉了就好办事!齐襄公叫来武功高强的公子哥彭生,说,你不是可以举石狮子吗?你不是可以徒手勒死一头牛吗?来,把这家伙给我弄残了。彭生还真有股子力气,曾经弄残过很多头牛,但人没弄过。也许是弄惯了牛,力度把握不好。结果,只轻轻把鲁桓公一抱,鲁桓公就肋骨全断,一命呜呼了。鲁桓公死了,文姜也不回鲁国了,她就住在鲁齐边界上。齐襄公就隔三岔五地去送温暖,鲁国人民远远就看到他们秀恩爱，这气不打一处来！于是，鲁国人民团结一致，要求齐国给个说法。“你不给我个说法，我就给你个说法。”也许就从那时候开始流行的。鲁国那么多人要说法，这齐襄公也就怕了，就拿公子哥彭生出来抵命。彭生又被别人勒死了。

鲁桓公有四个儿子：公子同，庆父，季友，叔牙。公子同继承了君主的位子，是为鲁庄公。庆父居然和鲁庄公的夫人、自己的嫂子乱搞男女关系，还杀太子，弑君，反正坏得很彻底。所以，当时有句话，叫“庆父不死，鲁难未已”。季友就联合全国人民以及全世界爱好和平的人民，把庆父逼得自杀了。季友独掌大权。叔牙、庆父的后代都世袭了贵族的权位。他们都是鲁桓公的后人，被称之为三桓。

三桓是这样来的，你说他们会守礼吗？可惜了鲁国的鼻祖周公，他为周朝制礼作乐，在自己的封地，却是另一番景象——乱礼乱乐。

季平子作为季氏的传承人，只不过是一个卿大夫，他却用天子的八佾舞。孔子愤怒了，说：是可忍，孰不可忍？意思是，是个人都忍不了了。

不仅季氏不守礼，其他两家有过之而无不及。

> 三家者以《雍》彻，子曰：“‘相维辟公，天子穆穆’，奚取于三家之堂？”（《论语·八佾》）

三家就是庆父的后人，称孟孙氏；季友的后人，称季孙氏；叔牙的后人，称叔孙氏。这三家后人祭祀完祖宗后，撤掉祭品的时候，却要乐工唱起了《雍》。

《雍》是什么？《诗经·周颂》中的一篇，天子祭祀宗庙撤掉祭品时唱的歌。里面有这样的诗句：相维辟公，天子穆穆。意思是：助祭的是诸侯，天子严肃静穆地在那里主祭。

所以，孔子反问：这样的诗句，怎么能用在你们三家的庙堂呢？

话不能乱说，舞不能乱跳，歌不能乱唱！但乱来的居然是鲁国的当权者！

> 子曰：“禘自既灌而往者，吾不欲观之矣。”（《论语·八佾》）

看这个“禘”字的结构就知道了，跟帝王的祭祀活动有关。禘是一种天子祭祀的礼仪。灌是祭祀的时候第一次献酒。

这种天子用的祭祀仪式，鲁国之君却也用。所以孔子说："谛祭的礼呀，从第一次献酒后，我就不想看了。"孔子为什么不想看了？是没时间看，还是没心情看？肯定是没心情看。这天子用的礼，你们诸侯却厚颜无耻、大张旗鼓地用。我还看得下去吗？

还是季氏，你越来越不像话了。你说，你要去旅行，去哪里都好，你还怕导游黑你吗？你还怕别人强迫你去买假玉圈、假特产吗？你却偏要跑到泰山去祭山。

> 季氏旅于泰山。子谓冉有曰："女弗能救与？"对曰："不能。"子曰："呜呼！曾谓泰山不如林放乎？"(《论语·八佾》)

这个"旅"，不是我们今天说的旅行，是祭山的意思。

泰山可不是什么人都能祭的。只有天子、诸侯这样级别的人才能祭。为什么泰山这么重要？因为古人认为，泰山直通帝座，也就是直通天帝那里。天子，不是天之子吗？那他可以通过祭祀泰山和天帝说话。后来，诸侯王也可以。但大夫一类的就没有这个资格了。所以，季氏作为大夫去祭泰山，那是僭礼了。

孔子的学生冉有，这个时候大概在季氏那里当家臣。孔子就对他说，你能挽救这样的事吗？冉有虽说是孔子的得意门生，但拿了季氏的高工资，哪还说得了季氏。所以说"不能"。孔子对冉有这样的做法是很不满意的。但冉有有自己的苦衷。不是学而优则仕吗？在鲁国，当官要找谁？肯定是季氏。季氏的权势最大，君主还要听他的。冉有好不容易到季氏那里当家臣，相当于正厅级干部。有房、有车、高工资、有前途，哪能像你孔老师那样，说不干就不干了。所以，冉有虽然怕挨孔子的骂，但还是坚定地站在季氏那一边，还真个现实主义者！

学生与老师的理想背道而驰。孔子心中的悲凉可见一斑。但现实就那么残酷，许多师生到最后还成为"道不同不相为谋"的仇敌呢！所以，做老师的不要真以为学生"长大了就成了你"。环境改变人！

所以，孔子哀叹：唉，难道你们认为，泰山之神还比不上林放懂礼吗？

林放，一个懂礼的人。有人说是孔子的学生，有人说不是。但他曾就礼的问题谦虚地咨询过孔子。

孔子这话的意思是，林放都知道这事做不得，泰山之神更应该知道这事不能这样做。你季氏去吧，冉有你跟着去吧，泰山之神不欢迎你们，你们就是祭了山，也没有用的。这话说得有点瘆人。语气里带着愤怒和威胁。好比你要找某某领导帮忙，我不想你去找，就说：你去找吧，你试试，看那领导会理你么，搞不好还反感你、讨厌你！

你还敢去吗？

所谓“上梁不正下梁歪”。季平子不守礼，他的家臣更不会守礼。阳虎，也叫阳货，知道吗？就是他的家臣。这家伙叫虎，可真是个如狼似虎的角色；他还叫货，可见他就不是个好货！结果，阳虎就把季平子关起来了，要造反。

春秋时期，真可谓天下大乱了。天子不像个天子了，君主不像个君主了，臣子不像个臣子了。孔子这样哀叹——

> 子曰：“觚不觚，觚哉！觚哉！”（《论语·雍也》）

觚是什么？一种祭祀用的器皿，比较贵重。

孔子说，觚不像觚，觚啊觚啊！这话什么意思呀？你说你这老头，对着觚发感叹，自言自语，说：觚不像觚，你这觚啊，你这觚啊。想想这场景、这画风：孔子独自站在祭祀的台前，目不转睛地看着一个叫觚的礼器，久久地，久久地，一动也不动，然后幽幽地说：觚，不像个觚！觚啊，觚啊！

孔子这是怎么啦？受了刺激还是想写诗？不是想写诗，是受了刺激。他真正要说的不是觚。星星还是那个星星，月亮还是那个月亮，觚还是那个觚，就是人不是那个人，礼不是那个礼了！孔子借觚这个礼器来说礼，来表达自己内心的愤懑！

春秋的天下，再不是周公时代的那个礼乐天下了。天下无道，最为集中的表现就是礼崩乐坏了！

> 孔子曰：“天下有道，则礼乐征伐自天子出；天下无道，则礼乐征伐自诸侯出。自诸侯出，盖十世希不失矣；自大夫出，五世希不失

矣;陪臣执国命,三世希不失矣。天下有道,则政不在大夫。天下有道,则庶人不议。”(《论语·述而》)

孔子说,“天下有道,礼乐和征战号令都出自天子;天下无道,礼乐征战号令都出自诸侯。礼乐号令出自诸侯,大概传到十代就很少能再继续了;礼乐号令出自大夫,大概传到五代就很少能再继续了。若是家臣把持国政,三代就很少再继续了。天下有道,国政不会由大夫把持。天下有道,天下的老百姓就不会议论纷纷了”。

孔子的这一段话来自春秋的现实,尤其是鲁国的现实,是对现实的精确总结。尧舜禹、汤、西周,都是礼乐征伐都出自天子。所以,天下太平,政治清明。而春秋始,诸侯争霸,虽然打着天子的名号,但礼乐征伐就是霸主说了算。齐桓公第一个称霸,但也就传了十代。鲁国季氏专权,礼乐征伐自大夫出,也就传到了五世。鲁国的阳虎、公山弗扰等陪臣执国命,但没多久就亡命了。

孔子的愤懑,是因为春秋乱象环生,是当权者带头违反礼法,尤其是僭越很厉害。君不像君,也就国不像国了!

其实,翻阅《论语》,你就会发现,孔子对于当政者那些乱伦、性丑闻的事情,基本没有作批评。我在想,难道孔子不关注这些?或者孔子对这个比较宽容?不得而知。看《论语》中的这样一段话——

陈司败问:“昭公知礼乎?”孔子曰:“知礼。”

孔子退,揖巫马期而进之曰:“吾闻君子不党,君子亦党乎?君取于吴,为同姓,谓之吴孟子。君而知礼,孰不知礼?”巫马期以告。子曰:“丘也幸,苟有过,人必知之。”(《论语·述而》)

司败就是司寇,官名,掌握一国司法的长官。陈国的司败对婚姻法肯定非常清楚。周朝时期就有同姓不得通婚的规定。那时的同姓都是有血缘关系的,同姓通婚不利于优生优育。你看,我们的祖先那么早就知道生育科学。

但鲁国的君主鲁昭公却和同姓的吴国美女结婚了。不要以为做了一国之君就可以像阿 Q 所说的，想要谁就是谁。春秋时期君主讨老婆，讲究挺多的。鲁昭公看上了吴国的美女，同姓不能结婚。鲁国情种多。鲁庄公看中了一个叫孟任的美女。孟任一看堂堂一国之君这么主动，那还不赶紧套牢他，就拿了把菜刀割自己的手臂，与鲁庄公盟誓，这叫割臂而盟。季平子的堂兄弟穆伯，那更不得了，眼中只有莒国美女，为了和莒国美女生活在一起，不惜抛弃世袭的官位和已有的家庭，卷款潜逃，和美女埋名隐姓、生活至死。

鲁昭公看上了吴国美女，怎么办？那就让吴国美女改姓好了，姓什么？你不是吴国人吗？那姓吴算了。所以，那结婚证上就登记为吴孟子。但群众的眼睛是雪亮的，世上就没有不透风的墙。再加上，鲁昭君是何人呀？公众人物。什么狗仔队呀，鹰眼队呀，每时每刻都关注着他。所以，鲁昭公想掩人耳目娶美女，哪有可能，还没结婚，各国人民都知道了。

陈国这样的小国，从上至下都议论这件事。

所以，陈司败见到孔子就问："你们国君知礼么？"这怎么回答？别国的长官在正式场合问你，你们领导懂礼吗？你肯定要答懂礼。孔子出来了，孔子的学生巫马期进去了。这陈司败就忍不住要批评孔子了，说，"孔子不是君子吗？为什么君子也偏袒过失？鲁昭君明明是违反婚姻法，违反周朝的礼节了，他哪是懂得礼节呢？"巫马期是孔子的学生，他能说什么呢？只能如实相告。孔子听了心里愧疚，知道是自己错了，但也只能"呵呵"了。

其实，鲁昭公娶同姓美女，虽然违礼，但孔子还真不太关注，因为相比季氏专权乱礼、陪臣执国命，这样的问题，危害就小得多了。

所以，孔子的愤懑，在为政者对于礼法的僭越！

二、孔子的礼数

孔子懂礼仪，是一位礼仪的权威专家。在春秋时期，孔子说你哪个礼仪对或哪个礼仪不对，那就真的对或不对。

孔子为啥那样牛？他的礼仪知识是哪里来的？

> 子曰："夏礼吾能言之，杞不足征也；殷礼吾能言之，宋不足征也。文献不足故也，足则吾能征之矣。"（《论语·八佾》）

子张问:“十世可知也?”子曰:“殷因于夏礼,所损益,可知也;周因于殷礼,所损益,可知也。其或继周者,虽百世,可知也。”(《论语·为政》)

这里的“文献”和我今天所说的“文献”不一样,指文史资料和贤者。献者,贤也。那孔子的礼仪知识是从文字资料中和贤者那里学来的。时代变化,江山易主,杞承袒了夏朝,宋是殷的封地所在。封地虽在,但物是人非,礼仪早就改变了,不能以现在确定以前的礼仪。

子张想,周朝的礼仪你是没有不知道的,那往后300年,周朝的礼仪是什么样,难道你孔老师也都知道?于是,他这样问:“往后十代的礼仪能够预先知道吗?”孔子说:“可以知道的!殷朝沿袭了夏朝的礼仪,有所废除或减少,是可以知道的;周朝沿袭了殷朝的礼仪,有所废除或减少,也是可以知道的。其后有当政者继承周朝礼仪的,其变化情况,即使百代,也是可以预先知道的。”

孔子真不愧为礼仪的权威专家。那他自己如何践行礼仪?有哪些礼数呢?

丧　葬

子张曰:“《书》云,‘高宗谅阴,三年不言。’何谓也?”子曰:“何必高宗,古之人皆然。君薨,百官总己以听于冢宰三年。”(《论语·宪问》)

古人有一个“丁忧”的礼节,就是父母过世了,要守孝三年。孔子对这个礼节非常赞同,并要弟子们遵守。那这个礼节是如何来的?又有何做法?

谅阴,就是守孝的房子,一般建在父母的墓地旁边,又叫凶庐。

高宗,就是殷高宗,也是一位为孔子所称道的君王。

子张问:“《尚书》中有一句这样的话:‘殷高宗守孝,住在凶庐里,三年不说话。’这话是什么意思?”孔子说:“何必是殷高宗啊,古人都这样。君王死了,继承的君王三年不过问政事,由宰相率领百官分担自己的事务。”

由此可见,古人是非常重视丧葬礼仪的。

当然,古人又规定不同阶层的人,其丧礼又是不同的。天子有天子的丧礼，诸侯有诸侯的丧礼，大夫有大夫的丧礼，士有士的丧礼，不可逾越。

> 子疾病，子路使门人为臣。病间，曰："久矣哉，由之行诈也！无臣而为有臣，吾谁欺？欺天乎？且予与其死于臣之手也，毋宁死于二三子之手乎！且予纵不得大葬，予死于道路乎？"（《论语·子罕》）

孔子大病了一场，子路估计老师可能不行了，于是请同学来组织了一个治丧委员会。这本是一份好心，但好心办坏事。按周朝的礼仪，治丧委员会只有诸侯才能设立。后来大夫也可设，但只能人死了后才能临时设立，而不能提前设立。所以，孔子的病好后就说："子路你欺上瞒下已经很久了。我不该有治丧委员会，你却要同学成立这样的委员会，我要欺骗谁呀？欺天吗？与其死在这种欺人的治丧委员会组织手里，还不如死在你们学生手里！我即使不能得到热热闹闹的安葬，还会死在路边吗？"

子路在孔子生病期间设立治丧委员会，孔子认为这是欺骗世人：我不过是一个大夫，怎可按君主的标准来治丧？幸好孔子没有死，不然他可要戴上"僭越"的帽子了！

> 见齐衰者，虽狎，必变。见冕者与瞽者，虽亵，必以貌。凶服者式之，式负版者。有盛馔，必变色而作。迅雷风烈，必变。（《论语·乡党》）

齐衰，丧服。齐读兹。凶服，死者穿的衣服。

死者为大。看见穿丧服的人，即使是亲密的人，也要改变容颜，以示同情与尊重。看见戴礼帽和盲人，即使平时玩在一起的，也要端正容貌。遇到拿凶服的人，便要手伏轼，以示同情和尊重。有丰盛的菜肴，一定要神色变动，站立起来，以示敬重和感谢。遇见打雷和大风，也要改变神色，这是对大自然的敬重！

祭　祀

古人对祭祀的礼仪可是非常注重的。

祭祀的器皿、衣服、语言、行为等，都有讲究。孔子给我们做了很好的示范。

> 齐，必有明衣，布。齐必变食，居必迁坐。（《论语·乡党》）

这里的“齐”即“斋”。

大的祭祀前要斋戒。斋戒有讲究，要穿纯棉的明衣。什么是明衣？就是洁净的内衣。斋戒期间要吃素食，可不能大鱼大肉——那是破戒。居住的地方也要改变，不能近女色，也不能住以前的房子，不能睡以前的被褥。古人认为这都不干净。所以，古人所说的斋戒，那可是彻底地使自己洁净了。古人认为，要祭祀，要得到神明的接纳和保祐，那得先洁净自己，否则就是亵渎神明。

> 虽疏食菜羹，必祭，必齐如也。（《论语·乡党》）
>
> 乡人傩，朝服而立于阼阶。（《论语·乡党》）

上面讲的是大祭，是一些比较隆重的祭祀。小的祭祀时时都可以有。基督教徒吃饭前要祷告一下，说“感谢主，赐我食”这类的话。其实，中国古人在饭前也要祭一下的。这种小的祭祀就是有啥食物就用啥食物祭。孔子也不可能餐餐都是大鱼大肉，他没那么富。那时即使是富裕人家，也不可能顿顿大鱼大肉，古人的食物不丰富。所以，孔子吃糙米饭、喝青菜汤的时候，也要先祭一祭，而且祭的时候像是斋戒一样，态度一定得恭恭敬敬。

傩，是一种请神驱鬼的风俗。在我们乡下，至今还保留着这样的风俗。遇到这样的事情，孔子穿着朝服立于东边的台阶上，那是保持一份敬畏和尊重！

> 子入太庙，每事问。或曰：“孰谓鄹人之子知礼乎？入太庙，每事问。”子闻之，曰：“是礼也。”（《论语·八佾》）

太庙，就是开国之君的庙。鲁国的开国之君是周公旦。周公旦最初受封于鲁国，这里所说的太庙就是周公庙。

孔子不是很懂礼吗？但他入周公庙似乎傻了，都不知道自己要做什么以及怎么做，所以每件事情都要问。入太庙祭祀，事情可多了。孔子每件事都问，被问的人烦了：这孔子不是懂礼吗？怎么今天脑子出问题了？还是装傻充愣？真是见鬼了！

孔子听了，漫不经心地说：“这就是礼呀！”

孔子还真不是装傻充愣。他入太庙主持祭祀或参与祭祀,那是大事,这样的祭祀出不得半点差错。所以,每件事情都得问。这就是入太庙祭祀的礼!

上　朝

孔子对待政事,那是十分严肃认真的。所以,一个真正的儒者,他对待工作一定是敬业的。"一杯茶,一根烟,一张报纸看半天",那绝不是儒者所能做出来的。

孔子不当公务员则已,一旦当了,就严格地要求自己,把工作当事业,为君王尽职尽责、尽心尽力,年年被评为优秀干部、劳动模范!

孔子的敬业、忠诚主要体现在他上班的礼仪上。

> 君命召,不俟驾行矣。(《论语·乡党》)

君王下令召见,那是怠慢不得的。你不能说,我还没吃早餐呢,面都煮好了,等下我唆碗粉再去。你是大夫不是配了车吗?但司机还没来上班,司机不是喜欢睡懒觉吗?你是等司机来了再走?孔子可不这样,既然君王传令召见,面不吃了,粉不唆了,车不坐了,直接走路去上朝。那时一个城也就那么大,孔子住在城里,离上朝的地方走路也就十来分钟。春秋时代,城里没有雾霾,车少人少,其实每天上下班散散步也挺好的,但那时的人讲究:车子也好,衣服也好,都是身份的象征。你是大夫,部长级别,国家给你配车;既然给你配了车,那你得坐。如果你经常不坐,那是无礼的表现。

> 君召使摈,色勃如也,足躩如也。揖所与立,左右手,衣前后襜如也。趋进,翼如也。宾退,必复命曰:"宾不顾矣。"(《论语·乡党》)

春秋战国时期,外交活动频繁,外交礼仪非常讲究,各国对于外交也都特别重视。外交接待得体现国家实力和道德水平。本来两国是要打仗的,接待得好,体现了一国的君子之风,仗就不打了。别人看到你们国家君子很多,有实力,要是发动战争,打得赢打不赢暂不说,在国际上还会引起舆论的指责!国君召孔子去接待外宾,孔子如何当好一个傧相,有哪些礼仪?

孔子的面色矜持庄重。庄重的场合，神色要庄重。你嬉皮笑脸的，别人要么以为你讨好他，要么认为你轻浮。那时的你不是你，你代表了鲁国；你轻浮就是鲁国轻浮；你讨好人家，就是鲁国讨好人家！所以，爱笑的人，要么不能去当傧相，要么去了你就得忍住！

脚步轻快地走起来。这是一种年轻自信、充满活力的表现，也是对来宾的尊重。走路慢腾腾的，一副老气横秋的样子，来宾就会觉得这个国家老了，没人才。还有，你慢腾腾的，那是有意怠慢人家。古人的礼仪，看见宾客要快步走上前去。

向两旁站立的人都作揖，左右拱手，衣服前后摆动，却很整齐。快步向前，像鸟儿舒展翅膀一样。想想这场景，活灵活现，太有画面感了。这寥寥几句，孔子的形象、动作就展现在我们眼前了。你看，孔子行礼的动作多美。中国古代的礼仪不仅仅是内在的美，它也是一种外在的美，由内而外又由外而内，阳光自信、儒雅动人！所以，在适当的场合，大方亮出你的礼仪，它会给你增添无限魅力的。

外宾辞别了，孔子一定得向国君复命，说："客人已经不回头了。"客人已经不回头了！这句话很重要。我们村老一辈送别客人都非常讲究的。比如，我母亲送客人，一定会站在高处，看着客人走出村口，背影消失在茫茫的大山，她才转身回屋。每当这时，我总想起欧阳修的词句："平芜尽处是春山，行人更在春山外。"这是一种礼仪，一种文化。如果客人还没走远，你就转身走了；或者客人还在回头向你致谢，你就转身，留给他的是屁股，那是对他人的不尊重，是失礼！

看看孔子上朝时或在朝堂上有什么礼仪讲究？

> 入公门，鞠躬如也，如不容。立不中门，行不履阈。过位，色勃如也，足躩如也，其言似不足者。摄齐升堂，鞠躬如也，屏气似不息者。出，降一等，逞颜色，怡怡如也；没阶，趋进，翼如也；复其位，踧踖如也。（《论语·乡党》）

孔子走进朝堂的大门，像是要鞠躬的样子，非常地谨慎，好像没有容身之地。这是对朝堂、对国君、对国家的一种敬畏。有的人无论到哪里，都是一副雄赳赳、气昂昂的样子，用孔子说子路的话来说，是“行行如也”“不得其死然”。不知敬畏，就会无知者无畏，就会无所畏惧，就会什么事也干得出来。

不站在门的中间，不踩踏门槛。门的中间不能站，站的话就挡了风水；门槛不能踩踏，门槛代表着主人的肩膀，你能踩着别人的肩膀吗？这规矩我们现在还讲究。

经过国君的座位，面色庄重，脚步也快起来，说话似乎气不足的样子。国君的座位也就代表了国君，见字如面，见位如面，所以，你也得敬畏！

提起下摆走向堂上，依旧是恭敬谨慎的样子，凝神屏气，好像不能呼吸一样。仍然保持着深深的敬畏感！

走出来，走下台阶一级，开始放松自己了：神色舒缓，轻松快乐。走完了台阶，快步走起来，像鸟儿张开翅膀一样。回到自己的位置上，恭敬而内心不安的样子。

这就是孔子整个上朝、上班的过程和内心变化情况。对于朝廷，对于国家，孔子自始至终都保持着敬畏、恭敬、谦逊和敬业。

> 执圭，鞠躬如也，如不胜。上如揖，下如授。勃如战色，足蹜蹜如有循。享礼，有容色。私觌，愉愉如也。（《论语·乡党》）

举行典礼的时候，孔子拿着圭，好像举不起来的样子。向上似作揖，向上好像是要交给别人。面色庄重像作战，脚步细密，有所遵循。

古人举办典礼或遇重要事情上朝，在比较隆重的场合，都要拿着圭。圭，玉器，上圆下方或上尖下方。为什么要执这样的东西？玉代表高洁、纯粹，宁为玉碎不为瓦全。圭，古人有圭表，一种测量的仪器，表示你得有自己的原则和底线，你作为一个大夫、大臣，你要为国家做事，不能自私自利，不能做老好先生。还有，上圆下方或上尖下方，也是告诉你，你应该有自己的方圆和操守！孔子拿着圭，懂得那是国家在赋予你权力，这东西，要拿稳拿好，不容易！拿不好，你就是一祸国殃民的罪臣。

献礼物的时候，孔子的脸色舒展开来。当然，你送别人礼物可不能脸色绷着。农村有句俗语，说某人是卖牛肉的。就是说，某人做生意不会和颜悦色，像是别人欠了他钱了，这生意还怎么做？别人有钱还怕买不到牛肉？所以，当送礼物给别人时，要和颜悦色，表示你是心甘情愿的。

以私人身份和外国朋友见面时，轻松愉悦。孔子有很多外国朋友，如楚国的叶公、卫国的蘧伯玉、王孙贾等，他们都是当朝的重臣。私人会见，朋友嘛，那就吃吃烧烤、喝喝老酒，或者听听戏、唱唱歌，都是有可能的，反正轻松愉悦。

> 朝，与下大夫言，侃侃如也；与上大夫言，訚訚如也。君在，踧踖如也，与与如也。（《论语·乡党》）

上朝了，你可得提前到。上班迟到，现在可能批评一下了事。那在古代，上朝迟到，处罚可能很严重。一个人上朝迟到，那是藐视朝廷，这个罪就大了。所以，古代很多敬业的大臣三更半夜就起来了，先洗漱好，穿好朝服，然后打着火把去上朝。朝堂还没开门，那就在外面候着。候着也不能去唆一碗牛肉粉或者去吃大葱煎饼，再或者靠着墙根补个觉，你还得毕恭毕敬地站着或坐着。但国君就可能会迟到，国君迟到了你也不能批评，他还得有意迟到一下，显示自己的地位和威严。

孔子上朝了，国君还没来，这个时候可以与同僚聊聊天。你看，与下大夫聊天，孔子从容不迫；与上大夫聊天，孔子谦和恭敬。你这不是势利吗？和不同身份或官级的人说话的态度还不一样？这不是势利。这就是官场的礼仪。古人讲德与位相配，他当那么大的官，不是他靠拉关系、送礼、拍马屁得来的，而是他有这么高的德！你比我的德要高，我就应该谦和恭敬；我和你差不多的，那就从容大方、相互切磋。当然，也不排除那些靠不正当的手段得到高位的人，那孔子也不会和他们靠近——靠近了，说话哪会客气！否则，他就不是孔子了！

国君来了。那在国君面前，得有敬畏感，恭敬而心中不安，走路却又要安详。你说你心中有敬畏，但被君王吓得连走路都迈不开步了，那就不堪大任了。

交　往

孔子不是不食人间烟火。在那个时代，他却是一个非常接地气的人。

他和君王打交道，和君子"切切偲偲，怡怡如也"，有一大帮学生伢子追随他，也有许多乡邻好友，甚至还有好吃懒做、离经叛道的"发小"！

孔子如何与他们交往？日常的交往中，他会讲究哪些礼仪？

> 席不正，不坐。（《论语·乡党》）

你请我吃饭，但席位不对。我是主宾，我应该坐正位。但你要我坐旁边，那不符合礼数，对不起，不吃了。如果我不是主宾，你安排我坐正位，那我也不能坐。这就是席位的礼仪。

从古至今，中国人一直讲究座次。《史记》中，"鸿门宴"的座次就是非常有讲究的。你想，项羽请刘邦吃饭，吃的哪是饭，吃的就是阴谋。"项王、项伯东向坐；亚父南向坐，亚父者，范增也；沛公北向坐；张良西向侍。"余时英先生考证说，在秦汉宴会东西南北四向皆涉及的场合中，东向最尊，南向次尊，西向为"等礼相亢"的朋友地位，北向为最卑的臣位，所以项羽安排刘邦北向坐是表示你为臣，而项羽自己坐东向，表示我为君。那刘邦为啥还要坐？是他不懂礼数吗？他哪不懂啊，但他有得选吗？

孔子所说的"席"，是席地而坐的"席"。春秋时期还没有现在的桌席，都只能席地而坐。但席地而坐，也要分个座次呀。如果安排的座次不对，孔子是不会入坐的。

> 乡人饮酒，杖者出，斯出矣。（《论语·乡党》）
>
> 孔子于乡党，恂恂如也，似不能言者；其在宗庙朝廷，便便言，唯谨尔。（《论语·乡党》）

周朝有乡饮酒礼。这也是一个非常有讲究的礼仪。不是我们现在请客：一帮老乡聚在一起，胡吃海喝，光着膀子，趁着酒兴，吆喝着散了。

周朝有这样的习俗和礼仪：每过三年的正月，由乡大夫作为主人举行乡饮酒礼，招待乡学中的贤能之士和德高望重者。那孔子肯定经常被邀请参加这样的酒会。每次参加，孔子都可能是最为尊贵的宾客。但孔子在乡饮酒礼结束后，要让老年人先走，而后自己才走。其实，现在也一样，你说你请客吃饭，人家哪是为了吃？还不就是为了感情和友谊。那你得讲礼仪，除了座次要合礼仪，吃完饭你还得让客人先、长者先，别客人、长者还没走，你就抢先一步出门了——那是狂者李白，仰天长啸出门去！

孔子在乡邻，说话也非常讲究。都是乡里乡亲的，说话就得恭敬，还要少说。不是有“言多必失”“话多则厌”吗？所以，孔子在乡邻，说话非常恭顺，好像不能说话的样子；但在宗庙朝廷上，说话明白晓畅，只是很谨慎。

> 问人于他邦，再拜而送之。（《论语·乡党》）

古人交往很讲礼数。现在通信发达，每时每刻，沟通无处不在。微信、电话、QQ，我们每天都有“点赞之交”。古人没有那么便捷的交流方式，山长水远，路长且阻，那怎么办？托人问好或派自己的使者去一趟，问好时也带去礼物。古人对于这样问好，却是十分认真的。所以，这样的问好，更显友情之浓烈而珍贵。不像现在，虽然你的朋友圈经常有数以千计的人点赞，但真正的朋友又有几人呢？

孔子托人给居住在外国的朋友问好，要拜两次并为他送行。这够客气了。为什么要这样客气？你不交代好就行了吗？我们现在也有托人问好的，经常这样说：“某某某，你看到谁谁谁，代我向他问好。”你这样说，也许他会代你问好，也许出门就抛到九霄云外了。为什么？因为你压根就是一顺水人情，不认真。孔子不同，他要向受托之人拜两次，然后送别他。这受托之人哪还敢不传达孔子的情谊？要是带了礼物的，绝不敢据为己有或随便一扔，到时找都找不到了。也许，我们都有过这样的经历，托人问好或带东西给亲人朋友，结果好也没问，东西也没带到！看来，是我们不够严肃认真，一定要“再拜而送之”。

> 君赐食，必正席先尝之；君赐腥，必熟而荐之；君赐生，必畜之。侍食于君，君祭，先饭。（《论语·乡党》）
>
> 康子馈药，拜而受之。曰：“丘未达，不敢尝。”（《论语·乡党》）

君王赏赐熟食，孔子一定要摆正席位先尝一尝；君王赏赐了生食，一定要煮熟了，先供奉祖先；君王赏赐了活物，一定要养着它。

君王的赏赐可谓千奇百怪。心情好，赏赐你一块做好了的扣肉，或者赏赐给你一只猪脚，再或者一头没吃过饲料的土猪。你得了君王的各种赏赐，可得有不同的对待，不能都一锅煮了吃掉。

这其实是对君王的感恩之礼。

当与君王一同吃饭时，君王要祭一下神灵，那这个时候，孔子只吃饭，不吃菜。因为菜是用来祭祀神灵的，神灵还没吃，你怎可吃？

季康子，鲁国正卿，辅佐鲁哀公。季康子还是比较尊重孔子的，是他派人迎回旅居国外的孔子。孔子为鲁国的国正，高级顾问。季康子经常请教孔子，时不时地给孔子送些礼物，以示尊重贤者、尊重人才。这一次，季康子送药给孔子，那时候的药就是中药、草药，不像我们现在的中成药，盒子上都写了说明。孔子行跪拜礼接受了。但说："我还不了解药性，不敢吃。"你不能说，那这个药能吃不？吃了不会坏事吧？你还是拿回去吧。人家是来送药、送温暖、送关怀的，你这样的一说一拒绝，好像人家要害你似的！没心没肺！

这是君王、正卿送东西给孔子，孔子肯定要拜而受之，并且谨慎地对待。但如果朋友送东西呢？孔子如何对待？

朋友之馈，虽车马，非祭肉，不拜。（《论语·乡党》）

朋友送东西，那要看是什么东西，不是看送的东西值不值钱，而要看送的东西它背后承载的是什么？如果承载的是礼仪、神灵等，那就要拜了；如果不是就不拜。所以，朋友送孔子一辆宝马，孔子收了，但不行跪拜之礼；如果朋友送一块祭肉，孔子行跪拜之礼，收了。一辆宝马还比不上一块祭肉？这个不能比，因为宝马就是一辆车而已，而祭肉已经不是肉，而是祖先、神灵或君王留给你的尊重、庇佑。尊重与庇佑是无价的！当年，孔子一气之下离开鲁国，司寇也不当了，而去周游列国，其中有个重要原因就是鲁定公没有分祭肉给他！不给我祭肉，那就是不尊重我了！部长我也不干了！祭肉是肉，但又与肉无关！孔子还愁没肉吃吗？

疾，君视之，东首，加朝服，拖绅。（《论语·乡党》）

孔子生病了,国君来探视。国君来家里,那得讲礼数。孔子病在床上,起不了床,那就躺着等国君来看望?不行。国君怎么进来?从东面台阶走进来。东面台阶一般是主人走的,所谓东家。但国君是全国的主人,他来了,那得走东面台阶。孔子睡在床上,这时候得让家人把他的朝服拿来,披在身上,拖着长带,表示上着朝,然后脑袋朝东。国君从东面台阶来,你当然得朝东,如果你朝西,屁股对着国君,那可是大不敬。那你说如果病得动不了怎么办?那家人要帮你按这样的礼节来做。

邦君之妻,君称之曰夫人,夫人自称曰小童;邦人称之曰君夫人,称诸异邦曰寡小君;异邦人称之,亦曰君夫人。(《论语·季氏》)

孔子还告诉我们,国君的妻子,国君是怎么称呼的?她自己又是怎么称呼的?别人如何称呼?通常,国君的女人很多,称呼可真是个难事。还好,春秋时期讲究得不太多。要是到了汉唐及以后,那就称呼多了。国君的妻子,国君称夫人,夫人自己要谦称为小童;国人称君夫人。但对外国人则自称为寡小君;外国人称她为君夫人。

闲　居

古人认为,群居的时候,有人在一起的时候,人们会克制某些不良的行为。但人在独处的时候,恶习也许就会容易暴露出来。所以,要慎独,就像曾子所说的,一个人独处,也要如“十目所视,十手所指”。

孔子在闲居的时候,有何讲究?

子之燕居,申申如也,夭夭如也。(《论语·述而》)

燕居就是闲居,就是退朝而处。

在家闲居,那得放松放松,每天绷得紧紧的,对身体也不好。那是不是像今天许多人那样:周末放假了,睡到自然醒,披头散发,穿着睡衣、拖鞋,或者穿着内衣内裤,甚至光着膀子,打着赤脚?孔子是怎么做的呢?孔子当然不会睡到自然醒,闲居在家时,他的穿着还是很整齐,体貌舒展,面色和悦。这叫乐而不乱!

子不语怪、力、乱、神。(《论语·述而》)

当你休假闲居的时候，是不是会有一些亲戚朋友来聊天？当然有。那来聊天的人多了，会聊些什么呢？聊新闻，聊怪事，聊神神鬼鬼，聊打架斗殴等。有的人喜欢讲怪讲鬼，讲得绘声绘色，让你都不敢去上厕所。总之，专聊些吸引眼球的话题。但孔子不这样聊，他不说怪异的事——春秋时期，科学不发展，人们的认识有限，人们解释不清的怪异之事可多了，但孔子不谈。孔子还不谈武力，不喜欢谈哪个武力高强。那是一个崇尚武力的时候，人们对武力的喜爱可想而知，而孔子就是不谈。孔子不谈叛乱。任何叛乱都得死人，人们应该远离它，这有什么可谈的呢？孔子还不谈鬼神。鬼神到底存在吗？孔子是不是相信有鬼神？孔子肯定不是无神论者，他相信有鬼神。既然他相信有鬼神，鬼神是要祭祀的，不能在背后议论的。所以，他不谈鬼神。

> 食不语，寝不言。(《论语·乡党》)
>
> 食不厌精，脍不厌细。食饐而餲，鱼馁而肉败，不食；色恶，不食；臭恶，不食；失饪，不食；不时，不食；割不正，不食；不得其酱，不食。肉虽多，不使胜食气。唯酒无量，不及乱。沽酒市脯，不食。不撤姜食，不多食。(《论语·乡党》)
>
> 寝不尸，居不客。(《论语·乡党》)

孔子在饮食起居方面有些什么讲究？他吃的是什么？与我们有什么不同？他喝酒吗？

现代交际讲究饭局，在饭桌上解决问题，一杯酒喝下去，问题都不是问题，那吃饭成了公关，话老多了！孔子可倡导吃饭不交谈，睡觉不说话——当然，说梦话就没法控制！

那吃可有讲究了：粮食要舂得精，鱼和肉要切得细。发霉的粮食不能吃，鱼和肉坏了不能吃……酒不限量，但却不喝醉！这些讲究更多的是从养生出发的。但喝酒不喝醉也是一种基本的礼仪。有人一喝酒就高声大叫，四处乱吐，骂娘打架，这就非常失礼，甚至违法。孔子也喝酒，但他适量喝一些，“不为酒困”“不及乱”。

古人对于睡觉也很讲究，既是养生也是礼仪。《医心书》中说：“行做鹅王步，睡作狮子眠。”我们现在都知道，向右侧卧是最好的睡觉姿势，因为心脏在左边，这样睡有利于保护心脏。狮子眠就是向右侧卧。

孔子睡觉，不像死尸一样直挺着。平日里生活，也不像做客一样拘谨。

升车，必正立，执绥。车中不内顾，不疾言，不亲指。（《论语·乡党》）

乘车也有礼仪。看看当今我们的公交车内、地铁内、火车内，有人指指点点，有人高谈阔论，有人大声打电话……嘈杂得像个菜市场！孔子也坐车，虽然没有我们现在的车那么高档，那么自动化，但有时也和几个人坐一起。孔子上车，一定会端端正正地站好，拉着扶手带。在车中，不向内看，不很快地说话，不用手指指点点！

君子不以绀緅饰，红紫不以为亵服。当暑袗絺绤，必表而出之。缁衣羔裘，素衣麑裘，黄衣狐裘。亵裘长，短右袂。必有寝衣，长一身有半。狐貉之厚以居。去丧，无所不佩。非帷裳，必杀之。羔裘玄冠不以吊。吉月，必朝服而朝。（《论语·乡党》）

在春秋时期，孔子对穿着有什么讲究？尤其对衣服的颜色、质地有什么选择？

那个时期，红色和紫色是很贵重的颜色，不能用于平时家居衣服的颜色。有的国家还规定，只有国君才能穿红色和紫色衣服，否则就要被治罪。卫国的车夫浑良夫帮助蒯聩抢夺君位，蒯聩本来说可以免他三次死罪。后来蒯聩反悔，找理由把浑良夫杀了，其中一条理由就是浑良夫穿了紫色衣服，死罪！

还有黑色，在那时也是不能乱用的，黑色衣服是吉服，喜庆的时候穿的。

孔子说，君子不用天青色和铁灰色做衣服的饰边。这两种都与黑色相近！浅红色和紫色不用作平常居家的衣服。暑天，穿葛布单衣，但外出要加上衣。黑色的衣配羔裘，白色的衣配麑裘，黄色的衣配狐裘。居家的裘衣长，右边的袖子要短一些。睡觉一定要有睡衣，睡衣比自己的身体要长一半。用狐貉皮的厚毛做坐垫。没有居丧，就什么东西都可以佩戴。不是上朝和祭祀的衣服，都要裁去一些布。黑色的羔裘和帽子都不能穿着去吊丧。正月岁首，一定要穿着朝服去上朝。

天啊，你们确定是孔子说的吗？这分明是大妈的日记。研究《论语》的专家们，你们考证了这不是哪个琐碎的春秋大妈所为？我很怀疑，这段话是弟子们记录了孔夫人亓官氏的！

三、礼的作用

湖南省平江县至今保留的传统礼仪还很多。家里有什么大事，要宴请亲朋好友，得摆“十大碗”。“十大碗”就是十碗菜肴。上菜是有次序的，不能一窝蜂地上。吃“十大碗”的人也很有讲究，不能一屁股坐上去就吃。鼓乐齐鸣，作揖打拱，之后才就席……现在的年轻人不喜欢这样的仪式，认为麻烦，不就吃个饭吗？你们还让不让人吃？所以，有人开玩笑说，这平江“十大碗”吃的就不是菜，吃的是礼仪，是文化。

礼仪是不是浪费大家的时间？是不是刻意装高深？到底有什么用呢？

教化治国

子曰：“能以礼让为国乎？何有？不能以礼让为国，如礼何？”（《论语·里仁》）

孔子主张以礼乐教化治国。他说过，“道之以政，齐之以刑，民免而无耻；道之以德，齐之以礼，有耻且格”。相对法治而言，他更倾向于德治、礼治。当然，现代社会的格局发生了很大变化，单纯依靠德治、礼治可能难以达成现代化的国家治理。但我们也不可全部否定或全盘抛弃德治、礼治的传统。礼，对于为国，还是很有作用的。

孔子说：“能够用礼让来治理国家吗？”

礼能不能治国？还是礼就是一种形式，只是做给别人看的？你看，春秋时期就产生了很多的争论。有人以这样的问题来和孔子讨论。孔子给了一个强烈的反问！

孔子说：“以礼让治国，这有什么困难？如果不能以礼让治国，那这些礼仪有什么用呢？”

不重视礼或者失礼，导致的亡身、亡家乃至亡国，这样的事还少吗?

《战国策·中山策》里记载着这样一个历史事件。战国时期，有个小国叫中山国。这国的名字来由也挺简单，因为这国家城中有山，所以叫中山国。中山国夹在燕赵之间，又是夷族部落建立的国家，可能礼数也就没那么清楚。有一回，国君中山君请客，请的都是有身份的贵族，大夫司马子期也在其中。司马子期何许人也?中山国的贵族，其族人在中山国挺有地位。席间，中山君主持分美味的羊羹，大家你一碗我一碗的，吃得热火朝天。但很不巧，分到司马子期时，羊羹没了。一般人可能认为没了就没了，不过一碗羊羹而已，可能还会自嘲一下：羊羹有啥好吃的，一股膻腥味，美女闻了都跑了！但司马子期不一样，他认为这可是国君不懂礼仪，有意给他难堪。好，你让我难堪，我让你难过！一气之下非法出境，潜逃到了楚国。中山君还以为司马子期贪污受贿，闻风而逃。岂料到，这司马子期跑到楚国劝楚王攻打中山国。司马可是掌握军队的，相当于国防部。司马子期和楚王一合计，这中山国还有啥军事秘密?楚国一下就打败了中山国。中山君不想当俘虏，就狂奔而逃。你说你国君逃亡应该有个警卫队什么的跟着吧，但中山君就那么惨，后面只跟了两个人。中山君并不知道还有两个如此忠心的人跟随他，开始他还吓了一跳，以为是敌人，就问："你们干啥的?"两人回答说："我们的父亲有一次快要饿死了，您赏给他水和饭吃。他临死时说：'中山君有了危难，你们一定要为他而死。'所以特来为您效命。"中山君听了，心里无比欣慰，说："施与不在多少，在于正当人家困难的时候；仇怨不在深浅，在于是否伤了人家的心。我因为一杯羊羹亡国，因为一壶熟食得到两个勇士。"

子曰："上好礼，则民莫敢不敬；上好义，则民莫敢不服；上好信，则民莫敢不用情。"(《论语·子路》)

子曰："上好礼，则民易使也。"(《论语·宪问》)

孔子说："如果在上位的讲礼节，那老百姓就不敢不严肃认真；如果在上位的讲道义，那老百姓就不敢不服从；如果在上位的讲信用，那老百姓就不敢不相信。"

孔子还说:“在上位的喜欢礼,那老百姓就容易使唤了。”

为什么在上位的讲究礼节,老百姓就跟着你来呢?因为老百姓喜欢看领导的。如果领导经常赌钱打牌,你说他去禁赌,老百姓会听他的吗?如果领导经常做出失礼的事情,老百姓还哪会听从他的指挥呢?反之,如果一个领导言行举止都很得体,彬彬有礼,老百姓自然会对他很尊敬,也会听从他的安排。这难道不是一种礼乐教化吗?

子贡欲去告朔之饩羊。子曰:“赐也!尔爱其羊,我爱其礼。”(《论语·八佾》)

在古代,羊是一种很贵重的动物。古人在比较隆重的祭祀中,都会用到羊。羊还代表吉祥、和善。用于祭祀,祈求吉利。

周朝有个礼仪,叫告朔之礼,就是天子每年冬季把第二年的历书颁给诸侯,诸侯们接受后把它藏在祖庙。“月朔,则以特羊告庙,请而行之。”朔,就是农历每月初一。每逢初一,诸侯国君主要杀一只活羊,祭祀祖庙,然后回到朝廷听政。

饩羊就是用来当祭品的羊。

这个礼仪重要吗?很重要。但到了后来,周天子的权力逐渐弱化,诸侯们也就不那么重视这个礼仪了。到子贡生活的时期,鲁国国君自己不到祖庙祭祀了,也不听政了,就杀一只活羊敷衍了事。子贡看到这情形,这不是徒有虚礼吗?还不如把羊也去掉,别浪费了一只羊。但孔子不赞同,他说:子贡啊,你是爱那只羊,我却爱这个礼。

孔子爱“告朔之礼”,是因为它的教化意义甚大,它可以让人们“慎终追远”,最后“民德归厚矣”。

立人约人

孔子说,三十而立。三十而立是什么意思呢?听一个家长对他的儿子说:“你看你都30了,还不结婚。孔子都说了,三十而立。30岁了,就该成家立业。”孔子所说“三十而立”可不是这个意思。

立,甲骨文像一人正面立地之形,它的本义是“笔直的站立”。《说文解字》这样解释:“立,住也。从大,立一之上。”一个大人站在大地上,就是立。人靠什么站在大地上,成为一个大写的人?靠武力?别人口服心不服,还是立不住!靠金钱?还是收买不了人心,一样立不住。只有靠礼仪,才能真正站立于人世。

所以,人到了30岁了,你的知识、能力、情感、态度相对成熟了,你有文化了,你懂礼仪了,你就有清晰的价值判断了:哪些是你要追求的,哪些是你要坚守的,哪些是要抨击的,哪些是要摒弃的……这才是立!

所以,《礼记》中有这样一段话:“凡人之所以为人者,礼义也。礼义之始,在于正容体、齐颜色、顺辞令。容体正,颜色齐,辞令顺,而后礼义备。以正君臣、亲父子、和长幼。君臣正,父子亲,长幼和,而后礼义立。”

人之所以为人,是因为懂得了礼仪。一个人的礼仪从哪里开始?从注重自己的容颜、穿着、说话等开始。这些做人的最基本的礼仪懂了,你才是一个能融入社会的人,才能真正被他人接纳。

有一回,我到一个学校去研讨校园文化。一路奔波,结果校长有急事出去了,委托几个副校长和其他中层干部一起开会研讨。当我走进会议室时,我看到一个参会的行政成员歪躺在办公椅上,双脚搁在会议桌上,嘴里叼着烟。看见我们进去了,他丝毫没有在意,依然保持这样“优美”的姿势。我转身离开了会议室,研讨会不开了。你说,研讨文化,参加的人却如此不懂礼仪,这不是对文化的玷污吗?这样的人,如何能让别人接纳又如何能立于社会?

孟僖子曾同鲁昭公出访楚国,却因为不熟悉礼仪,惹出笑话。古人到底还是很在乎礼义廉耻的,孟僖子回国后深深自责,并说:“礼,人之干也;无礼,无以立。”孟僖子带着终身的遗憾嘱咐他的儿子要向孔子学习礼仪。人家官大吗?大呀,鲁国三大权势人物——“三桓”之一,在鲁国至少是第三把手。人家有钱吗?有钱,房产、土地多的是。但人家却因不懂礼而很不开心!

孔子也说过,“不学礼,无以立”。你连礼仪都不懂,凭什么说你有文化?凭什么说是大学生、研究生?凭什么让别人瞧得上你?不懂礼仪,你在社会上就没有立足之地!

礼是一种规范,既引导你怎么做,也约束你不能怎么做。

子曰:“君子博学于文,约之以礼,亦可以弗畔矣夫。”(《论语·雍也》)

君子博学于文,但仅仅是博学是不够的,还必须以礼来约束,这样才不会出乱子。那有人就有问题了。读书读得多,有什么问题吗?一个人知识多、博学,会出问题吗?想想现实生活中,那些知识渊博、学历高的人,却不守礼节,惹出的事还少吗?前几天看到一个在韩国就读的博士生,在开往北京的火车上,一直霸占着别人的位置,硬是不让,还骗列车员说自己站不起来了。你看,正好应了那句话:流氓不可怕,就怕流氓有文化。所以,孔子总是把做人、把学规矩礼仪放在学知识的前面。这是有道理的!而当前的教育不同程度地患了一个很大的毛病:先学知识,只要成绩好,其他是其次的,或者把学做人、学礼仪放在大学。而到了大学还能学好吗?还有那么多时间来学吗?所以,我们的许多大学生、研究生乃至博士生,知识丰富,品行不好,礼仪根本不懂,还自以为是知识分子,是传统的“士”。其实,你就是一“知道分子”罢了,更别说传统的“士”了!

子曰:“以约失之者鲜矣。”(《论语·里仁》)

所以,孔子说,因为约束自己而犯过失的是很少的。不约束自己才会犯过失。你说你和朋友聚会,喝酒不约束自己,来者不拒,自己也不知道喝了多少,结果醉了闹事,把人家的车砸坏了。你说你这是什么事呢?人生充满了风险,风险也许来自你自己的过失,也许来自他人的过失,约束自己,总是可以避免许多过失的!

调和社会

礼在于调和。调和人与人之间的关系乃至整个社会的关系。

有子曰:“信近于义,言可复也。恭近于礼,远耻辱也。因不失其亲,亦可宗也。”(《论语·学而》)

子曰:“恭而无礼则劳,慎而无礼则葸,勇而无礼则乱,直而无礼则绞。君子笃于亲,则民兴于仁;故旧不遗,则民不偷。”(《论语·泰伯》)

这是调和人自己的行为。

我们总是处在“不及”与“过”的两个端点上，难以中和与中庸。

你看，你对上司总是那么谦恭，几乎要低到尘埃里去了，但越是那样，你越得不到承认，甚至还给自己带来人格上的侮辱。因为你没有把自己当成一个堂堂正正的人，你刻意讨好的上司又怎会把你当成堂堂正正的一个人呢？

所以，有子这样说：“恭近于礼，远耻辱也。”意思是，对别人谦恭要遵从礼节，这样才能远离耻辱！

孔子就说得更加具体了。

“一味注重恭顺，却不知礼，就会劳累。”我们总是以为，对他人的恭顺，就是无处不在的低眉顺眼和照单全盘地接受命令，却不知以礼待之。你这样实在是很劳累！

“一味地谨慎，却不知礼，就会害怕。”你啊，事事谨慎，什么话也不敢说，什么态也不敢表，最后，谨慎变成了胆小——生怕掉下的叶子打破锅。岂不知，以礼据之，没有什么可害怕的。

“一味地勇敢，却不知礼，就会出乱子。”敢于直言、敢做敢当，但不能过头，要以礼作为准则。你说，你老爸经常去赌博，你很勇敢，带人把所有赌博的人都抓起来，而你老爸告你用私刑，还要和你断绝父子关系。这不是出乱子吗？

“一味地直爽，却不知礼，就会尖酸刻薄。”说话也是要讲艺术的，古人喜欢用隐语、暗讽。比如，伍举劝楚庄王就非常巧妙，说：“有一只鸟，三年不飞，三年不鸣。”这楚庄王一听就知道是在说自己。伍举是用鸟来暗讽楚庄王。你说人家是鸟，那不是骂人吗？那时候鸟还没用来骂人。据考证，到了宋代，“鸟”才用于骂人。宋代文人多，骂人水平高。所以《水浒传》里骂“鸟”这个字最多，是脏话。朋友之间，君臣之间，说话不用那么直爽，得讲究一个礼字，艺术地说，隐喻地说，效果甚至更好。

孔子还说：“君子对待有血缘的亲属总是感情深厚，所以老百姓就会热爱仁德；不抛弃老朋友，老百姓就会纯朴。”

子曰：“事君尽礼，人以为谄也。”（《论语·八佾》）

这是调和君臣之间的关系。

《礼记》中说，礼从自身“容体正，颜色齐，辞令顺”开始，然后“正君臣，亲父子，和长幼”。孔子说，我以礼来侍奉君主，别人却认为我谄媚讨好。你不是谄媚讨好，那是干什么呢？是正君臣之义，是调和。你是君，我是臣。我们一起去洗桑拿，可以吗？不可以！我们一起搓麻将赌钱，可以吗？不可以！我们一起喝酒、唱卡拉OK，可以吗？也不可以！齐景公和晏子的关系好吗？好。但晏子以礼待之。齐景公无聊了，大晚上一个人喝闷酒，没意思，孤独——高处不胜寒啦！怎么办？派人去喊晏子。晏子不是也喝得二两山东大曲吗？但晏子说，三更半夜的，喝什么酒？我的职责是辅佐君王干事业，喝酒不符合礼仪，我要睡觉。

所以，讲礼仪不是谄媚上司，是让边界和身份清晰。你是你，我是我；你有你的原则，我有我的底线。不至于“事君数，斯辱矣”！

> 子曰：“君子无所争，必也射乎！揖让而升，下而饮。其争也君子。”（《论语·八佾》）

君子之间会一争高下吗？如果要说有，那就是射箭。这哪里是争？这分明是演示礼仪！君子之风，争而有礼。所以，朋友之间、同学之间，有所争是正常的，关键是要争得有风度，争得有礼仪。

> 有子曰：“礼之用，和为贵。先王之道，斯为美；小大由之。有所不行，知和而和，不以礼节之，亦不可行也。”（《论语·学而》）

“礼之用，和为贵”，但也不能为和而和，那是妥协。所以，放弃礼节和规则，那不是“和”！

有子这样说：“礼的作用，以达成和为最好。过去君王治理国家的法则，最可贵的就在这里；他们大事小事都做得好。但如果有所行不通的，还刻意地为和而和，而不用礼来节制，也是不行的。”你说，我们两国发生争端，打仗了。但打着打着，我打累了，不想打了，就说：“我们和了吧。”但你说：“和可以呀，但你得喊我爸爸。”你还别笑，历史上的儿皇帝还真有！你不能为和而和、真喊人家做爸爸，你得讲究和的礼节！

四、礼的本原

《仪礼》为儒家十三经之一，它记载了周朝的冠、婚、丧、乡、射、朝、聘等各种形式完备的礼仪。那有人就要问了：礼就是那些冗长而复杂的仪式吗？它只为形式的完美吗？礼的本原是什么？

> 林放问礼之本，子曰："大哉问！礼，与其奢也，宁俭；丧，与其易也，宁戚。"（《论语·八佾》）

这林放思考问题挺有深度的。当时，很多人问的就是某某礼的形式、流程怎么怎么样，为的是应付一下自己即将面对的仪式，那是形而下的问题。而林放思考的是形而上的问题：礼的本原是什么？

如果林放继续朝着自己的兴趣和思维走下去，他会成为一个伟大的哲学家。为什么史书上后来就没有任何林放的记载了呢？有三种可能：一是隐居了，林放嘛，名字有深意，就是把自己放在森林中，回归自然，多么惬意的事啊；二是失踪了，春秋动荡年代，失踪或死亡，无从记录；三是移民了，春秋时期移民很简单，你想去哪个国家都可以，其实不叫移民，叫"修文德以来之"。你看，他们大老远地来投奔我们，是我们的文治教化搞得好吸引了他们，我没用武力逼迫哟，我牛！

礼的本原到底是什么？孔子很高兴地回答了林放的问题："哎呀，你这个问题意义重大啊。为什么意义重大？因为触及了问题的根本！"孔子接着说："礼呀，与其奢侈，不如俭朴；就丧事而言，与其治办得周全，不如心中哀戚。"

这里的"易"是治理的意思，指治丧很周到。

春秋重形式的流弊今天又何尝得到了改变呢？如今，许多地方办丧事，后人请来了歌手，唱的是"咱老百姓，今儿晚上真呀真高兴""妹妹你坐船头，哥哥我岸上走"；还有请来跳艳舞的，真是五花八门，乱象环生。父母或老人离世，不管年龄有多大，但终究离我们而去，是件伤心的事，办丧礼在于寄托心中的哀思，而不是炫富或图热闹！

> 宰我问："三年之丧，期已久矣！君子三年不为礼，礼必坏；三年不为乐，乐必崩。旧谷既没，新谷既升，钻燧改火，期可已矣。"子曰："食夫稻，衣夫锦，于女安乎？"曰："安！""女安则为之！夫君子之居丧，食旨不甘，闻乐不乐，居处不安，故不为也。今女安，则为之！"宰我出，子曰："予之不仁也！子生三年，然后免于父母之怀。夫三年之丧，天下之通丧也，予也有三年之爱于其父母乎！"（《论语·阳货》）

很有批判性思维的宰我又不满了。这次他是针对守孝三年的丧礼。

宰我说："守孝三年，时间也太久了。君子三年不习礼，礼仪必定废掉了；三年不习乐，音乐也必定失传了。陈谷已吃完了，新谷又收上来了，打火的燧木已经换了一个轮回，一年就可以了。"

不得不佩服宰我的口才尤其是说服的才能，有理有据，并且以子之矛攻子之盾：老师你不是说要传承礼乐吗？那三年都不为礼为乐，还传承个鬼啊！

遇到这样的学生，孔子也很无奈，他的回答没有强有力的反驳，只有弱弱地反问一句："你父母过世了，你还吃香喷喷的白米饭，穿天蚕丝的花缎衣，你就心安吗？"

一般人被这样一问，就会想啊，父母过世了，真的很悲伤，吃了美食；穿了时装，心里还是会多少有些不安的，肯定也会弱弱地回答两个字：不安！

哪知道宰我的回答令孔子大跌眼镜：安！

你确定你安？我确定，安！

孔子很生气了，但又有什么办法呢？你能扁他一顿吗？能。扁了家长也不会来闹事，政府也不会处罚老师，这是老师的权力！但面对这样的"刺头"，扁他又有何用？真教育得让学生自己内心觉醒！

孔子无力地说："你安，你就这样做吧。君子三年居丧期间，吃东西没味，听音乐不会快乐，住在家里不舒适，所以不这样做！你觉得安，那你就这样做吧！"

宰我没心没肺地出来了，留给夫子一肚子的气！夫子还在絮絮叨叨："宰我真不仁啊，做儿女的生下来，三年才离开父母的怀抱，难道宰我就没有三年怀抱之爱吗?”

要是宰我听到了,估计会说:没有,我跟你们不同,我生下来就自己玩去了!

你看,孔子和宰我关于“三年之丧”礼节的对话,其实告诉我们,礼的形式背后是心,是情,是爱!

没有心,没有情,没有爱,礼只是一个空洞的形式而已。

> 子曰:“居上不宽,为礼不敬,临丧不哀,吾何以观之哉?”(《论语·八佾》)

所以,孔子说,在上位的人不宽厚,行礼的时候不恭敬,参加丧礼不哀戚,我怎么看得下去呢?

宽、敬、哀,都发自心,都是一种情,一种爱。

> 子曰:“礼云礼云,玉帛云乎哉?乐云乐云,钟鼓云乎哉?”(《论语·阳货》)
>
> 子曰:“人而不仁,如礼何?人而不仁,如乐何?”(《论语·八佾》)

你总是很客气,不管什么时候,只要见到你,你总要送上礼物,什么烟呀、酒呀、水杯呀,甚至几个萝卜、三两个土鸡蛋。大家都说,你啊,真讲礼数!但如果你是有求于人,或者是希望遇事好说话、放你一马——你并不是真心诚意的。

无心、无情、无爱,这是什么礼呢?

对这种情况,孔子早就看穿了,只不过那时人家送的不是土鸡蛋,送的是玉帛。送玉帛也不能代表礼!

“礼啊礼啊,说的仅仅是玉帛这些礼物吗?乐啊乐啊,说的仅仅是钟鼓这些乐器吗?”

当然不是。

孔子说:“人如果不仁,他怎么运用礼呢?人如果不仁,他怎么运用乐呢?”

仁是什么?孔子给予了很多的回答。爱人,居处恭,执事敬,与人忠,等等,都是仁!一个人没有用心,没有感情投入,没有爱人之心,就是不仁。不仁,礼也好,乐也好,习也好,用也好,又有什么用呢?学的、用的,不过是一种形式而已!所以,孔子在评价管仲的时候,甚至只看他仁的一面!

> 子曰:"管仲之器小哉!"或曰:"管仲俭乎?"曰:"管氏有三归,官事不摄,焉得俭?""然则管仲知礼乎?"曰:"邦君树塞门,管氏亦树塞门;邦君为两君之好,有反坫,管氏亦有反坫。管氏而知礼,孰不知礼?"(《论语·八佾》)

管仲厉害吗?辅佐齐桓公成就霸业,齐桓公尊称他为仲父。但人就是这样,厉害的人总有不少缺点,完人、圣人总是很少的。管仲的缺点还真不少。孔子总结有三大缺点:器量小,不节俭,不知礼。

管仲如何器量小,孔子没有说。但对不节俭,不知礼,却是有详细说明。管仲有三个府邸,也就是三个家。春秋时大夫有家,家有家臣。管仲三个家,本来够铺张浪费的了,还三个家三套管理人员。真不节俭!但你也别眼红,管仲的功劳大着呢!如今有些人年薪上千万,管仲那时也没有年薪千万呀,几栋乡里的别墅也值不了多少钱,而年薪上千万的人,你的德才与贡献,又怎能与仲父相比呢?可见,当时孔子对于上层的节俭是有相当高的要求的。

管仲就更不知礼了。你看:国君宫殿前不是有一个屏风吗?那时风水上的讲究,不能一眼让人看穿,关住财气。但管仲居然也立了一个屏风。你又不是国君,你立什么立?管仲心里说,齐桓公都叫我仲父了,我有什么立不得。国君不是经常要宴请国外的君主吗?但那时请客不像我们现在这样,呼啦一团桌,而是实行分餐制,每个人一个土筑的台子,叫坫,用于放置东西。请客不是要吃猪脚、羊汤、大闸蟹、红烧鱼吗?还要喝酒。那么多菜肴,那么多器物,放一起就非常挤。但你不是国君,你就只能这样将就,你已经是相当有待遇了。当然,国君就不同了,要多一个台子。一个台子放菜,一个台子放酒,挺舒服的。管仲看着,就不干了,说,我也要像你那个一样,两个台子,放开膀子吃,爽!齐桓公就答应了,管仲就照着齐桓公那土台的样子,自己也建了一个一模一样的。其他人呢?心里当然也想要,但不敢开口,因为这叫违礼！

管仲这么严重的违礼，但孔子却忽略不计，还对他这个人充满了赞誉和感激：

> 路曰："桓公杀公子纠，召忽死之，管仲不死。"曰："未仁乎？"子曰："桓公九合诸侯，不以兵车，管仲之力也。如其仁，如其仁。"（《论语·宪问》）

不用多解释。事情是这样子的：子路议论管仲，说，你看他原先追随的公子纠被齐桓公杀了，好朋友召忽也自杀了，但他却活得好好的，这管仲就不会有仁德吧？孔子说，齐桓公多次主持诸侯会盟，停止了战争，都是管仲的力量。这就是仁德呀！战争要死人的啊，管仲通过和谈协商的形式，让各国停止战争，让老百姓过和平安稳的日子，这还不仁吗？

所以，君子如果在礼节上有违背，但有仁德，也是可以宽恕的。

> 祭如在，祭神如神在。子曰："吾不与祭，如不祭。"（《论语·八佾》）

身边有不少信神的人。其中有不少这样的事情：某某某，你今天去拜菩萨吗？我今天有事，要打麻将，那你帮我拜一下，还求个签，看我今年能中六合彩不！

我们暂且不去研究求神拜佛能不能中得了六合彩。但这种求神拜佛的方式和态度就不行。你不亲自去拜神，起码是没有诚意的！

我们都知道，古人重视祭祀的礼仪。隆重的祭祀有很多讲究，复杂而费时，估计那时一些人不愿意参加，装病请人代替的情况肯定是有的。

但孔子对这种情况明显是批评的。他说："祭祀祖先，就好像祖先在这里。祭祀神明，就好像神明在这里。"祖先在吗？神明在吗？不知道，你看不见，但你不能说，祭祀还不就是一种形式，反正祖先、神明又不知道的，随随便便，爱吃不吃，搞不好还在旁边撒尿！这就是大不敬了！严重违反了礼的根本！

现代人有花钱买哭的。老人过世了，孝子不哭，那就花钱请一帮人来哭，所谓“哭托”。祭祀也可以请“托”。孔子所在的时代，可能就有“哭托”“祭托”了，就不知道有没有“酒托”。孔子肯定不赞同请“托”，他说：“如果我不能亲自参加祭祀，我就不会请‘托’代替我祭。”

说的其实就是礼呀，要有心、有情、有爱！

礼不能唯形式论！

前面说了鲁昭公娶老婆，娶了同姓的吴国美女，这是违礼。这鲁昭公因此被陈司败指责，孔子还为其隐。但鲁昭公在生活中，并不是一个不懂礼的国君。你看孔子的儿子出生，鲁昭公都派人送了两条鲤鱼。说真的，国君这礼有点小家子气，起码得送个玉石金锁吧——好吧，我《红楼梦》看多了。但话又说回来，鲁昭公还是挺注重礼节的。

但有个名人说鲁昭公并不是真懂礼！

这个人叫女叔齐。姓女，字叔齐。他不是个女的，只是姓女而已，晋国的实权派人物，曾担任晋国三军司马，相当于三军总司令。这女司令厉害着呢，既能打仗，也很懂礼仪。

鲁昭公继位五年，朝拜盟主晋国。国君来朝拜，可是大新闻。晋国上下都关注这鲁国国君。大家发现这鲁昭公挺优秀的，来晋国后，自始至终，言谈举止，进退趋避，那是相当的得体。

之前，就有传闻：鲁昭公，鲁国老大，人家老大徒伤悲，他却老大有童心。经常玩捉迷藏，斗鸡，斗鸭，斗地主。

这次所见，却是大大出乎晋国人民的意料，鲁昭公好评如潮，圈粉无数。晋国君主晋平公有点坐不住了，凭什么你鲁昭公到我的地盘上来圈粉，就问女司令：“这鲁昭公真懂礼吗？”

女叔齐就冷笑着说，他哪里懂“礼”，仅仅是知“仪”而已。礼是什么？“谨守其国，行其政令，无失其民。”谨慎地守护自己的国家，让政令畅通，不失民心。现在的鲁国，政在卿大夫之家，而不在公室；国有贤人，不能任用；违背与大国的盟约，欺凌小国；乘人之危，对自己的危险却不自知；国家被分为四份，老百姓取食于卿，不和有君……这些不去做、不去学、不去忧，却学些表面的仪式，以娱乐民众。如果说鲁昭公知礼，那是笑话！

孔子崇尚周礼，希望恢复周礼。所以有人说他是个复古派。礼随着时代的变化，也会有变化，这是历史的潮流。其实，对于礼的形式的变化——只要其根本没有改变，孔子也还是接受的。但如果有违其根本，孔子可不会接受。你看——

子曰："麻冕，礼也；今也纯，俭，吾从众。拜下，礼也；今拜乎上，泰也；虽违众，吾从下。"（《论语·子罕》）

孔子说，用麻料来做礼帽，这是以前的礼仪；如今用黑色的丝料，节俭，我赞同。臣见君，先在堂下行跪拜之礼，然后升堂跪拜，这是以前的礼仪；如今只在堂上跪拜，那就傲慢了；虽然和大家的相违背，但我坚持先在堂下跪拜。

变与不变，孔子看其根本。这就是礼！

问孝

翻开《论语》，"学而篇第一"的第二章就是：

> 有子曰："其为人也孝弟，而好犯上者，鲜矣；不好犯上而好作乱者，未之有也。君子务本，本立而道生。孝弟也者，其为仁之本与！"

孔子的学生有若，因为也很有成就，被人称为有子。他说呀，"如果一个人懂得孝悌，却喜欢冒犯上级，这种情况是很少的"。言下之意，如果有，那也是一时冲动或神经出了问题。"他不喜欢冒犯上级，却喜欢造反，那是不可能发生的。"冒犯上级都基本不会，哪还会造反？"君子致力于根本，根本打好了，'道'就会产生。孝悌，就是'仁'的根本。"

"学而篇第一"的第二章，也就是《论语》全书的第二章，关键词：孝悌。

你可以说，《论语》是一部学习之书，一部孝悌之书，一部君子之书，一部仁义之书……

《论语》中四次问孝，孔子四次回答，却每次都是不同的答案。到底什么是孝？孔子是如何说的？今天对我们有何启示？

我们一起来——问孝！

一、孟懿子问孝

孟懿子何许人也？鲁国三桓之一孟孙氏的第九代宗主。这孟懿子作为孟孙氏第九代宗主，在历史上也是很有名的。

孟懿子的父亲叫孟僖子，鲁国司空，辅佐鲁昭公。

孟僖子曾随鲁昭公访问楚国，但由于自己不精通礼仪，闹出了笑话。古人羞耻心挺重的。“我不懂礼，我儿子可不能学我的坏榜样：他们一定要学礼！”于是，他临终前，语重心长地告诫孟懿子和南宫敬叔：一定要向孔夫子学好礼仪！

所以，孟懿子和他弟弟南宫敬叔，都成了孔子的学生。于是，就有了孟懿子问孝。

> 孟懿子问孝，子曰：“无违。”樊迟御，子告之曰：“孟孙问孝于我，我对曰‘无违’。”樊迟曰：“何谓也？”子曰：“生，事之以礼；死，葬之以礼，祭之以礼。”（《论语·为政》）

孟懿子问什么是孝，孔子给了两个字：无违。

这段话隐藏的信息可大了。

别人问你一个很大的问题，你两字回答，这好吗？什么叫不厌其烦？什么叫言无不尽？孔老师在这体现了吗？体是体现了，只是体现在后面——与樊迟倒是讲了很多。

那孟懿子问问题问得不对？孔子那天正好心情不好？对孟懿子有意见，不想搭理他？

还得从孔子与“三桓”的矛盾说起。孟懿子后来接了他爸的班，果真成了孟氏宗主。虽然他跟孔子学习礼仪，但政治上的矛盾不可避免。孔子要恢复君主的权力，力主削弱“三桓”的势力。你们三家——季氏、孟氏、叔孙氏瓜分国家权力，作为君主的鲁定公都要看你们的脸色行事，这怎么行？于是，孔子来了个“堕三都”，先拆你们领地的城墙。对于“三桓”来说，谁愿意让自己的权力削弱呢？其中反对最强烈的就是孟懿子。

政见不同，师生分途。所以，当孟懿子问问题时，孔子就两字——我可不是没有回答你，至于懂与不懂，那是你的事！这么深奥，孔子和樊迟讲，樊迟也一头雾水，孟懿子哪懂啊？

关键词是“无违”。

对于“无违”的理解，在日常生活中，我们可能有两重意思。

一是不要违背父母的意愿。

每个人都有遗憾，父母也有一些他们的心愿，如果他们要去完成，那做儿女的自然不要违背，而要帮他们去完成。当然，也不是千篇一律地去应承。不可否认，有些父母的意愿不符合礼节或法规，是“逾矩”的意愿，那就要违背了。父母老了，但你三十好几，还没找到对象。父母着急呀，这不是大龄剩男吗？何时才有孙子抱呀？不管了，听人说有越南新娘买，他们就给你凑钱，硬要给你买一个。你说，这意愿你能“无违”吗？买卖人口，那可是违反国家法律，这样的意愿可难以完全听从。只是，你可得抓紧找对象了，这也算是“无违”吧！

二是不要违背礼节。

礼就是明晰各自的界线的。父母是父母，儿女是儿女，必须以礼相待。与父母相处，最要注重的是礼数。

刚才说了，父母合情合理的意愿要帮他们去实现，但碰上不那么合情合理的，怎么办呢？比如，逼你买新娘；再比如，你父母喜欢打牌，凌晨了，他们还不睡觉，可能要打通宵，怎么办？听孔子说——

> 子曰：“事父母几谏，见志不从，又敬不违，劳而不怨。”（《论语·里仁》）

几谏，就是委婉地劝谏。

什么是委婉地劝谏？父母年纪一大把，打麻将上瘾了，大晚上不睡觉。这时候，你要得去轻轻地跟他们说：你看，现在都凌晨了，还不睡，身体会生病，要是生病了，你赚的那点钱都要花了，还要花得更多，还要遭受痛苦，多划不来！再说，要是生病了，会耽误你打麻将呀。你千万不可板着脸，甚至恼羞成怒，掀掉桌子，与父母大吵大闹。如果你这样委婉地、温柔地劝谏，他们还是不听，那可以发怒了吗？也不可以。要尊重他们，不违背礼仪，继续劝他们，虽然劳累，但你不能心生怨恨！

孔子有一个学生叫闵子骞，他有一个“无违”故事，因这“无违”，他的孝行天下闻名。

在安徽省萧县，有一个村子，它的名字有点怪，我们都叫张村李村什么村的，它叫：鞭打芦花车牛返村。这个村名就是一个关于孝的故事。

孔子的学生闵子骞曾居住在这里，并发生了“鞭打芦花”的故事。别望文生义，鞭打芦花，不是用鞭子抽打芦花鸡，没事你虐待动物干吗？

据《萧县资源集》载：“闵子骞少年时丧母，父继娶姚氏，生二子（闵革、闵蒙），继母偏爱己生。”原来，不是别人虐待芦花老母鸡，是继母虐待少年闵子骞。有一年的腊月廿四，闵子骞同两弟随父外出走亲戚。穷人的孩子嘛，早当家，驾车的活就是闵子骞的了。当车行至今萧县城西南象山脚下杜村时，天气骤变，大雪纷飞，北风凛冽，这闵子骞双手冻僵了，拉不住缰绳，牛车失控，翻倒在地。

我们知道，春秋那时期呀，马车是坐人的，并且是有身份的人才会有车；牛车是拉货的。贫苦人家没得马车坐，出行也得坐个车吧，那就坐牛车。而牛车的安全性肯定比不上马车。

闵父见状，十分生气。这孩子怎么搞的？牛车都驾不好！闵子骞解释说：冷啊。父亲看了看那两个小儿子，同样的衣服，却并不怕冷。你怕冷他们不怕冷？闵父说：同样的衣服穿着，就你冷！那两小子在旁边有意地说“我们才不冷呢”。闵父怒了，拿起鞭子就抽打闵子骞。鞭子打在衣袄上，衣袄绽开，里面的填充物——芦花四处飞扬。芦花，我没看错吧？闵父的鞭子停住了，怎么衣袄里是芦花呢？芦花怎比得上丝绵保暖。他撕开闵革、闵蒙的衣袄一看，里面尽是崭新的丝绵。闵父明白了！于是，调转车头，返回家中，磨墨展纸，打算休妻。

虐待前妻的孩子，厚待自己的孩子，人性的自私暴露无遗。闵子骞心里不苦吗？是个人都会苦！何况他还是个孩子。但闵子骞能够宽忍，他能原谅这一切，不违背礼节。所以，当父亲要休掉继母时，闵子骞跪倒在父亲面前，说：“母在一子寒，母去三子单。”哀求父亲看在两个年幼弟弟的分上，原谅继母。闵子骞这孩子，多懂事啊。继母看到此情此景，百感交集，热泪纵横，心中无限悔恨……于是，一家人从此过上和睦、幸福的生活！

后人为了纪念闵子的孝行，将“鞭打芦花”这个山坡上的“杜村”改名叫

“鞭打芦花车牛返村”。

《论语》中有这样一段话——

子曰:“孝哉闵子骞！人不间于其父母昆弟之言。”(《论语·先进》)

孔子说,闵子骞真是孝啊,别人对于他父母兄弟称赞他的话没有什么异议。

父母在外说话,有时可能会往好的方面说,有时会夸大其词,毕竟是自己的孩子嘛。兄弟也一样,亲兄弟,不能倒面子。但这孩子真的那么好吗?很多时候是王婆卖瓜。所以,群众的眼睛是雪亮的。你说你孩子,那真是听话,从不出去惹事的。邻居就说,那是没惹事?只是惹了事没人来告状而已。而闵子骞可真是孝,他没有什么违礼的,别人听了也看法一致。

回到孟懿子问孝。孔子没有作阐释。但他和樊迟讲了不少。孔子说,无违,就是要:生,事之以礼;死,葬之以礼,祭之以礼。

父母在世的时候要以礼侍奉他们。这个刚才讨论了,不违礼节,尽心尽力。

父母过世了,要按礼节来安葬,还要按礼节来祭祀。古人对丧葬很重视,礼节很多,比如说守孝三年,比如什么样的身份按什么规格安葬,等等。祭祀也是一样,要诚心,礼节也很多。如果违礼,那就是不孝。

二、孟武伯问孝

孟武伯,孟懿子的儿子,孟懿子之后的孟氏宗主。

孟武伯孝吗?从他经营成邑来看,他可不是一个讲孝道的人。

成邑是孟氏经营多年的重要据点,就是一个很重要的根据地。孔子“隳三都”,其中一个重要的打击对象就是成邑。

周朝的礼仪规定,大夫的城邑不能比国都的大,人口不能比国都的多,城墙不能比国都的高。孟氏经营成邑,那城墙比国都的要高得多。

你说,你把自己的采邑搞得这么坚固,有何用意?你不是要对抗国君吗?

你可以躲在城里面为所欲为吗？所以，孔子说，这个不行，这个违背礼法，要把城墙降低。孟懿子第一个不同意：我的根据地，我做主，我城墙建得高怎么了？所以最后孔子的“堕三都”，到孟懿子这里彻底搞不下去了。

成邑保留下来，成邑老百姓也有一份功劳，他们受孟氏恩惠，肯定不希望孟氏倒霉。孟懿子对成邑是很有感情的。他更加重视成邑人民的繁衍生息，对孟氏宗族做了一些规定，其中有一条就是孟氏族人不得到成邑圉马。圉马就是养马。为什么不能养马？马不是要吃草吃粮食吗？养多了还不都是老百姓的负担？再说了，马经常吃老百姓的庄稼，踩踏小孩。所以，很长一段时间，成邑人民还算安居乐业。但孟武伯当老大了，情况就发生改变了。他准备在成邑养一批马。这还了得，你老爸还没死呢？第一个反对的就是成邑的宰臣公孙宿，他说：“孟懿子看到成地百姓贫困，规定不得在这里养马。”孟武伯脾气很坏，一个小小的管家都反对，那行，你等着。于是纠集一帮人去攻打成邑。自己家的领地，居然自己带人去打！但成邑人也不是吃素的，成邑的城墙不是高吗、厚吗？就让你们进不了城。孟武伯没办法了，只好垂头丧气地回去了。斗争是赢了，但成邑毕竟是孟孙的，这孟武伯终究要当孟氏宗主的，以后怎么相处呀？会不会报复？所以，成邑这边的官员就派人去讲和，结果孟武伯将讲和的人打了一顿。秋季，孟懿子死了。成邑的人对孟懿子是有感情的，就都去奔丧，而这孟武伯可糊涂到极点了，他居然不接纳。父亲过世了，即使是仇人来祭拜，也得让他祭拜呀，你这是要气死你爸吧——估计孟懿子就是被他气死了的。

这就是孟武伯！从他对待成邑的所作所为来看，他还真不是一个孝顺的人。那么，孟武伯问孝，孔子给了他什么答案呢？

孟武伯问孝。子曰：“父母唯其疾之忧。”(《论语·为政》)

比起孟懿子问孝，孔子给孟武伯的答案字是多了几个，但也一点都不啰嗦，根本不作任何阐释。估计夫子对他俩态度都差不多，比较冷淡。

《论语》“公冶长”篇中，孟武伯与孔子聊了一会，还聊得比较多，但那是孟武伯向孔子打听子路、冉求、公西华的品德，可能孟武伯是来招聘人才的。这情况就不同了，学生要就业，政府官员来招公务员，就是有天大的仇也不能耽误学生的前途呀。孔子对学生可是十分关心的，这就得多说几句了。所以，你看孔子这样的老师，仁!

"父母唯其疾之忧。"如何理解?

这句话历来是比较有争议的。

"父母唯其疾之忧"，我们可以理解为：做孝子的只有为父母的疾病担忧。

父母年纪越大，身体越来越衰弱，各种疾病也就随之来了。而很多父母根本不在意自己的身体，总是说，不要花钱，年纪大了，就是这个样子。做子女的不关心，也许他们就去不了医院。他们怕给子女带来麻烦，影响子女的生活和工作。这就是天下父母心呀。

面对父母，你无力挽回那些逝去的时光。他们的青春，他们的容颜，他们的身体，随我们的长大而慢慢消逝或衰老。我们希望父母长寿，但人活百岁，终究要离开我们，所以孝顺的人面对长寿的父母，既高兴，又无比忧虑。

> 子曰："父母之年，不可不知也，一则以喜，一则以惧。"(《论语·里仁》)

一喜一惧，喜的是父母长寿，惧的是其实"时日无多也"。孔子的话，把孝子矛盾、担忧的心很好地表达出来了。

我们能做什么呢? 最需要的就是多陪伴父母，多温暖他们。

龙应台 65 岁移居台南，陪伴她 93 岁的老母亲，并写成了一本书《天长地久》，我觉得她还可以早点回去陪母亲。

比起古人来，我们对于父母的陪伴、照顾真的让人汗颜。

讲讲李密陪伴他奶奶的故事吧。

历史上有两个李密，都很有名气。但我们知道得比较多的是《隋唐演义》中的那个瓦岗寨首领李密。这里要讲的是西晋的李密，他的代表作《陈情表》，为传世名篇。

有人这样说："读诸葛孔明《出师表》而不堕泪者，其人必不忠；读李令伯《陈情表》而不堕泪者，其人必不孝；读韩退之《祭十二郎文》而不堕泪者，其人必不友。”

李密，字令伯，很小的时候父亲去世了，母亲改嫁，他自己到了九岁还不能走路——营养不良，是祖母将他抚养成人。年轻时，李密就博览群书，知名度极高。那时候，有才有名，朝廷就会来找你去做官。朝廷召李密去做官，李密看到家里生活也比较拮据，祖母身体也还硬朗，就去做了一段时间的官。但随着祖母年纪越来越大、行动越来越不便，李密一看，这不行了，官位不要了，辞官回家，侍奉祖母。

按现在的级别来说，那李密当时也至少是个正处级干部吧，待遇还很优越。但为了尽孝，正处级不要了。一个人能舍得下前途和名利，这不是作秀，这是发自内心的真孝！

李密的名声远扬，晋武帝司马炎都知道了。皇帝知道了，这是大好事呀，李密要当大官了。司马炎想聘请李密担任太子的辅官，这是许多人梦寐以求的事啊。这也说明，皇帝对李密的人品不是一般的信任。李密当时没写什么论文和专著，也没今天一首诗明天几首诗。皇帝唯一知道的是他孝，人品好。这就够了，一个人孝顺，为人正直，这是最根本的，这个人就坏不到哪里去。但李密就是不去。李密你要干吗？这可是千载难逢的机会，一步登天了。李密说，我不干吗，我要照顾我奶奶。

这边司马炎就想不通了。你一个穷书生，我调你来当太子的辅官，你居然无动于衷，太不给面子了。于是诏书累下，郡县也不断催促。李密还是不答应。无奈之中，他写了一封信给皇帝，就是《陈情表》。“表”是古人常用的一种文体，就是臣下向皇上陈述内情。李密在文中这样写道：“臣无祖母，无以至今日，祖母无臣，无以终余年。母、孙二人，更相为命，是以区区不能废远。”李密的《陈情表》感情真挚、言辞恳切，晋武帝读了后十分感动，赞叹李密“不空有名也”。好，太子的辅官暂不要你做了，你服侍好奶奶吧。祖母过世后，李密才出来做官，并且很有政绩。

子曰：“父母在，不远游，游必有方。”（《论语·里仁》）

孔子说，父母健在，做儿子的不能远游，要出游也要一个去处。

别小看这段看自浅显的文字，里面的信息很丰富。游是什么？旅游吗？今天我们都喜欢搞旅游，报个旅行线路，跟着旅行社，每天起得比鸡早，睡得比狗晚，累得像头牛，这个城赶往那个城，每个景点半小时，然后，大多数时间强迫你买假玉圈买假灵芝。这就是现在的旅游！古代的“游”完全不是我们现在旅游的这个概念。古代的“游”主要指读书人的出游。农民要种地，小农经济，没时间没精力出游。商人也很少为了旅行出去一段时间。那读书人不一样了。读书人为了提高自己的道德学问，培养自己的文学才情，那是要出游的。古人讲“以文会友”“游必就士”，读万卷书不如行万里路。那时信息不发达，几本“四书五经”已经读得烂熟了，怎么提高学识？游学。游学就是要寻找道德、学问高的人。李白、杜甫为什么能写出那么多精彩的诗篇？你看看他们一生的出行路线就知道了。

古人出游的时候，一般至少也是二十多岁的年龄了。那这时候父母也渐渐变老。父母年纪大了，你可不能走得太远。古代交通不发达，很多时候就靠走路。我们现在有车，半天可以走几百公里，古人可能就得走十几天。如果父母生病，需要你照顾，到哪里找你呢？所以，你硬是要出去，也得有个一定的去处，要找你也能找得到。记得小时候，邻居老奶奶生病了，病得很厉害。而家里只有他的小孙子，大概十来岁，是我的小伙伴。大孙子二十来岁，在江西帮人扛活。老奶奶快不行了，那必须要把她大孙子找回来。于是，邻居们就商量，决定请村里一位熟悉那地方的人去找。还好，找到了，几天后，大孙子回来了，老奶奶才安心地离开人世。家里有老人，或父母年纪大了，最好不要出远门，硬是要出去，得告诉家人一个一定的去处。这于信息不发达的时代，是多么重要啊！

“父母唯其疾之忧”，我们也可以理解为：父母啊，只有为子女的疾病忧愁。

母亲经常讲我们小时候的事，讲着讲着就长叹不已。因为那时候家里苦呀。艰苦的条件下，母亲生了五个孩子。母亲说，从怀胎开始就担心这孩子会不会健康，身体会不会健全。母亲的担忧不无理由。那时候吃都吃不饱，还要每天去“出工”，没有刻意的营养补充，没有刻意的休息保养，哪会不担心啊？小孩出生了，奶水少，营养不良，身体隔三岔五出毛病，父母那个愁啊！母亲说，有一年下大雪的时候，父亲外出了，而我发着高烧，两天没吃东西，怎么办？母亲担心是肺炎，一咬牙，天不亮就爬起来，饿着肚子，背着我走了十五里的山路，到了镇上的诊所。我依稀记得，母亲背着我走过山坳时，前方有一束亮光。后来母亲说，有人在偷树。

可怜天下父母心，孩子身体生病，这是父母最为焦虑的事。

父母对我们身体生病如此忧心，那我们该怎么做呢？

爱惜自己的身体，唯有健健康康，才是真正的孝顺。

我母亲只要和我一通电话，第一句话就是：最近身体都好吧？她真不关心我赚了多少钱，有没有被提拔，有没有评先进。当我说，身体没问题，最近好像身体更棒了。她总是说：也罢也罢，那是菩萨保佑。你看，老人家成天拜菩萨，就是要保佑子女身体健康。

我们现在年轻的父母，尤其城市里年轻的父母，似乎被浮云遮住了眼。为了学习，孩子自幼儿园起始就没了玩耍的时间，每天的作业堆积如山，晚上要到十一二点才能睡觉。孩子生病了，你说，这点病算什么？上学重要还是去看医生重要？没办法，到了医院，你对医生说：医生，你看怎么好得快，一定要好得快，不能耽误学习。于是，不需要打点滴的，你要求打点滴；不要吃那么多药的，你要求加倍！为了成绩，你哪里还会想起孩子的身体呢？哪里还会担心孩子的身体？

为什么现在的孩子叛逆？为什么现在的孩子不懂孝？有一个重要原因，就是我们做父母的缺少了爱，或者说，你给的爱不是孩子所要的！有的父母会说，我还不是为了孩子的未来着想？我这也是爱呀！你这哪是爱！你这是以爱为名义的虐待！一个孩子，在这种只关注成绩的功利环境下成长，他的记忆里会有爱吗？他能体会“父母唯其疾之忧”吗？古代人没那么脆弱，自杀的很少。现在的人生活得好，孩子吃的用的都很奢侈，为什么自杀的那么多？他们没有懂得，“身体发肤，受之父母”，伤害自己就是伤害父母，就是伤害父母的心，就是带给父母一辈子的痛！

我们这个年龄的人，离别父母，经常会很想家，很想父母。想起父母时，经常会眼眶湿润。不是我们的天性里有一种与生俱来的特别的孝，而是我们的记忆里有太多“父母唯其疾之忧”的温暖。为了陪伴父母，我们可以放得下名利这些身外的东西，不是说我们有多伟大，而是我们觉得，父母对我们的那些深沉的、无微不至的爱，我们无以为报。

“父母唯其疾之忧”，我们还可以理解为：做父母的就只需要为子女的疾病担忧。

这句话似乎与上面所说的“父母啊，只有为子女的疾病担忧”很相似。其实不然，做父母的只需要为子女的疾病担忧，就是说，父母不需要担忧你的学业、你的品行、你的婚姻等等，而只要担忧你的身体！身体生病，很多时候，不是你能控制的，也许你很努力保健，但疾病还是会发生，这是没办法的事，父母所忧就在这里！

所以，孔子认为，除了生病这个你不能控制的事情外，其他的事情，你自觉努力吧，不要让你父母操心了，这就是孝！

你说你在学校读书，今天跟同学打一架，明天跟老师打一架。这样子下去，学校也没法安宁，不得不把家长叫来。家长来了，他们忧心如焚，这怎么得了啊，怎么就生出了一个这样的孩子。你这是孝吗？

有个人不学好，走入社会后，和一些不三不四的人走得近，开始就搞点小偷小摸，后来发展到抢劫，还杀了人，被抓后判了刑。事情暴露了，父母一夜白了头，各种疾病也来了，他们只能强忍着泪水，活一天是一天。这是孝吗？

我有一个做生意的朋友，每次打电话给父母也好，回老家也好，从来不和他父母讲生意上的事。我就纳闷了，他为什么从来不和父母谈自己的事业呢？我和他截然相反，我最喜欢和父母，尤其是和母亲交谈工作上的事，母亲也很喜欢给我出主意，或安慰我。朋友说，我和你的观点不同，工作上的事，最好别跟他们讲，他们会担心的。人呀，在工作上、生意上，哪会什么都一帆风顺？起起落落，烦心的事经常有。你要什么都给他们讲，他们真会睡不着觉的。我恍然大悟，蓦地记起，母亲好几次敬菩萨时总念叨着我工作上的事。母亲把我的烦心事总放在心里啊！朋友说，父母要是问起他生意上的事，他总是一脸开心地说：“还不错，还不错，都顺利。”他们听了，就很开心。

当然，我们不是报喜不报忧，或者什么也不和父母说。这只是一种策略而已。真正的孝，就是把自己的学业完成好，不让父母担忧你完成不了学业；让道德水平不断提升，不让父母为你的品行忧心；把自己的工作做好，不让父母为你的失业或工作不顺而忧心忡忡……余下的，好好锻炼身体。

孟懿子问孝，孔子就给了两个字；孟武伯问孝，孔子给了一句话，七个字。孔子惜字如金，然其内涵之丰富，远远超出我们的认识水平。孟懿子、孟武伯如何理解？我们不得而知，也无历史记载。如果你要问，到底孔子的话的具体内涵是什么？哪一个意思是孔子的原意？我只能说，孔子之所以这样说，就是要你去思考、探究。

三、子游问孝

子游，姓言，名偃，字子游。孔子晚年弟子，吴国人。

孔子的学生中，鲁国人最多，其次是卫国人，再次是宋国人。鲁与卫、宋都是邻国，学生来向孔子求学方便。再加之这几个国家读书风气比较浓，不像吴国楚国秦国之类的国家。

吴国离鲁国距离遥远，孔子没有去过吴国。子游不远千里从吴赴鲁求学，可见，他是一个有追求有理想的好学生。孔子将子游列为“文学”科的高才生。

子游离家那么远，当看到别人都能尽孝时，估计他会很伤感，可能他经常这样念叨：我离家那么远，没有赡养过我的父母，真是惭愧啊。

他向孔子问，什么是孝？我要怎么尽孝呢？

> 子游问孝。子曰：“今之孝者，是谓能养。至于犬马皆能有养；不敬，何以别乎？”（《论语·为政》）

孟懿子问孝，孟武伯问孝，孔子态度冷淡，给的是两个字、七个字，也不阐释。到底是啥意思？你懂或者不懂，他都懒得管你！学生问孝，那就不同了。毕竟，关系不同！所以，文如其人，人如其文；看文字，就是看人；看《论语》，就是看个性分明的孔先生！

孔子说，今天的人，以为能养父母就是孝。就算是狗和马，都能有人养。养，能算孝吗？

今天养马的人算是少了，因为没条件养。但养狗的可真不少。因为对于狗的爱心达到了爆棚的程度，所以，狗穿上了上千块的衣服，带上了金项链；吃的是进口粮，睡的是蚕丝被。狗狗生病了，那要上医院陪护，工作可以不干，狗狗不可不陪。要是别人无意冒犯了你的狗，那轻则谩骂，重则罚跪，一定得“生死以之”。狗狗不幸死了，或者被执法队打死了，那得举行隆重的葬礼，穿麻戴孝的人多着呢！令人咋舌的是，古代神圣的丧礼，却很好地用在了亡狗的身上，不知道孔子看了会不会吐血！

所以，今天的情形是，在一些人那里，犬马养得比父母好！难道这也是孝吗？当然不是。如果说，讲孝已经过时，讲孝就是封建，那我想对你说，有人的世界就讲孝，人在，孝道不废！

其实，对于养，有三种意义。

一是养身，孟子所说的“养口体”。

我们做得最多的是，给父母生活费，给父母买食品，买日用品，买衣服，让父母衣食无忧。这就是宪法所规定的“赡养父母和老人”。

有个年轻人给我算了一笔账，他说，他在城里上班，每个月有 5000 元的收入。自己租房用掉 1500 元，吃饭要花掉 1000 多元，交通费、电话费、电费等 1000 多元，给父母 1000 元。一个月的工资所剩无几。他说，我算是孝顺的了，还每个月给农村的父母生活费。

举这个例子是要说，能赡养父母，毋庸置疑，这肯定是孝。

君不见，新闻里还报道说：某某地方，八十多岁的老人，儿女好几个，居然没人赡养，没人照顾。几个儿女的生活都好，为什么不照顾老人？他们都觉得父(母)亲是大家的，凭什么由我一个人来照顾？你不管，我也不管，最后老人自杀了。这样的新闻当然是偶然事件。但说明，养口体，其实也是需要的。只是在孔子看来，在当时的社会里，这是最最基本的，仅仅这样，也是不够的。

二是养心。

心是心安，心情愉悦，还是心安理得。

不赡养父母不行，但仅仅是给钱、买衣服，还是不行，得让父母心安，心情愉悦。

你说，爸、妈，我给你们2000块钱，你们买点好吃的。钱是给了。但你老婆在一边不停地透露，你没日没夜地加班，都患上失眠症了；你在外面打活，一天要扛十多个小时；你每餐都吃泡面，纯净水都舍不得买一瓶……你说，你父母拿了你的这钱敢去买米买油买衣服吗？他们的心里安吗？

还有，你在外面不正正当当地赚钱，你搞电信诈骗，专骗大学生和老人。骗了钱你就大手大脚地花，给你父母寄回两万，说老爸老妈你们去新马泰旅游吧。老人家拿了钱正琢磨这孩子怎么就这么走运了呢？有人告诉他们，你是搞诈骗赚黑心钱。你说，你父母会用得安心吗？他们会心安理得吗？

所以，对父母的养，你要让他们安心，让他们不为你担忧，让他们心情愉悦，你养他的钱物他要用得心安理得。

你在外，生活上安排得井井有条，处处稳重，小心谨慎，不冒险，不乱来，生活不一定富贵，但恬淡安静。父母因为你的这份安定，自己的心也会安定，即使你给的钱不多，他们也会心情愉悦。所以，孔子说“君子不立危墙之下”“危邦不入，乱邦不居”，曾子也引用《诗经》中的句子说“战战兢兢，如临深渊，如履薄冰”，都是要小心谨慎。你不能看到有钱赚，管他的，富贵险中求，干他一票再说。这父母要是知道了哪里会安心呢？你就是给再多的钱，他也不会要的。

工作上，你虽然多年没有被提拔，但你依然兢兢业业，把自己的工作认真做好，始终是一位大家尊重和信赖的普通员工，这没有什么不好。平平淡淡才是真。平淡的人也未尝没有获得，只是你要想清楚，你需要什么？总是得到提拔的人，他虽然获得了，但何尝又没有失去？甚至失去的比获得的要多得多！

父母并不仅仅以你的升职为荣。不要一味地认为，我当官了，我赚大钱了，父母就会开心。尤其，人老了，见得多了，岁月沧桑，你发财了，你当官了，老人心里不一定像你那样高兴，相反，或许他们会有更多的担忧。小时候，我爷爷总喜欢吟诵这两句。

享清福不在为官，只要囊有钱，仓有米，腹有诗书，便是山中宰相；
祈寿年无须服药，但愿身无病，心无忧，门无债主，可为地上神仙。

后来我才知道，这是李鸿章所写的对联。

三是养志。

什么是养志？养志就是让父母的志向、夙愿得以实现。

这就是一种更高境界的“养”了。

曾参和他老爸曾皙，都在孔子那读书。

有一回，这曾皙和子路、冉有等一起侍奉孔子坐，然后就开起了沙龙，主题是“理想与人生”。子路他们都说的是当官，由此实现自己的理想，成就不平凡的人生，显得非常有志气。而曾皙却风格迥异，说，暮春三月，春服做好了，带上五六个成人，六七个小孩，在沂水里洗日光浴，在舞雩台上吹风，唱着歌归去。你是要干吗呢？只想搞春游？当老师也不能天天搞春游吧？

其实，曾皙没有说他的理想是什么，以这样一个具体的描述，透露了他希望过简单的生活，快乐而自在。

曾皙对曾参没什么耐心，曾参小时候没少挨揍。但曾参却是个有名的孝子。他的孝，最大的特点，就是养心和养志。

曾皙老了，曾参侍奉他，那餐餐得给他吃肉。餐餐吃肉，那伙食也太好了吧？曾参说，老人家吃一顿是一顿，那一定得满足。但曾皙吃完饭还不忘要问，肉还有吗？这话是饱含了担忧。担忧什么？吃了上顿还有没有下顿呢？如果曾参说“没有了”，那老人家心里就会想，这肉不该吃的，得省着点，生活不容易呀。下餐即使有，老人家也舍不得吃了。所以，曾参就愉快地说：有啊有啊。这叫养身又养心。

应该说，这样侍奉老人家吃饭不就完了吗？还没完。曾参侍奉父亲，可有酒有肉，菜还要做几样，曾皙也吃不完喝不完呀。这时，曾参就会问：老爸，这剩余的酒菜分给谁呀？曾皙就告诉他，村南不是有个贫困户吗？村北的王大妈五个孩子，听说几个月没吃肉了，你送去吧。这就是养志。

君子以行仁为使命。自己有吃的就应该想着给没得吃的人送一点。

所以，孟子说，曾子那是孝呀。但曾参的儿子曾元侍奉他可就不同了。

肉还是有，但吃完了将要撤掉的时候，曾元不会问曾参“要不要给别人送点酒肉呀”。如果曾参问：“还有没有剩余？”曾元就说：“没了。”你看，没有养心，也没有养志，仅仅是养口体而已。

父辈过世了，但他的“志”，他“的道”，不可改变，不可废弃。做儿子的要按照父辈在世时的做法去做，或将遗愿完成，这才是孝！

> 子曰：“父在，观其志；父没，观其行；三年无改于父之道，可谓孝矣。”（《论语·学而》）
>
> 曾子曰：“吾闻诸夫子，孟庄子之孝也，其他可能也；其不改父之臣与父之政，是难能也。”（《论语·子张》）

孔子说，父亲在的时候，做儿子的不能主事，那就看他的理想和志向；父亲不在了，做儿子的可以主事了，这就要看他的行为了。看什么行为？看他有没有改变父亲平时所为。如果多年没有改变，那就是孝了。

有一个人和他人交往非常讲究，不善之人不交，不正之人不交，不真之人不交。但他过世后，做儿子的可没那么讲究了，家里经常来一些不三不四之人，大吃大喝，乌烟瘴气。这是不孝呀，因为他已改父亲之道！

《富阳日报》有这样一则新闻：

楼俊老先生一生行善，他有一个愿望——建立“助老扶幼创业基金”，让更多的老人、小孩得到资助。老先生一直想做，但由于能力不够，生前没有实现。楼俊老先生去世后，三个儿子决定以父亲名义设立村级尊老扶幼创业基金 40 年，总共投资 1200 万元……

所以，曾子说：我听老师说，孟庄子的孝，别的都可能做得到；而他不弃父亲之臣和不改父亲之政，别人是难以做到的。

你一定知道孟子，也一定知道庄子，但不一定知道孟庄子。孟庄子是鲁国孟孙氏第六代宗主，他以“孝”“勇”为后人所称道。孟庄子的孝就是在他父亲孟献子过世后，他仍旧按父亲在世时的既定安排，让鲁国与莒国订立和解盟约，又率军讨伐邾国。这就是“无改父之道”。

回到子游问孝。孔子说，如果你仅仅是养着父母，不敬，和养犬马有什么区别呢?

敬,恭敬,是从心里发出来的,对他人的一种尊重、敬重。

我家乡的人喜欢拜菩萨,但他们不叫拜菩萨,而叫敬菩萨。所谓敬菩萨,那是得提前三天就要在家烧香,然后才到庙里去求神问卦。那种诚心,那种尊重,那种严肃,是发自心底的。

猫也好,狗也好,你说:过来,吃!这猫狗也不会因为你语气不好,因为你不尊重它们而不吃,这对它们来说,只要你不虐待,敬与不敬,没啥计较的。但父母就不同了。你说你给父亲钱,你"啪"的一下扔在他身上,他会要你的钱吗?你做饭菜给你父母吃,你说:"嗟,来食!"他们会吃吗?

所以,对待父母,不是说给了钱,买了礼物,养了身,就等于尽了孝。那种恭敬、尊重和用心,是不可或缺的。

敬,内心有诚,心甘情愿;外在恭顺,恪守礼节。养身,养心,养志,加上"敬",这样的孝,是很完美的!

四、子夏问孝

子夏,姓卜,名商,字子夏。《论语》中也经常出现子夏的名——"商"。子夏是卫国人,比孔子小四十四岁,曾当过莒父宰。孔子将他和子游都列入文学科,说明是一文艺青年。

> 子夏问孝。子曰:"色难。有事,弟子服其劳;有酒食,先生馔,曾是以为孝乎?"(《论语·为政》)

子夏问孝,孔子说:色难。

色难是什么?简单地说就是脸色难看。为什么脸色不好看?是没睡好,还是最近压力比较大,身体不舒服?不是这个意思。这个"色",就是对待父母的脸色。你说你对父母铁青着个脸,父母就会想,这咋回事呀?我们用了你们的钱,吃多了你们的粮食,还是话没说好?心里就忐忑不安了。

我有一个同学,也是老乡,在城里工作,混得挺好的,房子好几套,还住上别墅了。于是就把老母亲接来了。别墅装修得很豪华,加上花花草草的,很有田园气息。我想他老母亲一定住得习惯。没想到不到一个星期，同学打电话给我，说他老母亲硬要回家，让我帮他劝劝。同学嘛，她母亲就如同我母亲。我赶紧跑过去，想劝劝他母亲。和老母亲聊着聊着，她就开始流泪了。这是咋回事？老母亲说，孩子发达了，有钱了，住上别墅了，但他们两口子似乎嫌弃她这个乡下老太婆了。我说，不会吧，他们对您挺好的，挺孝顺的。老母亲就说，好不好的，孝不孝顺的，都在她媳妇那张脸上。原来，色难。我跟同学说，想留你老母亲继续住下去，只有一个办法，那就是：和颜悦色。

现实生活中，色难的情况有两种。

一是有意的色难。人的面色，就是内心的真实反应。本来你是一个脸上经常挂着微笑的阳光的人，但你说你最近比较烦，工作不顺利，身边有小人，家庭矛盾多，脸色就不好看；你说你身体不舒服，父母还对你唠叨个不停，你就不说话，只有冰冷的脸色。你看，心里的压力，不痛快，苦闷，烦躁，都反映到脸上了。还有更甚的，就是怒怼。不说话，以眼睛和脸色表示怒怨。这更气人啦。现在很多小孩子，很小很小的，就学会了怒怼。“你真不听话，怎么老爱抢弟弟的东西，给他！”小家伙把手里的东西一扔，站在那里不动也不说话，干吗呀？怒怼着你。不得了，从小就知道色难了！

二是无意的色难。不排除有的人一生下来就那个脸色，挺严肃，挺难看。我们老家有句话叫：蝇子都伏不住一只。伏，就是停留。就是说，他那脸上连小小的苍蝇都不能停留。苍蝇不是墙上都可以停住吗？脸上的肌肉绷得太紧，苍蝇都站不住。但有的人就是这个样子，他还真不是内心有怨气，窝着火。我哥就这样一个人。我和他生活在一起，平时没太注意。有一回，家里来了客人，父母都不在家，我就要他张罗着。结果，我就发现，他那脸色挺难看的，客人也挺紧张的。你想，一个晚辈远道而来，主人不说话，脸色很难看，他心里就会翻腾：“我这是不是来错了？他们是不是不欢迎？”事后，我就说我哥。我说哥呀，你今天是不是不高兴？我惹你了吗？他说，没有呀，我高兴呀，你哪惹了我？说话时，脸色依然难看。老妈回来了，我就跟老妈说。老妈笑了，她说：“你哥，生下来就这张脸，有事没事，都难看，别理他。”无意的色难，不代表他心里有怨恨，不代表他不高兴。那你说怎么才能知道他真的是不怨恨、不高兴呢？那就不从脸色去判断了！

色难不一定就只存在于家庭里。现实社会中，你碰到的色难比比皆是。

单位附近新开了一家馆子，朋友说一起去尝尝味道，于是就约了几个人，一起去那吃晚餐。场面倒是蛮大，也挺干净。但一进去就发现哪里不对了。坐下半天，没人来招呼。服务员过来就冰冷冷的一句：点菜要等。又过了一阵，老板娘来了，脸上没一丝微笑，用命令式的口气说："我们这只吃野味，不砍价，自己看着办。"我们还坐得住吗？这饭能吃吗？我和朋友们都起身了。离开时，我特意看了一下柜台那坐着的老板，光着膀子，五大三粗，满脸横肉，我就想起了《水浒传》中那个霸占"快活林"的蒋门神。没多久，那家店就关门大吉了。别人开门做生意都是"笑迎八方客，礼待九州宾"。你看，从古到今，宾馆酒店都会写着四个字："宾至如归。"你说，你脸色那么难看，客人来是向你讨饭的，还是借钱的？做生意，色难，那真是：阎王菩萨开饭店——鬼都没个上门！阎王那是生下来就有的色难，但你要是开饭店，天生的色难你也得改呀！

大学毕业后，我到乡下教书。那学校离县城挺远的。每次去县城都有种乡里人进城的感觉，很是忐忑不安。有一回，亲戚托我到县城办个事，我也正好从县城转车回家。亲戚告诉我，是到某某局报名，周五下班前截止，一定要赶到那个时间前，否则报不上名，他的考试又要推迟一年了。我记得是下午四点多赶到的。我左一个包，右一个包，没地方寄存，只能扛着进门。先到传达室问一问，值班的大叔不爱说话，只用手指往旁边一指，脸色像审判员的脸色。我就到旁边最近的一栋楼去找。找啊找，哪里有报名办公室？没办法，得问人了。敲门，半天，听到一声"有什么事"。我赶紧说，想找报名办公室。又是半天，才听到一声"报名不在这"。我还能问什么？赶紧下楼到了后面那一栋。从一楼找到八楼，都没有报名的办公室。没办法，还是得问了。敲门，这回听到一声"进来"。我进去，又看到一审判员的脸，然后我问。还没问完，一根手指头朝旁边不停地指，正眼都不看人了。等我扛着那几个包，最后找到那个办公室时，人家说已经过了截止时间，不报了。没办法，一个劲地求，总算菩萨显灵，善心大发，报上了名。你看，脸难看吧，门难进吧！好在这些年改变工作作风，脸不难看了，门也容易进了。

孔子所说的色难，当然是对子女而言的。估计那时候的饭店也好，政府部门也好，色难的问题大家还不关注，也许就不存在色难这样的问题。

可能有人说，不“色难”有什么难的？有的人就是情商低，我每天都和颜悦色地对着父母，没啥难的。有一些情况你可能没注意到：当父母生病的时候，当父母需要长期照料的时候，你能一如既往地和颜悦色吗？当父母健康的时候，做子女的其实很轻松，你照顾父母的比起父母照顾你的，要少得多。我经常说，我老爸老妈都75岁了，我还在享他们的福。那这样的日子里，你肯定没有色难。你看，父母自己种菜、养鸡、喂猪，自给自足，绿色环保，需要你照顾什么呢？你最多就是给了一点零用钱，偶尔生个病，很多时候还不是你带他们上医院，是他们自个儿去的。你哪里还色难？但如果父母生病，需要长年照顾，这个情况能够不色难，那就是真的孝。

村里有个女人，30多岁就瘫痪了，从此一直卧病在床，不能下床活动。30多年过去，一直靠子女服侍。从喂饭到洗澡如厕，都得靠子女。你说，服侍一周，你可以不色难；服侍一个月，你不色难；服侍一年，很多人就色难了。人家可是服侍30多年，不色难！不容易呀！有句话叫“久住亲也疏”，还有句话叫“久病无孝子”。为什么是“久住亲也疏”？你走亲戚，在亲戚家住了半年。你刚去的时候，啊，表兄来了，那套客气，都要让你感动得流泪了。但你一个月不走，两个月不走，半年了，还不走。你表弟一家也不可能半年就一直对着你“和颜悦色”呀。为什么是“久病无孝子”？父母病了，一周，你可以好好地照顾，每天嘘寒问暖，无微不至。一个月，你还可以坚持。一年呢？你可能就烦了：我那么多工作没做，钱也少赚了；孩子没怎么管，成绩也下降了；媳妇也有意见了，质问你还要不要这个家……这个时候，也许你就没好脸色了。如果再久一点，你可能焦躁了，你的情绪比色难更糟糕了！

所以，不色难，指的不是一时一天的，而是长期的。时间就是一块试金石！长期的不色难，那才是孝！

再回到子夏问孝。孔子又说，有事情，年轻人代劳；有酒有菜，年长的先享用。一般认为，这样就是孝顺。但孔子认为，如果你代劳的时候不是高兴地去做，如果你不是愉悦地给父母享用酒食，这不算孝。

记得有一次，我陪母亲去广东走亲戚。老人家走亲戚，不像我们，东西越少越好，给亲戚送个红包就得了。她光家里的腊肉就带了二十多公斤，还有茶油、土鸡蛋什么的，加起来那一大袋就三十来公斤。当时还没有高铁，下车有点乱。这么重的东西，我肯定是“弟子服其劳”，背着出站。出站后，还要走一段路再转车到佛山。广东的冬天也很暖和，而我们还穿着棉衣，背上那一袋东西，早已汗流浃背累成狗了。我开始色难了，抱怨了。趁我放下东西休息的时候，母亲一把抢过去，一声不吭地拽着往前走。我知道，老人家生气了。你虽然“服其劳”，但你色难了，她不接受你的代劳了。

所以，“服其劳”也好，“先生馔”也好，记住，不能色难！

孝是敬，孝是和颜悦色，孝是无违，孝是父母唯其疾之忧。孔子和我们说的都是孝。现实生活，有诸多的不孝。孟子就曾举出“五不孝”：“世俗所谓不孝者五：惰其四支，不顾父母之养，一不孝也；博弈好饮酒，不顾父母之养，二不孝也；好货财，私妻子，不顾父母之养，三不孝也；从耳目之欲，以为父母戮，四不孝也；好勇斗狠，以危父母，五不孝也。”

避免不孝，诚心尽孝，希望我们都没有“子欲养而亲不待”的遗憾！

问学

把学习作为一门学问来研究，在孔子的时代就做得非常深入了。然而，时至今日，我们依然在不断地摸索和探讨。当你翻开《论语》的时候，你不得不叹服孔子和他的弟子对于这一课题的深刻见解。

学与习的真正内涵是什么？学习的次序、目的和任务是什么？学习的境界如何提升？学习的方法有哪些？

当我们还在苦苦思索、不得其法时，2000 多年前，先贤们已经讲得很清楚、很系统了。还是听孔子的话吧——“吾尝终日不食、终夜不寝以思，无益，不如学也”！让我们跟随《论语》一起来问学。

一、学而时习之

学古代经典要不要背？有专家这样说，小孩子就该多背，趁着年纪小，多背一些有用的东西，到时自然会明白，自然会有用的。这种观点我是不赞同的。死记硬背不是学习之道。有人因此批判中国古代的学问，说，你看你看，古代有什么好东西？都是一些让孩子背的东西，重知识轻实践，把孩子学蠢了。

事实是这样的吗？孔子要求学生拼命地背书、把学生都教得蠢不拉几的？

还是先从《论语》的第一句说起。

我问过很多学生：“‘学而时习之’是什么意思？”绝大多数的回答是：“学了就要时常复习。”或者是：“学了就要时时温习。”这样的答案似乎对，又似乎不对。说不对,大致意思差不多;说对,又欠准确。

关键是对于“学”和“习”这两个字的理解。理解不好,孔子就成了把人教蠢的罪人;理解得好,就还原了教育原点的某些东西,可以正本清源。

我们现在说“学习学习”,似乎“学”就是“习”,“习”就是“学”。然而古人却常常把“学”和“习”分开说。这里面有什么学问呢?“学”和“习”难道有不同的含义吗?其价值取向各是什么?请看《论语》:

> 子曰:“学而时习之,不亦说乎?”(《论语·学而》)
>
> 子曰:“弟子,入则孝,出则弟,谨而信,泛爱众,而亲仁。行有余力,则以学文。”(《论语·学而》)
>
> 曾子曰:“吾日三省吾身:为人谋而不忠乎?与朋友交而不信乎?传不习乎?”(《论语·学而》)
>
> 子曰:“加我数年,五十以学《易》,可以无大过矣。”(《论语·述而》)
>
> 子曰:“小子,何莫学夫《诗》?”(《论语·阳货》)

《论语》中有时用“学”,有时用“习”,似乎孔子是随意而为之。但仔细分析,孔子可不是随意用的。

那“学”一般是什么情况下用?“习”又一般是什么情况下用?学诗、学文、学知识;习礼、习艺、习技能。

“学”比较多地用于学习文献、知识,如《论语》中的“学《诗》”“学《易》”“学文”等;而“习”的内容多为实践性、技术技能性的,如习礼、习武等。

学古代经典,要多从字词的古代意义甚至字源上入手分析,这样更容易理解那些经典的真正含义。

我们从字源上来分析“学”和“习”这两个字。

我们的祖先非常聪明,他们造字是用来表达意义的。中国的汉字背后有着丰富的意义。

学的繁体“學”——上半部分中间的“爻”代表算筹。古人说孩子呀,你要学呀,学什么?先给我学记数和计算。我们部落百十号人——别以为现在百十号人你闭着眼睛都算得出,在文明初始的阶段,没有数字的概念,你要记住一只手几个指头都困难。所以,聪明的古人先学算筹。“學”的两边是“手”,既表示手把手传授,双手也表恭敬与专注。学算筹不是只用脑子记的,而要用手去算。“人生两个宝,双手和大脑。用脑不用手,快要被打倒。用手不用脑,饭也吃不饱。手脑都会用,才是开天辟地的大好佬。”古人开始学习的时候都这样要求,可我们到现在还不明白!你说我们是大好佬还是大傻帽?“學”的中间是一座房子,表示教学和学习的地方,这个地方不用豪华,能免于外界干扰即可。“孟母三迁”就是最好的诠释。学习是要讲究环境的。你不能说毛泽东同志青年时代读书可以在闹市,根本没什么环境一说——学习和有兴趣的阅读是两码事。持续的学习需要固定而安静的环境。所以,我们现在要把学校建好。房屋下是“子”,代表孩童、学生。上下结合起来,就表达出了“学”字的本义——在一个固定的屋子里,教孩童手脑并用地算筹。

中国自古就重视教育,很早就出现了学校。《礼记·学记》中载:“古之教者,家有塾,党有庠,术有序,国有学。”这里塾、庠、序、学都是教学之地。

所以,“学”大概指的是在一个固定的场所里传授知识和学问。

再来看“习”。

“习”的繁体字是習。上部是羽,表示翅膀;下部是白,表示太阳之上。《说文解字》中这样说:“习,(鸟)数飞也。”就是说,鸟多次练习飞行,重在实践、练习,并且要在高空中、太阳之上去实践、练习。人是不能飞的,但我们可以像鱼一样游泳。学习过游泳的人都知道,要学会游泳,光在教室里听老师讲理论知识,没有多少用处;重要的是自己要不断地实践、练习。比如,要把自己置身于水中练习如何平衡身体,如何协调双手双脚,如何调整呼吸,如何发力……这就是“习”,和鸟练习飞是一个道理!

由此,我们可以得知:在古人那里,“学”,注重的是在固定场所学习文献、知识、理论;而“习”,注重的是在社会、在外界、在广阔的天空去实践理论,提升能力和动手的本领。

《史记·孔子世家》里有这样一段话:

孔子学鼓琴师襄子，十日不进。师襄子曰："可以益矣。"孔子曰："丘已习其曲矣，未得其数也。"有间，曰："已习其数，可以益矣。"孔子曰："丘未得其志也。"有间，曰："已习其志，可以益矣。"孔子曰："丘未得其为人也。"有间，有所穆然深思焉，有所怡然高望而远志焉。曰："丘得其为人，黯然而黑，几然而长，眼如望羊，如王四国，非文王其谁能为此也！"师襄子辟席再拜，曰："师盖云《文王操》也。"

这就是有名的"孔子学琴"的故事。这里用了"学"，也用了"习"。

孔子精通"六艺"，乐为"六艺"之一。

一般意义上的会弹琴就是能弹奏出美妙的曲子，让人觉得好听。这不是真正的懂音乐。音乐的"懂"至少有两个重要方面。一是实践、技巧方面的，就是要善鼓琴，像伯牙一样，用琴音传达情感、传达志向、传达意蕴；二是理论、学养方面的，你为什么要这样弹奏？这样传达情感的原理是什么？前人是如何总结和表述的？

孔子学琴，之所以是学而不是习，是因为他不是能完整演奏这个曲子就完了的。他不仅要掌握熟练的技法，还要通过琴音恰如其分地传达情志，要在乐曲中重现作曲者本人，要找到这些实践背后的理论依据……

所以，司马迁说"孔子学鼓琴师襄子"，用的是"学"，表达的是背后丰富的内涵。而这段文字中有"丘已习其曲矣"、"已习其数"，用的是"习"，指的是演奏技巧的训练，是不断地实践。所以在古人那里，学琴，除了技巧，更重要的是人格提升、情感升华、文化熏陶以及音乐理论和文献知识的把握。

我们还经常讲"习礼""习射""习剑""习武"，但不太常用学礼、学射、学剑、学武。究其原因，用"习"注重的是实践，讲究多练多用。

《史记·孔子世家》里面还有这样一段话：

孔子去曹适宋，与弟子习礼大树下。宋司马桓魋欲杀孔子，拔其树。孔子去。弟子曰："可以速矣。"孔子曰："天生德于予，桓魋其如予何！"

孔子周游列国，到了宋国，在大树底下教弟子习礼。宋国有一个司马叫桓魋，他想杀孔子。孔子得知消息后就赶紧跑了，脱离危险后说了一句话："天生德于予，桓魋其如予何！"意思是："上天给了我很好的品德，你桓魋又能拿我怎么样呢？"

这段话中讲的是"习礼"。"习礼"，指换上正装演习周朝的礼仪。在古人看来，礼仪，是"礼"和"仪"的有机结合，内心要有真诚的情感，外在方面要有恰当的表现形式，二者要高度统一，所谓"文质彬彬，然后君子"。以恰当的形式表达内心的情感，所以必须要实践、练习各种动作、姿势等。

苏辙听说哥哥苏轼习射，曾写下了《闻子瞻习射》一诗。你看，这里用"习射"，而不用"学射"。射箭就没有那么些理论可讲，多实践即可。

在文字的发展过程中，"学"与"习"逐渐连在一起使用。古人关于"学"与"习"的不同含义告诉我们：教育从来不是只停留在书本上的，也不是只关在屋子里的；不仅仅是背记文献、掌握理论，更重要的是道德完善、能力提升、体验实践。《论语》中孔子把"学"与"习"放在一起讲，并强调一个"时"字，时是"适时"，也就是我们所说的——一有机会就要实践！你说你在学校学了与人相见时的揖礼，老师讲了揖礼的意义、源流、演变以及动作要领，这些你都掌握了，这只是学。回家了，你与父母、兄弟、朋友、邻里相见，这个时候，你就要抓住时机，好好实践，加强练习。这才是真正的"学而时习之"。

噫，不是有人这样说吗？"我们老师经常给我们讲，学了就要回家经常温习，把复习题都做好，这是孔子讲的，'学而时习之'。"孔子像我们这样经常出一摞的试卷让学生考试吗？经常给学生布置家庭作业——这个抄写十遍，那个组词填空造句？前两年，我还听一位名校的中学生说，他们的生物实验根本没做过。那生地会考怎么办？老师规定死背下来。本该动手操作的实验居然要靠死背，这样的学习除了应付考试，还有什么用处呢？而且名校都还是这样，要是普通的中学，尤其是农村中学，还有什么不是靠死记硬背的呢？奇怪的是，就连生物这样的实践性课程靠死记硬背实验，居然也能获得 A。这就是我们今天所谓的素质教育？你看，如果以我们现在的教育去臆想孔子那时的教育，当然"习"就是温习，就是复习，就是背题目了。孔子就成了死记硬背的第一人，就成了应试教育的开山鼻祖，就成了把人教蠢的罪魁祸首。

其实,孔子他老人家不搞应试教育,他搞的才是真正的素质教育。所以,不要以我们今天的经验去观照古人,那就会望文生义,让人啼笑皆非。

这就是《论语》里告诉我们的这两个字之间的区别、联系。从文字的起源来学习《论语》,我们才能更好地理解孔子的本意,才能更好地探寻教育的意义。

回到现实,我们的基础教育也好,大学教育也好,都过于强调知识性的背记,而轻视实践、体验。殊不知,实践比书本更重要!所以,一些人大学毕业后走入社会,却发现实践能力严重缺失。用人单位说,这样的学生还要我们培养他好几年才能真正胜任岗位工作,太不划算了。

社会上流行读书无用论,是读书无用吗?其实不关读书什么事,是我们的教育出了问题罢了。从《论语》中“学”与“习”的内涵来看,我们的教育更应该重视“习”,否则,教育真把人教蠢了!

古人不蠢,也不希望把人教蠢,而今天的人把教育功利化,教蠢的风险倒是大大增加了!

二、行有余力,则以学文

是先学做人,还是先学文化知识?这个问题与“是先有鸡还是先有蛋”一样,让当前的教育人迷茫不解。其实,许多教育问题只要翻开《论语》,就会找到你想要的答案。

> 子曰:“弟子,入则孝,出则弟;谨而信,泛爱众,而亲仁。行有余力,则以学文。”(《论语·学而》)

孔子说,孩子们,你们在家就要孝敬父母,在外就要友爱兄弟;言行谨慎而有诚信,博爱大众而亲近有仁德的人。这样躬行实践之后,还有精力,那便学习文化知识。

在孔子那里,学习文化知识放在最后面了。那最重要的、学在最前面的是什么呢?是做人。孝、悌、谨、信、爱众、亲仁,都是做人的美德。你只要把这些践行好了,如果还有精力,还有时间,那就学习文化知识。如果你觉得前面这些没做好，或者实践之后很累，没时间没精力了，那就别学了。

看到这段话，我们有些校长和家长肯定要反对了。你有没有搞错？文化知识放在最后面，还"行有余力，则以学文"，考试又不考孝、悌、谨、信、爱众、亲仁，你学什么学！

反观我们现在的教育。幼儿园开始学奥数，学拼音，学写作，学英语。读小学就开始千方百计想着进名校。都要进名校，怎么办？考试。考什么？奥数，作文，英语，音体美特长，等等。那好，家长就让孩子放学后去培训班，什么周末呀，寒暑假呀，学完奥数学英语，学完英语去学琴，一刻空闲都没有。至于孩子的习惯养成、品行修养，那是无所谓的。

不懂内情的人会问：学生评价手册中不是有假期实践吗？是有。但许多家长从来不让孩子去实践，填写的时候就家长与孩子一起造假。其实这种假实践不仅没有达到应有的教育目的，反而起了反作用，孩子学会了弄虚作假。

孩子进入高中，尤其是面临高考。学校肯定唯成绩论。这就是所谓的掐尖教育。许多学校只把目光放在所谓的重点班、实验班、快班上，许多老师只管班上前多少名。学生有什么道德问题、心理问题，那到高考完了再说。高考完了，都惦记着能够上什么大学，还有什么说的呢？所以到了大学才发现如今的大学生要补的课太多了。你看，大学生孝吗？新生开学了，爸爸妈妈扛着行李，大包小包，汗流浃背。我们的新生呢？拿着苹果手机，夹着时髦的小包包，像个公子少爷、公主小姐，父母成了长工或书童。碰到老师或长辈也不知道打招呼，或者根本不知道怎么称呼。与同学交往，那更不知道如何平等友好相处。有的同学完全按照自己的个性来行事，一有矛盾不是反思自己是不是做得不对、做得不好，而是一味地责怪别人，怨恨不断累积，最后只想把别人干掉。这些年报道出来的马加爵案、药家鑫案、复旦投毒案、清华铊中毒案……不值得反思我们的教育出了什么问题吗？这些大学生、研究生哪个不是高才生呢？除开药家鑫案，其他几个都是因为琐事与同学发生矛盾，进而采取残忍手段杀人，这仅仅是性格出了问题吗？我看是教育出了问题。

百年修得共枕眠，十年修得同窗读。同窗是最难得的友谊。一首《同桌的你》和《睡在我上铺的兄弟》把我们这代人都唱得热泪盈眶，因为那时的同学之情是多么的真挚。现在可好了，大家要感谢同室相处几年，睡在你上铺几年，你没有谋害我，感谢不杀之恩。同学之情成了不杀之恩，这是当代教育最具讽刺意味的黑色幽默！

所以，有人激烈地说，现在的教育给社会培养狼。批评归批评，理性的反思才是最重要的。中学生跳楼、大学生杀人，这些案例绝不是个案，也绝不是性格出了问题或简单地归因于心理出了毛病。真实的原因是我们的教育背离了它的初衷。教育是育人，要把人培养成“人”。引号里的人，是大写的人，真正的人，顶天立地的人，有道义和担当的人！而我们全社会关注的成绩、状元，是造就不了大写的人、真正的人、顶天立地的人、有道义和担当的人的！

反其道而行之，教育出问题是必然的。

有人总是拿西方的理论来论证教育的原点在哪里。其实，何需言必称希腊呢？早在2000多年前，孔子已经明明白白地告诉了我们，教育的起点在哪里，教育的次序、任务与目标是什么。

先学做人，再学文化。先实践品德修养，再学习文化知识。这样的逻辑推进，才是一个“人”的正常成长过程。在这样的逻辑推进中，人才会明，才会有道，才会不惑、不忧、不惧。

> 子曰：“吾十有五而志于学，三十而立，四十而不惑，五十而知天命，六十而耳顺，七十而从心所欲，不逾矩。”（《论语·为政》）

有人会这样反问：你不是说孔子说教育应该先学什么后学什么，说得那么厉害，那孔子自己是怎么学的呢？

是的，孔子自己怎么学、学了什么、成了什么，这才是我们最需要的例证。

孔子说，我十五岁就志于治学；三十岁，使自己立得住；四十岁，不至于迷惑；五十岁，懂得天命；六十岁，能顺其自然；七十岁，随心所欲，一切都不逾越规矩。

这是孔子的自传，史上最简短的自传，38个字。这肯定是孔子晚年对自己一生的总结。

孔子十五岁就立志做学问。我们喜欢问小学生有什么理想，如果他们说当科学家、文学家，我们就会大加表扬。当然，小学生的理想是千奇百怪的，有的想当领导，有的想当老板，有的想当司机，有的想当猴子，有的想当奥特曼……如果到了中学，十五六岁的年龄，你再问他们的理想，他们会思索良久，很理性地告诉你他将来想干吗。所以，立志在中学，这时的志，很有可能成为终身的追求。

那孔子志于学的学是什么呢？是学文化，学作文考科举？都不是。孔子的学，是先学做人，修炼品德，再学文化知识以及六艺。

孔子的这段话是从十五说起，然后三十、四十、五十、六十、七十。为什么没有二十？他没有二十吗？他忘记了二十干了什么吗？

十五志于学，十五到二十才五年，孔子肯定也还在志于学。人生二十，正是青春年华，这个时候需要用心治学，方能有三十而立。所以，孔子不说二十怎么样，因为二十也志于学。

三十而立。立，是一个人站立在大地上。有的人认为三十而立，就是三十岁老大不小了，你要讨个老婆成个家，要养家糊口，所谓成家立业。其实不然，立，代表一个人真正成为站立的人、大写的人、顶天立地的人、有道义和担当的人。这是怎么来的呢？是人到了三十岁就自然顶天立地了吗？这是志于学的结果。一个人如果先修品德再学文化知识，或者道德修养与文化学习并重，他就会"三十而立"。反之，如果只学文化知识，成为一个"知道分子"，知识广博比得上百度，但没有道德修养，不懂得做人，那也立不起来，永远是一个有知识没道德的侏儒。

而后四十不惑。什么是不惑？不惑就是明。明就是人生通透。你不会被名呀利呀所迷惑，你有自己的坚守，有自己清晰的评判标准，有自己的选择……

子曰："年四十而见恶焉，其终也已。"（《论语·阳货》）

孔子说，你都四十岁了还被人厌恶，你这一辈子也就完了。

四十岁被人厌恶，一辈子就完了？有这么恐怖吗？仔细分析还真有那么可怕。四十岁的人，修养、学识、品性应该都达到一定的高度，应该明白自己要什么，不要什么。但你却还看不明白，惑于名呀利呀乱呀，眼中不清，耳中不静，心中不定，没有自己的操守，没有做人的坚守，这辈子你还能成就什么呢?

五十知天命。什么是天命? 大自然的运行规则。人要懂大自然的运行规则，不容易。人的生命运行暗含着大自然的运行规则。所以，知天命也是知人。破坏大自然，终究会引发自然灾害;一个人做坏事，也终究会受到惩处，叫善有善报、恶有恶报。

六十而耳顺。什么是耳顺? 就是好听的也听得进，逆耳的也听得进。是非曲直你可以去评判，我只忠于自己的心。孔子 55 岁离开鲁国，司寇不做了，公职也不要了。55 岁辞职，现在的人是想不通的。养老怎么办? 退休金怎么办? 这不是脑子出毛病了吧? 孔子不是跳槽，而是去流浪。你想想孔子那时会遭受多少非议。但孔子内心坚定，他最清楚自己的心要什么。所以，他走得坚决。耳顺，是一种道德、智识、品行的修为。

七十从心所欲，不逾矩。有些人以为自由就是阿 Q 式的“我想干什么就是干什么”“我想要谁就是谁”。其实，真正的自由就是随心、随性，但从来不会逾越规矩，不会妨碍他人的自由。

从这段文字，我们看到了一个伟大的人，他有着通透的灵魂，有着安静的心灵，有着执着的精神。三十而立也好，四十不惑也好，五十知天命乃至六十耳顺、七十从心所欲，都源于“志于学”，都源自于“人学”——而不是“才学”!孔子的这段话是有内在逻辑关系的，我们不要割裂地去理解它的字面意义。

所以，什么样的教育、什么样的“学”，在一定程度上，决定了造就什么样的人。

> 子夏曰:“贤贤易色;事父母，能竭其力;事君，能致其身;与朋友交，言而有信。虽曰未学，吾必谓之学矣。”(《论语·学而》)

作为孔子的学生，子夏对于“学”有着独特的理解。

我考试没有得到优秀，我的排名总是停留在班上的中下，但你却不能以此就判断我没有学。子夏说，重视人的贤能，不重视人的外貌;侍奉父母，能尽心尽力；服侍君主(服务国家)，能献出自己的生命；和朋友交往，能够说话有诚信。即使说这个人没有学问，我也一定会说他有学问。

一个领导不识人，不能认识到别人的贤能却只看外表，这不是眼瞎吗？这样的领导有学问吗？读过书吗？而现实生活中，眼瞎的人太多了。你说他没有水平吗？他却是重点大学毕业的，甚至是研究生、博士。但子夏说，这样的人就是文盲，根本没有学问。

如果一个人重视他人的贤能，而不重视外表：他对父母那是尽心尽力；对国家甚至能献出自己的生命；和朋友交往讲诚信。他说他没上过大学，没读什么书。但这样的人识大体明事理，心中有道，哪里是没有学问呢？他的学问不是分数，不是写在纸上的，而是修为，是落实在行动上的。

所以，不能贤贤易色，不能侍奉好父母，不能服务好国家，不能诚实守信，这样的人，不要说自己有学问，不要说自己是哪个大学毕业的——丢人！

三、学之三重境界

讲到境界，就想起王国维在《人间词话》中说的："古今之成大事业、大学问者，必经过三种之境界。'昨夜西风凋碧树，独上高楼，望尽天涯路'，此第一境也。'衣带渐宽终不悔，为伊消得人憔悴'，此第二境也。'众里寻他千百度，蓦然回首，那人却在，灯火阑珊处'，此第三境也。"王国维讲的是关于学问、艺术、事业的三重境界。

《论语》中孔子关于学习也有三重境界的论述。孔子关于学习的三重境界依次是：困而学之——好而学之——乐而学之。

第一重境界：困而学之。

人是有禀赋差异的。有的人天生智商高。孔子就曾被 7 岁的项橐难倒。甘罗 12 岁被拜为秦国上卿，位同丞相。曹冲 6 岁能称象。骆宾王 7 岁写下《咏鹅》。

但神童毕竟是少数。芸芸众生，智力水平都相当，因此总会遇到许许多多的困惑。有了困惑就要学。如果有了困惑还不学，孔子认为，这样的人是最下等的了。

子曰："生而知之者上也，学而知之者次也，困而学之又其次也。困而不学，民斯为下矣。"（《论语·季氏》）

孔子说，生来就知道的人是上等的，通过学习而知道的人是次一等的，遇到困惑去学习又是次一等的。有困惑却不知道学习，这样的人就是最下等的了。

生而知之者，这样的人我是没看到过，他的名字叫天才或神童。我们所见到的都是学而知之者或困而学之者。

我们可以把"困而学之"理解为一种功利性的阅读。大多数的情况下，我们也确实是为了解开困惑而去读书。在孔子看来，这是不得已的事情，是一种补脑式的读书。但我们认为，大多数人的读书，是从解开困惑开始的。

一位年轻老师担任班主任，没方法，感到困惑，那他就应该读一些关于班级管理的书；学科老师为了提高学科教学水平，读一些有关教学方面的书；当你要做一个课题时，你得大量阅读相关书籍和论文，以更好地完成课题……这是当下比较普遍的所谓读书，这也未尝不可。

但困而不学，这样的人也很多。经常有这样的老师：所教班级不仅成绩总提不高，纪律也差。你说他不努力吗？已经够努力了，你看他每天很早就到班上了，看作业、背书、讲纪律、讲题目……忙得连饭都顾不上吃。但效果却不尽如人意。这样的老师其实忘记了一个人：他自己！因为忘我，所以眼里只有他的事务。事务性的东西塞得很满，迷失了自己，所谓云深不知处，哪有时间学习？一天一天，形成恶性循环。

我读中学时就碰到过一位这样的老师。他很用心，用心到什么程度？所有的自习课，甚至音乐、美术、体育课，都被他占用。但即使花费这么多的时间，效果却不好。我们的成绩还是中等偏下。糟糕的是，同学们还不领情，每次看到他又来教室，都不约而同地哀叹：他怎么又来了?！其实，主要原因是他遇到了困惑，却没有去对症下药地学习以解决问题。学生的问题不是通过一味地多布置作业、多占用他们的时间就可以解决的。许多时候，老师需要智慧和方法。智慧也好，方法也罢，主要从学习与实践中得来。

所以，有困，一定要学！

第二重境界:好而学之。

因为喜好,所以学习。我们经常说,某人好学呀,好学就是因为自己喜爱,所以认真学习。兴趣是最好的老师。有兴趣就有动力。

《论语》中三个"好学"的代表:孔子、颜回、孔文子。《论语》中这样记载的:

> 子曰:"十室之邑,必有忠信如丘者焉,不如丘之好学也。"(《论语·公冶长》)
>
> 季康子问:"弟子孰为好学?"孔子对曰:"有颜回者好学,不幸短命死矣,今也则亡。"(《论语·先进》)
>
> 子贡问曰:"孔文子何以谓之文也?"子曰:"敏而好学,不耻下问,是以谓之文也。"(《论语·公冶长》)

孔子肯定是好学的代表。孔子很谦虚,经常说自己没什么本事,没什么学问,也成不了什么圣人。但在好学方面,他不谦虚了,你看他老人家这样说:就是十户人家的地方,肯定有像我一样忠厚诚信的人,但都比不上我好学。

季康子这位领导问孔子:"你的学生中谁比较好学?"孔子回答说:"只有颜回好学啊,不幸英年早逝,现在像他那样好学的人没有了。"

颜回到底有多好学?孔子这样说——

> 子曰:"语之而不惰者,其回也与!"(《论语·子罕》)
>
> 子谓颜渊,曰:"惜乎!吾见其进也,未见其止也。"(《论语·子罕》)

孔子说:"你教导他,他没有一丝松懈,这个人就是颜回。"

有的人你给他多讲一点,他就不耐烦了,再讲,他就哈欠连天,根本听不进去了。颜回同学呀,只要老师你讲,他就不会有丝毫懈怠,总是听得津津有味,两眼放光。一种非常好的学习状态。

孔子这样评价颜回:"可惜啊!我只看见他进步,没看见他停止。"在学习上,不断向前,却从不停止!太可怕了,这就是传说中的超级学霸!

孔文子，名圉，是卫国的大夫。因为聪明好学，又非常谦虚，所以死后，卫国国君赐他“文公”的谥号。中国古代文人非常重视谥号，古人尚名节，这是盖棺定论，决定流芳百世还是遗臭万年。凡谥号带有“文”的，诸如“文正”“文忠”，评价是非常高的。李鸿章谥号文忠公，曾国藩谥号文正公，左宗棠谥号文襄公。所以孔文公或孔文子，肯定是个了不起的人物。

孔子对孔文子评价很高。子贡问孔子：“孔文子为什么谥为‘文’呢？”孔子说：“孔文子聪明好学，向不如自己的人请教，并不认为是可耻的事，因此被谥为‘文’。”

怎么样才称得上“好学”？

> 子曰：“君子食无求饱，居无求安，敏于事而慎于言，就有道而正焉。可谓好学也已。”（《论语·学而》）

孔子说：“君子，吃不求饱足，居不求安逸，做事敏捷，说话谨慎，到有道的人那里匡正自己。这样，就可以说好学了。”

一个人追求物欲的东西，把注意力放在吃穿住方面，哪还会刻苦学习？你说学习不苦，那是假的。就整个学习过程来说，肯定不会总是快乐的。学习的关键，在某种程度上说，就看你能不能突破那些苦和难，翻越一座又一座大山。你看，身边的同学如果只讲吃、穿和住，什么都想享受，一般来说，成绩是好不了的。当然，“好学”在孔子的眼里，可不是拼命地做作业、拼命地读书那么简单，而是要一生志于学，志于匡正自己，成为一个人格完美的人，以此作为人生自始至终的追求。这是一种非功利的学习。正如后来的读书人所说的：读书志在圣贤，为官心存家国。你说你为了考大学努力学习，晚上不睡觉，白天不吃饭，在孔子看来，这只怕不是好学；你说你要考公务员，买来很多书，天天背呀记呀参加培训呀，你好学吗？在孔子看来，只怕也不是好学。

好学，是对学问有兴趣，以学来提高自己的修为和学识，至于考大学也好，当官也罢，那不是目的。所谓读书明志、读书怡情。

除了颜回，孔子的弟子里还有没有好学的呢？肯定还是有的。但孔子没有明说。

好学的人很多,不好学的人也很多。好学的好处不用说,但不好学的害处你知道吗?

> 子曰:"由也,女闻六言六蔽矣乎?"对曰:"未也。""居!吾语女。好仁不好学,其蔽也愚;好知不好学,其蔽也荡;好信不好学,其蔽也贼;好直不好学,其蔽也绞;好勇不好学,其蔽也乱;好刚不好学,其蔽也狂。"(《论语·阳货》)

"六言六蔽"就是六种美德六种弊病。哪六种美德呢?仁、智、信、直、勇、刚。六种弊病为:愚、荡、贼、绞、乱、狂。六种美德却容易逆转为六种弊病,原因是:不好学!请看——

> 好仁不好学,其蔽也愚:爱好仁德却不喜欢学习,它的弊病是容易被人愚弄。

你说爱好行仁,你要行善积德,但你不去学习如何行仁,不弄明白什么才是行仁,不效仿那些伟大的仁者,不修身不省己不看清对象,你很容易被人愚弄。

我曾经碰到过一个这样的事:那时正好在读研究生,周末一个人去书店。穿过一条拥挤的巷子,迎面碰到一个人,慌慌张张的,过来就说:"同志,请帮我一个忙,帮我把这个包拿一下,我要去赶车了,20分钟后有人来取的。你就在这茶馆里等等。"他不由分说,丢下包袱就跑。我当时一懵,立马反应过来,这不正常呀。捡起包袱,我没有进去茶馆,而是站在街口,准备报警。不一会,几个人匆匆过来了。我就问他们是不是丢了什么。果然,丢了包袱。我赶紧把事情经过告诉他们。还好,没有掉东西。我是个喜欢做好事的人,但做好事也要动脑筋、要学习,否则很容易被愚弄。

春秋时期宋国和楚国之间发生过一次著名的战争:泓水之战。这一战,楚国把宋国打残了。本来,楚军长途奔袭,宋军可以以逸待劳,楚军是不可能占到便宜的。但要命的是,这宋襄公好仁不好学,脑袋一根筋,转不过弯来。

当楚军开始渡泓水时,宋襄公的弟弟目夷觉得时机来了,就对宋襄公说:"楚军现在渡河,松松垮垮的,我们正好打他们。"

宋襄公却说:“打什么打?人家正渡河呢,现在打,不合规则!君子说:‘对方处于险地,不能乘人之危;对方陷入困境,不能落井下石;对方没有做好准备,不能突施偷袭。’我们宋国不做不仁不义的事。”

楚军全部渡过了河,稀稀拉拉的,拧衣服,穿鞋子。目夷一看,又是进攻的好时机,就对宋襄公说:“赶紧的,现在进攻也能一击而胜。”

宋襄公又说:“你嚷嚷啥?打什么打?你看,人家都没站好队,现在进攻,还是我们不守规则,不讲仁义。等他们站好队再说,好吗?就你急。”

楚军全部列好队,气势汹汹地开始冲锋,宋襄公这才准备进攻,不过,他又宣布了几条纪律:受了伤的敌人不能打,年老的敌人也不能打。

结果可想而知,宋军大败,宋襄公的大腿中箭,后来人也残废了。一年后,腿伤恶化,加之心情郁闷,“仁义”的宋襄公挂了。

打仗哪能这样子讲仁义啊?“好仁不好学”的宋襄公,注定了一败涂地。

一个人好行仁义,心很好,这值得赞扬,但你不认真观察,不仔细分辨,盲目相信别人,就很容易被愚弄的。如何避免这种情况发生?那就是学习!

> 好知不好学,其蔽也荡:爱好聪明才智却不学习,它的弊病是使人放荡不羁。

生活中总有这样一些人:聪明,但不肯下功夫研究学问。读博士那段时间,我们每天都忙着查阅资料,却见几个同样读博的朋友从不去图书馆。诧异的是,居然写出了博士论文,文末还引用了几百本著作。原来,他们通过下载相同主题的论文,把那些别人引用的话摘下来,二次引用,但并不标明为二次引用。这样确实省事多了,看起来也好像研读了不少中外著作。但如果这样做学问,只怕是水上的浮萍、风中的柳絮,没有根基。

聪明才智谁不喜欢?但许多人却是“机关算尽太聪明,反误了卿卿性命”。王熙凤何等人也?周瑞家的说她“年纪虽小,行事却比世人都大呢。如今出挑的美人一样的模样儿,少说些有一万个心眼子。再要赌口齿,十个会说话的男人也说他不过。……就只一件,待下人未免太严些个”。贾琏的小厮兴儿说凤姐说得更绝:“嘴甜心苦,两面三刀;上头一脸笑,脚下使绊子;明是一盆火，暗是一把刀：都占全了。”但王熙凤把聪明当心计，甚至处处设计害人，自以为高明，最终把自己也害了。也许你认为这是人性恶的缘故，但恶人也是可以通过学习改变的。人要学什么？学修养，学礼法，学品行，学忠信……

懂高科技的人必定是高智商。有的人凭借自己的聪明，很快掌握了许多科技。但一些人不把自己的聪明才智用于正途，而用在违法犯罪上。

2016年，新闻报道一个犯罪团伙凭借对电脑技术的熟悉掌握，“暴力破解网银密码”。报道说：沈阳和平警方破获一起盗窃银行账户资金案，12人组成的犯罪团伙在不到一年的时间里，通过购买泄露资料、自己开发软件“暴力破解”网银资料等方式盗取他人网银资金300余万。

2014年《重庆青年报》曾报道：“在统计出的全球被通缉的约433名中国人所犯案件中，主要以高智商犯罪为主，主要涉嫌洗钱、信用证欺诈、条例草案欺诈、合同欺诈、操纵股价、扰乱金融秩序、窃取商业机密等。”

所以，有聪明才智的人，不能没有约束，不能逾越法律准则，不能摒弃道德底线……不好学，就不会警示自己。

> 好信不好学，其蔽也贼：爱好诚实守信却不好学，它的弊病是容易被人利用，害人害己。

诚实守信，自然很好。但社会是复杂的，人心是复杂的，坏人会利用你的诚实守信，让他人受到伤害，也让你自己受伤害。

朋友聚会，餐桌上觥筹交错，老朋友新朋友，热闹得很。有一个刚认识的朋友，他是做生意的，人很大方，言行非常得体。加之朋友的力荐，大家都说只要以后能做到的一定帮忙。过了半年，那朋友打电话来了，要请我帮忙介绍人加入他的公司。但我一听，觉得不对劲，后来才知道他在搞传销！这样的忙能帮吗？

英国儿童安全公约《十大儿童宣言》之中有两条：“不保守坏人的秘密”“坏人可以骗”。我觉得与孔子所说的不愚诚、不愚信是一脉相承的。

如果死守着诚信，那容易被坏人利用而受害。所以，我们要学习，学习才会明白这是可以变通的。孔子孟子不是强调礼吗？战国时齐国的淳于髡问孟子：男女之间授受不亲，这是礼法所规定的，那如果嫂子掉井里了，小叔子可以施以援手吗？孟子说：嫂子掉井里都不施以援手，那是豺狼；礼法是讲究男女授受不亲，但你不能不懂变通呀；嫂子掉井里，小叔子施以援手，这是权宜变通。

所以，人不学，不知义。

> 好直不好学，其蔽也绞：喜好直率却不喜欢学习，它的弊病是容易尖酸刻薄。

有的人常常自诩为直性子，有什么说什么。在孔子看来，这是不行的。比如说，有人喜欢直言别人的缺点，就会让人觉得这个人尖酸刻薄。

学习是不是有效果，最主要的评价标准是：你是不是变得有修养。那有修养的表现是什么？有修养的表现当然很多，但最重要的是你跟人的交往让人感到舒服，你的谈吐得体。一个女人过来了，你说："哇，你好胖，真的好胖。"虽然她确实胖，但你这样直说，那是尖酸刻薄，不懂说话，没有修养。这不是虚伪，这是说话的艺术，是修养，要通过学习慢慢修炼。

孔子赞赏"直"这种美德，说卫国的大夫史鱼"直哉"。但孔子是个中庸主义者，凡事不宜过头了。他赞赏"直"，也希望培养学生的"直"，但当学生说话过直的时候，孔子又批评他们粗野。孔子说话很讲艺术，也是为避免过直而绞。

> 好勇不好学，其蔽也乱：喜好勇敢却不喜好学习，它的弊病是容易捣乱闯祸。

勇敢，是一种敢作敢当的气概和精神。我们这个社会太需要见义勇为了。当我们面对小偷不敢声张，当我们看到行凶抢劫避而远之，当我们置身满地垃圾的公共场所却视而不见……我们太需要补上"勇敢"这种营养元素了！

但勇敢容易变成冲动，也容易被人利用，惹出乱子。

子路勇吗？肯定勇。子路在未入孔门前，可是个喜欢打架滋事的冲动青年。你看他的打扮:喜欢戴鸡冠似的帽子,上面插着雄鸡的黄黑翎毛;衣襟上佩戴着公猪一样的饰物。孔子收子路为徒,让他好勇又好学,博文约礼,因势利导,让他成为杰出的人才。

好刚不好学,其蔽也狂:喜好刚强却不喜好学习,它的弊病是容易让人变得狂妄。

我们说无欲则刚,一个人没有欲求,他才能做到刚正、刚强。但刚者易折,一个人过于刚强,很容易被摧折。

好刚的人,如果不学习,容易变得傲慢狂妄。其实,水至清则无鱼,世人皆知。一个至刚的人,似立于危峰之巅,自然会以一种傲视众生的姿态观照他人。殊不知,人之立世,刚柔相济才是最佳的选择。如何刚柔相济、好刚不狂?那就要学习与修炼!

左宗棠是湖南人的骄傲,他是一位十足的狂人,晚清四大中兴名臣之一,军事家、政治家。有才,有德,刚强,打仗可以决胜千里、力挽狂澜,这样的人难得不狂。但历经风雨后,左棠宗在江苏无锡梅园写了一副对联:

发上等愿,结中等缘,享下等福;
择高处立,就平处坐,向宽处行。

这副对联看不出"狂"的影子了,只有通透的人生哲理和睿智的中庸之道。这大概是左公在人生的风浪中"学"来的心境吧。

第三重境界:乐而学之。

子曰:"知之者不如好之者,好之者不如乐之者。"(《论语·雍也》)

因为爱,所以爱;因为乐,所以学。

简简单单的两句话,却蕴含着深刻的人生哲理。

因为是需要爱,所以爱你,所以相爱,所以不分离。爱,让人忘记了爱以外的东西,诸如世俗、名利、地位,剩下的就只有爱!所以,崔莺莺虽为大家闺秀、名门小姐,但因为爱,她把整个人交给了穷书生张生,无怨无悔。

因为乐,所以学。因为心中快乐,所以忘情地学。两耳不闻窗外事,一心只读圣贤书。此中有真意,欲辨已忘言。

所以,乐学是最高的境界、最好的状态。乐学是精神的快乐,心灵的充实,生命的向上。乐学并不是自由自在、随随便便、松松垮垮、懒懒散散、舒舒服服,有时还是苦学,但心中有道,苦也是乐。

子曰:"学如不及,犹恐失之。"(《论语·泰伯》)

孔子说,学习就好像是追赶什么东西,生怕赶不上,赶上了又怕失去。人在学中,心心念念,有苦吗?有。那是着急,那是担忧,那是执念。但正因为有了这种"苦",所以又是充实、快乐的!

乐学的代表:颜回。

子曰:"贤哉回也!一箪食,一瓢饮,在陋巷,人不堪其忧,回也不改其乐。贤哉,回也!"(《论语·雍也》)

吃冷饭,喝冷水,住在简陋的巷子里,如此贫困的生活,一般人都受不了,颜回却很享受,因为他心中有道,孜孜以求。所以孔子说:

"士志于道,而耻恶衣恶食者,未足与议也。"(《论语·里仁》)

如果你心中有道,有理想,但又觉得吃得太差,穿得太寒酸,为此感到羞耻。孔子以为,这样的人就不必理他了,因为你和他没有共同语言。所谓"道不同,不相为谋"!

孔子并不主张我们做苦行僧,他是主张人生快乐幸福的,学习也应该是一件快乐的事。所以《论语》开篇就讲:

子曰:"学而时习之,不亦说乎?有朋自远方来,不亦乐乎?人不知而不愠,不亦君子乎?"(《论语·学而》)

开篇定调,一字以蔽之,乐!孔子倡导的是快乐学习。别把学生都整成白毛女,苦大仇深,这不是教育所要的!

人是需要学习的。最好的学习肯定是乐学。

其实,教育最大的课题是如何引导孩子走上乐学的道路。校长也好,老师也好,家长也好,要认真研究和实践如何让孩子达成乐学。

四、学则有法

优秀的老师教方法，死板的老师教知识。

《论语》中孔子教了不少好的学习方法，弟子们也总结了一些好的学习方法。孔子认为，解决问题，不在于知识积累的多少，而在于方法的运用。

运用方法解决问题，这才是智慧。

> 子曰："吾有知乎哉？无知也。有鄙夫问于我，空空如也。我叩其两端而竭焉。"(《论语・子罕》)

孔子给弟子们讲课，讲什么呢？讲方法。他说呀，解决问题要找方法，就拿一个鄙夫问他的问题作为例子。

鄙夫问了什么？不知道。

鄙夫是谁？有的人说是庄稼汉，有的人说是粗人。总之，是一个没什么文化也不爱学习的人，这类人有一个特点：总有些奇奇怪怪的问题，自己找不到答案，又很想得到答案。比如说，树上十只鸟，猎人瞄准鸟儿开了一枪，那树上还剩几只鸟？是九只呢？还是一只都没了？生活中还真有不少对这种问题充满兴趣的人。

孔子说，我有知识吗？我没有呀。孔子又不种田，也不打鸟，他确实没有这方面的知识。他用的是方法，以方法来解决问题。

《易经・系辞》说过："形而上者谓之道，形而下者谓之器，化而裁之谓之变；推而行之谓之通，举而措之天下之民，谓之事业。"形而上者，那是道，那是方法论，是哲学。聪明的人注重方法的运用，方法用多了就上升为一种理论。

那孔子强调的学习方法有哪些？

学而思，思而学

学与思要结合，不能只学不思，也不能只思不学。

孔子的弟子里面，两个人学思结合得很好。一个是曾参，一个是颜回。

> 曾子曰："吾日三省吾身：为人谋而不忠乎？与朋友交而不信乎？传不习乎？"(《论语・学而》)

曾参同学很听孔子的话，孔子讲课他听得非常认真，自己回家也学习不辍。那还不够，他一天要多次反省自己。他反省什么呢？“替别人谋事是不是忠诚老实？和朋友交往是不是诚实守信？老师传授给我的知识我有没有实践？”“省”什么？曾参没有省钱，没有省名，也没有省房产和官位，他省忠，省信，省习。他省这个干吗？为了成为一个君子！

现在的人，走路、坐车都玩手机，回家也是一个低头族，甚至吃饭都在看手机，哪还知道“三省吾身”啊。古人不同，他们不仅在心里反省，还要写日记来反省。你看，我们还有谁写日记？还有谁有勇气写日记？古人写日记不是为了练习遣词造句，不是为了完成老师交代的任务，而是为了鞭策自己，为了修身。所以，古人写日记，那全是真话。胡适的日记里把嫖娼都记录下来了；蒋介石的日记把忍不住看美女也记下了，还骂自己不是人……这都是一种“思”。

子曰：“见贤思齐焉，见不贤而内自省也。”（《论语·里仁》）

这种“思”既是见贤思齐，也是见不贤而内自省。

所以，在古人那里，学也好，思也好，都是为修身，为好好做人。

子曰：“吾与回言终日，不违，如愚。退而省其私，亦足以发，回也不愚。”（《论语·为政》）

颜回不仅好学乐学，他还会学。好学、乐学再加上会学，这样的学生不优秀才怪。颜回会学，表现在哪里？一是老师讲的时候他不作声，只知道记下来，弄通弄懂，不像有的学生，老师讲一句他说三句，一味地活跃课堂，自己该记的不记，该弄懂的不弄懂。二是下课回家，静静地反思、省察自己。比如：我哪些方面还理解得不透，能不能举一反三？我哪些地方做得不够好，要加强修炼？等等。三是迁移、拓展、发挥。你看，知识、情感、态度，新课程的三维目标，都得到了实现。所以孔子说，颜回在课堂上总是不发言，也不反驳我，他看起来好像是个木头，其实他不笨，他是用心在学习，然后回去反思、加强。他这是会学习呀！你们就学着他点吧！

子曰：“学而不思则罔，思而不学则殆。”（《论语·为政》）

子曰："吾尝终日不食、终夜不寝以思，无益，不如学也。"(《论语·卫灵公》)

孔子说的这两段话，其实都是我们所经历过的。你看，埋头苦学，只顾走路不抬头，越学越迷茫了。只是想啊思考啊，不去钻研，那很危险，容易得幻想症、精神分裂症。所以孔子用他的经验告诉我们，他曾经饭也不吃、觉也不睡，干吗呢？思考问题。有用吗？没用，还不如去学习。

搞文学创作的人都有这样的经验：我要写诗，结果想啊想啊，写不出来。因为你的情感没酝酿好，写出来了也是无病呻吟。那这时候你不如到大自然中走走，观察一下世俗人情，这也是一种"学"。

学习和思考是需要并重的。儒家注重道德的内在修炼，称之为内省；在学习上，就是反思。

台湾大学的钟永远只响 21 下，为什么不响 24 下呢？因为已故校长傅斯年曾说："一天只有二十一小时，剩下三小时是用来沉思的。"

我们不能只顾低头走路，也要适时仰望星空！

陶行知办育才学校时就提出了"每天四问"：

"我的身体有没有进步？"

"我的学问有没有进步？"

"我的工作有没有进步？"

"我的道德有没有进步？"

每天四问就是反思性的学习。不仅是学习上的反思，同时也是针对整个人生的反思。

教育必须给学生留下思考和反省的时间与空间，要适时引导孩子的思考、反思。

比如说学李白的《静夜思》："床前明月光，疑是地上霜。举头望明月，低头思故乡。"这首诗简单，理解起来也容易。那么在课堂上，我们能否引导孩子思考一下：李白去了哪里？他为什么思故乡？你也有思乡思家思亲人的时候吗？那时的你想些什么呢？李白睡的床和我们现在的一样吗？如果一样，那他怎么在床上"举头望明月"……这样思考，比仅仅是背诵会有更多的收获。

所以，有人说：教育是慢的艺术！现在很多的课堂，走得很快，给孩子留下“思”的时间太少。一堂缺少“思”的课就好比山间里没有水，这是一种遗憾。

温故而知新

我有过这样一段经历：进高中的那年暑假，我患了急性肝炎。照理来说，一般个把月就会痊愈。但由于家里条件差，打针吃药没有连续治疗，拖到上学还没有全好。结果入校体检，发现肝功能不正常。学校要求我回家治好再来入学。好不容易到县城读高中，还只是在教室里安放好自己的课桌，不料又要回家。我心中无限懊恼。好在碰上了一个好心的医生，她和她爱人帮我抓药治疗，我就带了许多药回了家。在家打针吃药的那段时间，我可不想落下功课，怎么办？只有自学。我每天按学校的进度自学，晚上温习当天自学的内容。每次温习的时候，我总是收获很多新的东西。我在家的两个月，每天都按计划自学与温习，作业也完成得很好。当我通过体检回到教室上课时，等待我的是期中考试。没有想到的是，我考出了优异的成绩。班主任老师惊呆了，要知道，那个学期我可没有上过一天课。她要我总结我的学习方法，我记得我就说了“温故知新”四个字。

子曰：“温故而知新，可以为师矣。”（《论语·为政》）

孔子说，温习旧知，能有新的发现和体会，这样的人可以做老师了。

庄子说：“吾生也有涯，而知也无涯。以有涯随无涯，殆已。”一个人对新知的学习其实是有限的。你说你博览群书，皓首穷经，又能读完所有的书吗？人脑比不上电脑，在知识的海洋面前，我们总是显得那样无助。但知识并不决定创新，知识多并不一定就能获得诺贝尔奖。所以，孔子认为，学习最重要的是有新的发现，新的体会。这就是一种思维能力的提升、思维品质的养成。这才是最需要学习的。

比如说，你读《论语》，你背呀记呀，很熟练了。这也没有多少价值。但你每次在温习的时候，有自己新的发现、新的体会。如你读《学而篇》第一章“学而时习之……”，你发现了古人所谓学跟习是有不同的含义的，你发现孔子倡导的学是一种人生乐事，你发现孔子的学说都以快乐为基调……这样的学习就很有价值了。

科学的发现、发明从来都不是横空出世的。只有孙悟空才是横空出世的。拿氧气的发现来说，那是拉瓦锡等科学家在对旧知的吸纳、否定中，不断得到新的发现和体会而得出来的科学论断。

温习旧知的重要之处，一是巩固所学；二是举一反三、触类旁通，尤其是从旧知中找到新的见解。

> 子夏曰："日知其所亡，月无忘其所能，可谓好学也已矣。"（《论语·子张》）

子夏说："每天知道未知的，每月不忘掉已掌握的，这可以说是好学了吧。"每天学习新知，这个容易。我们每天都会得到一些新知。但每个月都不忘记旧知，这就太难了。我们每天都学新知，但也每天都在遗忘旧知。不忘旧知，而且是每月不忘，那就只有温故知新了。

学习是一个循序渐进的过程。正如万丈高楼平地起，基础不牢，地动山摇。温习是学习中不可缺少的一个环节，高明的老师不会让学生一味地背记知识，而是会引导学生在旧知中总结提炼、探索发现，从而得到新的见解、理解和心得。这样的温习，就是有效的学习！

有个朋友在高三那年非常不幸，生了一场大病，而且一病就是大半年。等到他病愈到学校上课时，已经离高考不到两个月了。在这样的情况下，一般人只有两种选择：一是拼命补新知，二是随遇而安。这位朋友做出了自己的选择：把学过的东西温习弄懂。在这个过程中，他不断得到新的发现和体会，知识在他的大脑里联结、升华、系统化，最后他居然考上了理想的学校。

多问，善问

《论语》就是一部问答体著作。所以，有人说，从《论语》看教育，教育就是问问题和解答问题。

会学习的人都喜欢问问题，也善于问问题。

林放问礼之本，孔子对他大加赞扬，说"大哉问"。

子贡与子夏都用《诗经》中的句子请教孔子，孔子对他们两人都说了一句同样的话:“始可与言诗已矣。”意思是,现在可以和你讨论《诗》了。

但孔子的弟子也有不会问的,比如樊迟、宰我、子路。

> 樊迟请学稼。子曰:“吾不如老农。”请学为圃。曰:“吾不如老圃。”樊迟出,子曰:“小人哉,樊须也……”(《论语·子路》)

孔子会种地吗?会栽花吗?肯定不会。但你到孔子这来学什么的?学种地、栽花吗?肯定不是。所以,樊迟啊,真是有点迟钝了。仁义礼智信,你不问,你偏要问什么种菜栽花。

所以,学习要多问,还要善问。有人说,提一个问题比解答一个问题更重要。这是有道理的。

问,代表了一种诚实。

> 子曰:“由,诲汝知之乎!知之为知之,不知为不知,是知也。”(《论语·为政》)

孔子说:“教给你知与不知的正确态度吧。知道就知道,不知道就不知道。”孔子的意思很直白,你懂就懂,不懂就不懂——不要不懂装懂。这才是求知的正确态度。学习上不能装,不懂装懂,那是害自己。知之为知之,不知为不知,这是学习的起步!一个不敢直面自己的人,哪能学有所成呢?《围城》里的方鸿渐不敢直面自己的“学情”,拿着买来的假博士文凭糊弄人,然而,在复杂的环境里令他更加窘迫。

问,代表了一种向上。

> 曾子曰:“以能问于不能;以多问于寡;有若无,实若虚,犯而不校。昔者吾友尝从事于斯矣。”(《论语·泰伯》)

曾子讲到颜回同学,说这位优秀的老兄谦虚呀。你看:他有能力却还向没能力的人请教;他知识多还向知识少的人请教;他有学问却像没学问的样子,虚怀若谷;别人冒犯了他,他也不计较。

问一个比不上自己的人,其价值也许比问一个比你优秀的人,意义更大!你想,当你去问一个比不上你的人,他肯定会非常认真地给你解答,肯定会更耐心更细致地给你讲解。在这个过程中，你还会和他一起温故知新，会有更多的发现。还有，往往你认为不如你的人，倒常常有你预想不到的方法和视角。

“锄禾日当午，汗滴禾下土。谁知盘中餐，粒粒皆辛苦”。我们都知道，这是李绅写的《悯农》诗之一。李绅，唐代文学家，官至宰相，人称李相，是一个非常厉害的角色。

李相每天必读的书是《春秋》，每天一卷。李相虽然中过进士，是个饱学之士，但有一天念了个白字。其实这也无妨，因为在自己的书房。但还是被人听到了，并且这人面露不悦之色。那还得了！宰相读书，小吏鄙夷。在那等级森严的时代，搞不好，小吏小命不保。李相就问：“你怎么回事？我读错了吗？”小吏赶紧解释说：“我听大人读叔孙婼的‘婼’为‘吹’，而我的老师教我读‘绰’，大人读的肯定是正确的。我面露不悦是为我的老师教错了字。”李相一听，赶紧查《经典释文》，一番研究，发现是自己读错了。李相惭愧了，倒身下拜，尊小吏为师。这就是另一个版本的“一字之师”。

你看，官居宰相的李绅，如果不是不耻下问，怎么会知道自己读错字了呢？

知行合一

子曰：“古者言之不出，耻躬之不逮也。”（《论语·里仁》）

孔子说，古人不把话说出来，那是怕自己实现不了。说的话不能兑现，古人认为是可耻的事。今人满嘴跑火车，到处拍脑袋，无所谓，因为是不知耻也。言行不一，不是智商的问题，而是人品的问题。

子与人歌而善，必使反之，而后和之。（《论语·述而》）

孔子是K歌高手，听到别人唱歌，哇，好听，那请再唱一遍，而后自己跟着哼。我们读高中时没录音机，港台歌疯狂流行，觉得哪一首好听，于是请会唱的同学教一两遍，我们就跟着哼。

子曰：“诵《诗》三百，授之以政，不达；使于四方，不能专对；虽多，亦奚以为？”（《论语·子张》）

《诗经》很重要，学它干吗？学了可以当官，还能用于外交辞令。你虽然能背很多，但对内不能用于治政，对外不能用于外交，那有什么用呢？

孔子所说的这些，都是知行合一的问题，也告诫我们：知识不能停留在书本上，更重要的是去践行。

陆游的教子诗说得好："古人学问无遗力，少壮工夫老始成。纸上得来终觉浅，绝知此事要躬行。"

不用说理科实验——如果不去动手操作，那终究不是自己的经验——道德修养其实也一样。我们有些老师认为，道德修养，就是德育嘛，那就凭着一张嘴讲。为什么不要学生自己去体验、去践行呢？老师天天讲要爱国，学生从来没有看过祖国的大好河山，他们还是不明白为什么"万里长城永不倒"。只有让他们置身于大好河山中，他们才觉得"江山如此多娇"，炎黄子孙都有责爱护好国家的每一寸土地。这就是知行合一。

所以，对于学习，我们不仅要读万卷书，还要行万里路，交万个益友。

陶行知推行"生活教育"，提出"行是知之始，知是行之成"，注重知行合一，并将自己的名字改为行知。这与孔子的教育、王阳明的教育是一脉相承的。

当然，每个人的禀赋是有区别的。孔子说曾参迟钝、高柴愚鲁。一个人要学有所获、学有所成，除了方法外，还有个人的主观意志——

> 子曰："譬如为山，未成一篑，止，吾止也；譬如平地，虽覆一篑，进，吾往也。"（《论语·子罕》）

孔子说，好比用土堆成一座山，只差一筐土便可成功了，但我不干了，这是我自己要停下来的；又好比在平地上堆一座山，这工程大吧？我才倒一筐土，但我不停止，我要干下去，这是我自己要干下去的。这段话告诉我们：停滞还是前进，成功还是失败，都在于"我"自己！唾手可得的成功摆在我面前，但我不能持之以恒，终究功亏一篑；"雄关漫道真如铁，而今迈步从头越"，那是我横下一条心，勇往直前。

问师

对于一个教师来说，如果你从来没读过《论语》，那是很荒唐的；如果没有完整地读过《论语》，那是很遗憾的。

《论语》是一部教育学的经典之作，孔子言传身教，告诉我们如何做教师。如果要我给教师们推荐一本必读书，我只推荐《论语》。如果再推荐一本呢？还是《论语》。翻开《论语》，我们一起来看看——什么才是真正的好教师，要如何当好一个教师，教育有什么好的方法以及孔子教学生什么。

在这里，我们会看到：学生以及社会如何评价孔子，有温度的孔子，孔子的教育之道，孔子的课堂，孔子的课程。

一、孔子的口碑

一个教师好不好，怎样评价？什么样的评价最真实？

评价一个教师好不好，方法有很多。官方评价——全国优秀教师、模范教师、最美教师、师德标兵等，行业评价——特级教师、高级教师、正高级教师、教授等。官方评价和行业评价是我们最为看重的。哇，你看，他、她被评为全国优秀教师、师德标兵，那肯定是个好教师，厉害得不得了。

孔子一辈子致力于教育，可惜没有被评为全国优秀教师、最美教师、模范教师、特级教师……教到老，也没有评职称。孔子不优秀吗？孔子不是个好教师吗？照现在的情况看来，孔子算不上是个好教师了。荣誉没有一个，职称没有评过。没有被分流去烧锅炉、看大门算是走了运了！

在官方评价、行业评价之外，我们似乎忽视了另外一种最真实的评价——口碑！好老师不管获没获什么奖，一定都会有好的口碑。金杯银杯，不如老百姓的口碑！

教师的口碑在学生那里，在社会那里。其实，教师好不好、优秀不优秀，首先是学生最有发言权；其次是社会舆论，也就是社会口碑。所以，学生说你行，你就真的行；学生说你不行，你是真的不行。特级不特级，由学生说了算！社会舆论代表了民意，也能真实地反映情况。孔子那时，只有学生评价和社会评价。孔子行吗？优秀吗？先看学生如何说他吧。

> 叔孙武叔语大夫于朝曰："子贡贤于仲尼。"子服景伯以告子贡。子贡曰："譬之宫墙，赐之墙也及肩，窥见室家之好。夫子之墙数仞，不得其门而入，不见宗庙之美，百官之富。得其门者或寡矣。夫子之云，不亦宜乎！"（《论语·子张》）
>
> 叔孙武叔毁仲尼。子贡曰："无以为也！仲尼不可毁也。他人之贤者，丘陵也，犹可逾也；仲尼，日月也，无得而逾焉。人虽欲自绝，其何伤于日月乎？多见其不知量也。"（《论语·子张》）

叔孙武叔是何许人？这个人似乎总是跟孔子不对付。但与子贡又好像很熟。

叔孙武叔，鲁国三桓中的实权派之一，叔孙氏第八代宗主，与孔子是同时代的人。这人蛮讨嫌的。讨嫌在于他很喜欢议论大师。你一个人说说或跟和孔子不相干的人说说也就算了，而他却跟孔子的爱徒子贡去议论，还尽说孔子的坏话。子贡是什么反应？随他说说算了？还是反唇相讥？

在鲁哀公时期，叔孙武叔是鲁国的司马，会打仗，很勇敢，他曾经在鲁国跟吴国联盟攻打齐国的时候立了不小的战功。子贡其时就在叔孙武叔家做家臣。

按我们现在的说法，这叔孙武叔可是子贡的老板。老板老板，管钱管饭！县官不如现管！叔孙老板有钱有势，待子贡也不薄。但他就讨厌孔子，这真是莫名其妙了。

世上没有无缘无故的爱，也没有无缘无故的恨。这叔孙老板跟孔子到底有何过节也不得而知。有钱有势的人嘛，可能就不喜欢守规矩，而孔子却又忒讲礼仪。还有，叔孙武叔当大官有权势，在当时也是个风流人物，粉丝也很多。但孔大师的粉丝比他更多。叔孙老总就在心里恼火：你一个穷教书的，凭什么那么多粉丝？凭什么经常摆出一副牛气的样子？叔孙老总成天耿耿于怀的。怎么办呢？公开骂孔大师？写文章发网上攻击他，说他有十个老婆？说他是个假大师，没文化？这不行，谁骂得过孔子，谁写得过孔子？哼，有了，抬高他的学生，以此贬低他，打击他！

这事要是放到现在，可能有人就愿意干。你看，这么个大人物、有钱人，要手下说他的老师不行、没学问，说自己比老师厉害十倍，这在许多人看来，那是可以干的——既讨好了领导，又抬高了自己，一举两得！

可子贡不这样做！子路、颜回等弟子也不会这样，因为他们是孔子教出来的学生，是把做人放在第一位的君子。当然，最主要的，还是孔子这位老师真是位好老师！

看叔孙武叔怎么说，子贡又怎么答。

叔孙武叔在朝堂上和大夫们公开议论孔子。你看，上朝不议政，说人家的闲话，还公开说。说什么呢？重点来了——“子贡比孔子强”。这句话有什么问题吗？没问题。学生比老师强这不正常吗？我们不是说，要培养出让老师崇拜的学生吗？但叔孙武叔是谁？他可不是教育家，更不是老师。他说这话的意思根本不是表扬孔子教书教得好——你看，孔子真会教，培养的学生比自己强。他是要打击孔子！你不是要推行自己的政治理想吗？你不是说我们这些执政者这也不行那也不行吗？你不是有很多粉丝吗？那好，我就说你不行，让大家都不认同你，看你还牛个啥！

叔孙武叔说这话时，子服景伯当时也在场。他就把这话告诉了子贡。

子服景伯又是什么人？

子服景伯，鲁国贵族，姬姓，子服氏，名何，字伯，谥号景，即子服何。子服景伯在鲁国一直掌管祭祀礼仪这些事务。搞这些事肯定和孔子打交道比较多，不懂的就请教孔子。所以，子服景伯成了孔子的铁杆粉丝。《论语》中这位好同志出现了两次。前一次是一位叫公伯寮的人诋毁子路，子服景伯跟孔子说，只要您一句话，我就搞死那个鳖孙。说这话就有点像搞黑社会的了。

孔子宅心仁厚，哪会因为这点小事就搞死一个人，就说：算了吧，算了吧，一切都是命，公伯寮再怎么跳也跳不过命！

子服景伯为什么要把叔孙武叔的话告诉子贡？因为他是孔子的铁杆粉丝。所谓粉丝，就是他脸上的粉，他头上的丝。只能给主人添光加彩，决不能给主人抹黑唱衰。不然就脱粉离丝了。

子贡听了，说："给你们打个比方吧。就拿这围墙说，我家的围墙只有肩膀那么高，谁都可以看到里面的美好。孔子的围墙却有几丈高，你找不到大门而入，看不到那宗庙的壮观，百官的腴美。能够找着大门的还很少。叔孙武叔说这话，不也是理所当然的吗？"

子贡说话就是有水平！一个比方就把道理说得清清楚楚。然后给叔孙武叔一记响亮的耳光。你这么没文化，敢这么评价孔子，自己连门都找不到，真是无知者无畏！

这话里对孔子的赞扬非常之高，把孔子的学问比作宗庙之美、百官之富，高深、壮观、高端、丰富、宽广……

叔孙武叔见这招不奏效，也不拐弯抹角了，直接诋毁孔子。

子贡听了，说："不要这样做！孔子是诋毁不了的。他人的贤能好比小山丘，还可以超越；孔子，就像日月，不可能超越。一个人如果要自绝于日月，对日月有什么伤害呢？足以见得他是多么的自不量力。"

子贡把孔子比作太阳月亮，那是最高的赞誉了。一个人要和太阳月亮作对，那是自己找死，太阳月亮有什么损伤呢？太阳照常升起，月亮照常阴晴圆缺。你说，后羿不是射日了吗？那是神话，你也信？

这是子贡对孔老师的评价！

> 颜渊喟然叹曰："仰之弥高，钻之弥坚，瞻之在前，忽焉在后。夫子循循然善诱人，博我以文，约我以礼，欲罢不能，既竭吾才。既竭吾才，如有所立卓尔。虽欲从之，末由也已。"（《论语·子罕》）

颜渊深深地感叹。喟然，就是长叹的样子。为什么要长叹？就是深有感触，就是非常有触动。颜渊不是只顾读书吗？感叹什么？颜渊没有只顾读书，他很会反思，常有感悟。他感叹说："老师之道，抬头看，越看越觉得高；埋头钻研，越钻研越觉得深。"

你看，颜渊会读书，他就知道低头读一下抬头望一下，抬头望一下又低头读一下。这叫仰望星空，脚踏实地。

"瞻之在前，忽焉在后"，看它似乎在前面，忽然又一下子跑到后面去了。高深的学问真是这样。颜渊是领略了学问的真谛了。

"夫子的学问高深而又不可捉摸，但夫子善于有步骤地引导我们，他用文献来使我们达到广博，以礼来约束我们，使我们想停止学习却不可能。我已经用尽我的才能，似乎能有所建树。但要想再向前迈进，又不知怎么办了。"

颜渊的评价里，孔子学问之高深，无人能及。不仅如此，他还非常善于培养学生——循循善诱！这个词用得多好啊。循循，有顺序，有步骤。孩子你慢慢来，不着急。教育急不得。想一夜吃成个大胖子，一夜成为个艺术家、大明星，那是做梦。教育，是慢的艺术。善诱，善于引导。好的老师不会逼你，而是让你跟随他进入殿堂而后不断探索而有新发现。颜渊的评价里，我们看到孔子不仅是个大学问家，是个"经师"，更是个"人师"。

这就是两个学生代表对孔老师的评价。

> 仪封人请见，曰："君子之至于斯也，吾未尝不得见也。"从者见之。出，曰："二三子，何患于丧乎？天下之无道也久矣，天将以夫子为木铎。"(《论语・八佾》)

封人是个官职。春秋时各诸侯国都设有封人，典守封疆；同时掌管筑城之官亦称封人，大概相当于现在的边防司令吧。

仪是个地名。有人说在今日开封市内，有人说在今西平县仪封村。

这个边防司令对君子圣人很崇拜。所以孔子经过仪地时，他请求接见孔子。孔子周游列国，其身份不过是一教书先生、学者而已，一地军政长官为什么要接见他？仪封人就说："凡称之为君子的人，到了我这里，我没有不和他们相见的。"

我们现在崇拜明星，有的人不管大明星还是小明星，只要听说来了，都没有不花钱去远远地看一看的。有死皮赖脸去接机还被告之切勿靠近的，有正事不干去宾馆守候被保安当贼抓起来的，有冒着滂沱大雨去听演唱会把肾踩坏的……反正是各种“作”！

那时不同，崇拜的是君子，只要是君子来了，都要见一见，都要讨教讨教。见君子得到的是道德的提升，很舒服，很坦然，很有收获。见明星呢？收获了什么，鬼知道！

这仪封人话都说到这份上了。孔子的随行学生也就请求孔子答应会见——人家都这样崇拜君子，这难得啊，这人肯定值得一见。孔子一听，也觉得这人不是玩好奇或沽名钓誉。见吧！

于是，仪地边防长官与普通教师孔子进行了亲切而友好的会谈。至于会谈了什么，没人知道。因为当时就只有孔子和仪封人两个人在场。秘书、记者、服务员，都没有。

从《论语》的这段文字来看，是仪封人跑来见孔子，喊了一声“报告”后，才进去孔子的房间，然后一席长谈。孔子大概说，今天我们就谈到这，我也不留你吃饭了，没啥菜。仪封人就赶紧出来了。

出来了就发了两句深刻的感叹：“你们这些小年轻呀，为什么要担忧没有官位呢？天下无道很久了，天将把孔夫子作为人民的导师啊。”

这意思是，年轻人啊，别看现在你们跟着老师东奔西跑，没捞到个啥工作，但你们要有信心，你要看看你们跟的是谁，你们的老师那不是一般人，上天将要他当人民的导师。人民的导师，那是最高的领导，至少是精神领袖！

一个没有职称，没有评过优秀、模范的普通老师，在别人看来将会成为人民的导师，并且是上天的安排。这该是多高的社会评价！

我们要当什么样的老师？好老师是什么样的？如果你是一个人民教师，试着想想看，学生该会如何评价你呢？社会又将如何评价你呢？群众的眼睛是雪亮的，也是最有说服力的——虽说有些是吃瓜群众！

二、即之也温

好教师的标准有很多，但有温度是必不可少的。

我们经常说，要办有温度的学校，做有温度的教育，成为有温度的教师。《论语》中，孔子言传身教，告诉我们，如何做一个有温度的教师。

> 子夏曰："君子有三变：望之俨然，即之也温，听其言也厉。"（《论语·子张》）

子夏说，君子给人三种不同的感觉：初看他，庄重严肃；靠近他，温和可亲；听他说话，严厉不苟。

子夏说的是君子，有学者说，他说的就是孔子。但更确切地说，他说的就是教师，或者说，作为一个教师，这是必须具备的形象。你看，看上去庄重严肃，靠近他温和可亲，说起话来严厉不苟。这才是一个教师的标配！

我至今不能忘记初中时的一位老师，姓徐，样子很严肃。刚进初中时，看到他真有点害怕。好在他是我邻居的亲戚，心理上有种熟络的感觉。记得那时经常吃夹生饭，有时甚至米还是米，根本没有蒸成饭。学校食堂只提供老师的饭菜，学生只能自带粮食，学校仅给学生蒸一下。饭是生饭，吃不下怎么办？正是长身体的时候，饿得慌。徐老师不是邻居的亲戚吗？邻居的亲戚我也有份。于是，就站在徐老师的办公室门口，不敢作声，更不敢讨一张饭菜票。徐老师看到了，脸上立马露出难得的微笑，很温和地问我有什么事。我赶紧说，饭是生的。他二话没说，给了一摞饭菜票。一摞，不是一张！我很是高兴了一把，似乎中了大奖。每每遇到生饭的时候，就用饭菜票到教工食堂吃上两小钵饭和一小钵菜，那种香甜的滋味，至今还留在心头。之后，有什么问题，只要找徐老师，他总是帮我解决好，让人感觉特别温暖。但他的严肃、严厉，又时刻鞭策着我不敢偷懒，不敢顽皮，更不敢自暴自弃。

教师是严肃的，严厉的，教师又是温暖的。这并不矛盾。有些教育专家总是说，要放下师道尊严，要和孩子打成一片，亲密无间。这哪是教育啊。简直一派胡言。当教师要是这么简单，那让一只羊去当算了。

当然，一个教师必须是温暖的！温暖的教师，和学生的关系，才是融洽的。

子畏于匡，颜渊后。子曰：“吾以女为死矣！”曰：“子在，回何敢死！”（《论语·先进》）

孔子周游列国，到了卫国的匡地，却被匡人围困了。孔子在外也不拿群众一针一线，怎么就被人包围拘禁了呢？原来，鲁国那个阳虎曾带兵伐郑，强行通过匡地，匡人阻止，却遭阳虎杀戮。血海深仇，并没有过去太久。很不幸的是，在匡人的眼里，这孔子跟阳虎长得很像。这回该阳虎笑了，我阳虎真有这么帅吗？所以，匡人不由分说，就把孔子和他的弟子关了起来。要关就关吧，孔子也不可能与他们动武，要动武可真成阳虎了。颜渊之后才赶到。老师、同学都关起来了，你跑来干吗，还不逃走算了？颜渊可不这样，那是要与老师同生共死。

孔子一看颜渊赶场看戏似的来了，就开起了玩笑：“我还以为你死了呢！”这话里带着担忧，带着焦虑，带着一丝抱怨，意思是说：我找你好久没看到你，你死到哪去了？我还以为你挂了，让我担心死了，你这个小憨瓜。颜渊当然知道老师的心思，就回了一句：“您还健在，我哪敢死！”这话的意思有几层：一是说，要死你先死，我不跟你争；二是说，有您在，我死不了；三是说，要死一起死，我陪着。

古人真会说话，一句话，那么多重意思，晕！

你看，师生简单的几句玩笑，可以看出相互之间的关系是融洽的，更可以看出孔子是温暖的。

子之武城，闻弦歌之声。夫子莞尔而笑，曰：“割鸡焉用牛刀？”子游对曰：“昔者偃也闻诸夫子曰：‘君子学道则爱人，小人学道则易使也。’”子曰：“二三子，偃之言是也！前言戏之耳。”（《论语·阳货》）

子游当了官，孔子就去看看，说是看看，其实是考察这学生当官当得怎么样，把地方治理得怎么样。噫，居然弦歌不辍，搞起了礼乐教化。孔子听了不由自主地笑了起来。这笑是开心的笑，是会意的笑。但孔子没有直接表扬子游，而是和他开起了玩笑：“杀鸡焉用牛刀？”意思是大炮打蚊子，大材小用。

这哪跟哪啊，礼乐教化不是你孔子说的吗？现在又笑我，什么鬼！所以，子游县长赶紧反驳说："我之前可是听您说的，'为官的学道则存仁之心，老百姓学道则易受使唤'。"孔子这才说："学生们啦，子游说的对。我是跟他开玩笑的啦！"

开玩笑，开玩笑，老师您真幽默。

> 子见南子，子路不说。夫子矢之曰："予所否者，天厌之！天厌之！"（《论语·雍也》）

南子，卫灵公夫人，大美女。南子的绯闻可不少。但她就是不怕，没有绯闻还不开心。孔子不是大师吗？不是也长得帅吗？不是很有权威吗？这回可好了，我得约你来促膝谈心。孔子肯定不敢去见这名声不好的美女。犹豫呀，彷徨呀，焦虑呀。但明镜本无台，又何会惹尘埃？见见也不是什么坏事，毕竟南子除了绯闻之外，也没什么恶名。于是，孔子就见了南子，至于有没有促膝谈心，谈了些什么，史书都语焉不详。有学者考证说，只是在朝上拜见了一下；有学者研究说，只是隔着帷裳说了一番客套话。南子到底为啥要见孔子？史书上也没说。南子想通过接近孔子提升自己的威望，那是肯定的。这下她可以吹牛说：孔兄和我说呀，女人能顶半边天。以后这三八红旗手、最美女人，我无论如何也得评一评了。

孔子见南子，子路可不高兴了。你不是说，唯女子与小人为难养也吗？你不是说，卫灵公腐化堕落吗？你不是说，吾未见好德如好色者也吗？你咋就跑去和那绯闻女人促膝谈心呢？你是好色吗？你是想拉什么关系吗？你是想抛弃师母吗……一万个为什么，就是那时产生的！

孔子被这鬼扯的学生问得百口难辩，生气了，一把将一支箭折断。古人折箭就起誓，那是发毒誓。孔子折箭发誓说："如果我做了坏事，天会厌恶我，天会厌恶我！"说一遍就够了吧？但孔子重复着"天厌之"。"天厌之"就如同说遭报应。这誓发得够毒的了。要我们说，一个小屁孩学生跟你说，老师你看美女，你不好，你会急着发毒誓吗？你最多会说："你再乱说，老子给你一巴掌。"孔子这是咋的了？因为他太在乎学生对他的看法了。学生如果真的误解了他，那就会让融洽的师生关系恶化。

还好！至于孔子的发誓，信不信由你，反正，子路是信了。

有温度的教师，总是以最大的善心对待学生，他发自内心的爱他的学生，不求回报，无怨无悔。

子曰："有教无类。"(《论语·卫灵公》)

有个成语叫"有教无类"，就是说，教育不能有差别、分等级，不管什么人都可以接受教育。孔子的伟大不是给我们发明了一些成语，而是形成了一些灿烂的思想，并且自己孜孜以求地实践着。

在周朝，教育最先是贵族的特权。就是说，只有贵族才有机会、才有权力受教育。你张三李四王五麻子，是普通人，那就没有机会受教育。还有，有些人有天生的缺陷，也被排除在教育的门外。自从孔子开办了学校，地无分东西南北，人无分老幼贵贱，都可以来接受教育。总之一句话，只要你是个人，就有书读！这是孔子的伟大之处。在我们今天看来是自然之事，但在那个等级森严的社会，人命都不值钱，生存的权利经常被剥夺，谁还会想到教育的权利？只有孔子，他让知识的光芒、文化的光芒普照黎民！

在孔子的感召下，他的学生来自不同的阶层，情况千差万别。

你看，学生中的富贵者——孟懿子、南宫敬叔、子贡等。这些人属于官二代或者富二代，总之是有钱人。

你看，学生中的贫穷者——子夏、颜渊、原宪等。他们穷呀，有的穷得连衣服都破烂不堪。

你看，学生中的聪颖者——颜渊、子贡、宰我等。他们呀，智商高，聪明伶俐。

你看，学生中的愚鲁者——曾参、高柴、樊迟等。他们呀，反应迟钝，有些愚笨。

你看，学生中的帅哥——子张、颜渊等。他们堂堂正正，玉树临风。

你看，学生中的丑貌者——子路、澹台灭明等。他们呀，确实长得怪异或真的丑陋。

但无论是富贵贫穷者，还是聪明愚笨者，或长相好看者还是丑陋者，孔子都尽心教育他们，使这些学生都成为杰出的人才。

所以孔子说："自行束修以上，吾未尝无诲焉。"用大白话说，就是：只要你敢来，我就敢收！

原思为之宰，与之粟九百，辞。子曰："毋，以与尔邻里乡党乎！"（《论语·雍也》）

原思就是原宪，字子思，孔子的弟子，比孔子小 36 岁。这原宪家里苦呀，但他有骨气，有个性，重义轻利。

孔子当大夫后，按当时的规定，家里可以安排家臣，帮孔子料理事务。孔子家需要管家，想去的人都排着队，说不定还有不少人连工资都不要。这是给谁去当管家？孔大师，孔部长！其实，孔子心里早就有了管家的人选。谁呢？贫困家庭的孩子——原宪。据估算，孔子当部长的时候，原宪约十八九岁。十八九岁能当管家？我们看到的管家都是中老年呢！孔子说，贫困学生就要让他们搞勤工俭学，增长实践经验，又解决生计，挺好！学生给老师当管家，照我们现在某些导师的做法，哪有钱给?！今天要学生陪着买衣服，明天要学生查资料，后天要学生帮着接孩子，还要买菜、送餐、洗内衣……这哪是管家，这分明就是保姆！

那时的家臣就是主人的代表，还要帮主人参政议政，带有事业单位工作人员性质的味道。所以，原宪肯定不会给孔子带孩子、洗衣服、买菜、拖地。孔子给的待遇也很高，九百粟。粟是小米。九百是九百斗。春秋时期，朝廷通常拿粮食给官员发俸禄，以斗为单位，实行年薪制。粮食好呀，在生产力不发达的春秋时代，粮食比金子还贵呀，有粮食就可以活命。现在的孩子不理解，说：要这么多粮食干吗？我们就不吃粮食，天天吃肯德基，吃烧烤。那时有肯德基吗？就算有，也没人吃，因为那时的人讲养生。孔子当时的年薪最高为俸粟六万。一斗相当于现在的 6.25 公斤。那么，原思的年薪为 5625 公斤，平均到每一天约 15.5 公斤。

我们一人一天顶多也就一公斤粮食。孔子给原思的待遇够好了。那是照顾这个贫困的孩子。原思一看，哇，这么多粮食！吃不完呀。吃不完养猪嘛！你想得美！那时的猪是用小米养的吗？小米大米那是给人吃的，好多人还吃不饱呢，哪有养猪？那拿什么养猪？野草。所以，那时的猪肉特别好吃，特别有营养，因为那是吃中草药长大的——说不定还经常吃人参！

原宪肯定不会想拿小米养猪的。他知道，这是老师给他的特别照顾。他能要那么多吗？不能，于是推辞。这时，孔子应该怎么说？按我们现在的逻辑，给学生比较多的报酬，学生说不要那么多。那不要就不要吧，反正我已经尽了我的心意，要不要是你的事。但孔子是教育家，是最杰出的老师，他不会这么随随便便，而是说："别推辞！有多的，资助你的乡邻吧！"孔子的建议多好啊——我不是一天到晚讲行仁吗？你们不是说没机会行仁吗？这就是行仁的好机会。你看，原宪到孔子家当管家，自己一家的生计解决了，又实践了参政议政，还能行仁，一举多得，意义重大！

季康子问："仲由可使从政也与？"子曰："由也果，于从政乎何有？"曰："赐也可使从政也与？"曰："赐也达，于从政乎何有？"曰："求也可使从政也与？"曰："求也艺，于从政乎何有？"(《论语·雍也》)

孔子对学生的关爱还体现在他竭力推荐他的学生。

孔子的学生就业率如何？我们不知道。那时也没有像现在要统计就业率。总之孔门弟子的就业率肯定是不错的。孔子招生的时候没有承诺包就业，月薪不少于1万。那时也没人要你包就业。家长认为，书读好了自然找得到工作，找不到工作，那是自己的娃没有认真读书，或者太笨。你看，那时的家长素质挺高的，多怪自己，少怪他人！

季康子是鲁哀公时的权臣、执政上卿，他要谁当官谁就能当官。但他确实是想招揽人才。人才的哪里？在孔子那，大量的高才生。那也得从他们的老师那先摸个底。所以他就到孔子这来摸底了：

"仲由(子路)能从政吗？"

孔子说："仲由那么果敢，从政有什么难？"

"端木赐(子贡)也能从政吗？"

孔子说："端木赐那么通达，从政有什么难？"

"冉求也能从政吗？"

孔子说："冉求那么多才多艺，从政有什么难？"

对话简洁，但不简单。你看，孔子都抓住了每个人的特点，然后以强烈的反问回答季康子，用大白话说就是：难个鬼，这还要问，眼睛上栽瓜了吧！

> 颜渊死。子曰："噫！天丧予！天丧予！"（《论语·先进》）
>
> 颜渊死，子哭之恸。从者曰："子恸矣！"曰："有恸乎？非夫人之为恸而谁为？"（《论语·先进》）

人生不如意，十之八九。许多事，许多人，如风，如雨，如烟，如雾，"来如春梦不多时，去似朝云无觅处"。所谓的悲剧，就是美好的东西倏忽而逝，而我却只能眼睁睁地看着它，渐行渐远，无力回天，痛彻心扉！

品学兼优、一心向仁的学生颜回于陋巷中悄然离世，身无长物，唯有一碗，一饭，一瓢饮。这，怎不叫人心酸落泪呢？而作为师长的孔子，目送朝夕相处的学生离去，再也难禁悲痛，于是情感决堤，号啕大哭：天啊，你这是要我的命啊，你这是要我的命啊！这是何等的伤悲！

别人看到孔子这样伤悲，说，夫子这是心痛啊。孔子说，心痛吗？我要不为我的学生心痛，我还为谁心痛！

这种痛，从大的方面来说，是悲天悯人；从小的方面来讲，是源于对学生深沉的爱！

孔子的温度，在泪水里，在号啕中！

> 伯牛有疾，子问之，自牖执其手，曰："亡之，命矣夫！斯人也而有斯疾也！斯人也而有斯疾也！"（《论语·雍也》）

冉伯牛生病了，作为老师肯定要去探望。冉伯牛得的是什么病？有人说是癞疮，癞疮不就是癣吗？皮肤病而已，有什么大事？但这个病容易传染，我们现在看起来是小事，但凭那时的医疗水平就是治不好，是绝症。孔子从窗户口握着冉伯牛的手，哽咽着哀号："活不成了，这是命啊！这样的人竟有这样的疾病！这样的人竟有这样的疾病！"孔子为什么从窗户口握冉伯牛的手而不进去病房里呢？一是按礼仪，学生生病，老师探望，是不能进病房的；二是冉伯牛生的是传染病，怕有传染。但孔子不进病房，依然握着他的手，一种怜爱，一种亲情，油然而现。而孔子的话，更是充满了伤感和痛惜！

> 子曰："由之瑟奚为于丘之门？"门人不敬子路。子曰："由也升堂矣，未入于室也。"（《论语·先进》）

有温度的教师会关注学生的心灵，会保护、温暖学生的心灵。

子路是个有点怪异的学生。有一天，他忽然跑到孔子的门口弹琴。你说你要干吗呢？琴弹得好吗？李逵绣花，子路弹琴，肯定只有那么好。

孔子看了，就这么一说：这家伙怎么在我的家门口弹琴？

这话问说得也合情合理，你说一个五大三粗的男人一大早坐你家门口弹曲儿《四面埋伏》，你不莫名惊诧？但孔子这么一说，其他学生听了就觉得孔子在奚落子路：琴弹得这么差，还跑到我家门口丢人现眼！于是，都不尊重子路了。要知道，子路可是大师兄，会武功，又侠肝义胆，那是需要给他尊重的。

孔子知道了，觉得这话没说好，引起了误会，怕子路心灵受伤，于是又说："子路同学的学问已经不错了，只是还不够精深罢了。"孔子说不错，那是相当的好了！子路高兴，同学们也不再"不敬"了！

《声律启蒙》中有这样两句话："爱见人长，共服宣尼休假盖；恐彰己吝，谁知阮裕竟焚车。"讲的是孔子出门正好碰上下雨，学生就跟孔子说，子夏的家就在附近，去他家借把伞吧。但孔子不愿意，他说呀，"子夏家里不富裕，我要是去借伞，他因贫惜物，这样就彰显他的短处了。我们要让别人显示长处而不要显示他的短处"。晋代的阮裕当大官，有钱，人也很豪爽。他有一辆豪车，只要别人需要都会借给他。但有一次，有个人的母亲去世要送葬，想借他的车子，但那个人怕阮裕不借就没有开口。阮裕知道后，就把车子烧了。阮裕的理由是：豪车的存在彰显了他人性中的吝啬，那就烧掉。

孔子要保护学生脆弱的心灵，阮裕要去掉人性中的吝啬，都是一种大爱！

一个有温度的教师一定懂得尊重学生。

尊重本身就是一种教育。尊重每一个生命应该成为教育的使命。

在孔子的身上，我们看到的，更多的是一个长者对少者的谆谆教诲，一个老师对学生的人格尊重。

子所雅言，《诗》、《书》、执礼，皆雅言也。（《论语·述而》）

孔子也讲普通话，讲读《诗》《书》、主持礼仪，都用普通话。

春秋时期，诸侯林立。地方大，方言就多。那大家要交流怎么办？讲雅言——当时的普通话。孔子是鲁国人，讲的肯定是鲁国的方言，但孔子的学生可以说来自五湖四海，有本国，也有吴国的、楚国的、齐国的，还有来自少数民族地区的。孔子在授课、主持礼仪的时候，那他是讲雅言的。

讲雅言不仅是为了沟通交流的方便，也是对听众的一种尊重。你说，如果一个老师用方言讲课，台下的学生都听不懂，他不管，讲完走人了事，这是尊重学生吗？

互乡难与言，童子见，门人惑。子曰："与其进也，不与其退也，唯何甚？人洁己以进，与其洁也，不保其往也。"（《论语·述而》）

互乡这个地方的人很不好说话——估计是比较野蛮，喜欢动武。因此，互乡在当时比较出名，大家都不待见那里的人——明显带有地域歧视。那里有一个小屁孩，想见孔子。小屁孩想见大师，要在当下，这些所谓的大师绝对不会见——除非小屁孩家非富即贵。但孔子很爽快答应了。这是真大师！

同学们就疑惑了：这野蛮地方的野蛮小屁孩，居然也得到了老师的接见，老师，你也太好说话了吧？孔子就说："我们要赞许他进步，不赞许他退步，何必做得太过呢？人家洁身正己以求进步，我们就应该赞许他，而不应该盯着他的过去。"

不管是什么人，只要要求进步的，孔子都给予鼓励、赞许和帮助。不管那个互乡的小屁孩后来有没有成为大才，但可以想象，那天他是多么的开心。在他的人生道路上，他一定会以孔子为引路人，不忘孔子的教诲。相反，如果像我们今天那些所谓的大师那样，别人想见你，你却从不搭理或冷嘲热讽，试想，那个互乡的小孩会是什么样的失望？所以说，你一生中遇见什么样的人，真的很重要！

有人说，好教师是学生的贵人。希望每个教师都成为学生生命中的那个贵人。贵人贵在哪里？贵在有温度，贵在有道德，贵在懂尊重，贵在有大爱，还贵在有智慧！

三、育人有道

教育是要讲方法的。

教师自我修身，是一种无须明言的育人之道。

> 子曰："默而识之，学而不厌，诲人不倦，何有于我哉？"（《论语·述而》）

> 子曰："德之不修，学之不讲，闻义不能徙，不善不能改，是吾忧也。"（《论语·述而》）

修身与学习，孔子从不懈怠。

一个爱学习的教师必定能带出一批爱学习的学生；一个自律的教师也一定会浸润出一批自律的学生。

孔子成天在反思、在忧虑。他反思什么？忧虑什么？

他反思："把知识默默地记在心里，努力学习不厌倦，教导别人不倦怠，这些事情我都做到了吗？"

我们成天忧虑吃呀穿呀房子呀，孔子忧虑："道德不加修养，学问不钻研讲习。听到了义，不能去跟从。有了不善的，不加以改正。"这就是孔子的忧虑呀。

> 子绝四：毋意，毋必，毋固，毋我。（《论语·子罕》）

你是教师，不能自以为是，什么都是自己对。对也是对，不对也是对。这是老顽固、自恋狂，不是教师。读高中那时，有个语文老师给我们分析试卷，我们做的是模一的试卷，他却用模二的答案来讲，牛头不对马嘴，很明显的错误。他却坚持己见，放狠话把我们的反对声压制下来，然后硬是把答案讲完了。当然，这只是极端的例子。一般来说，教师不可能糊涂到这个地步。但有四种毛病，或许在很多教师身上不同程度地存在。

“意”：臆测，凭空想象；“必”：绝对肯定；“固”：固执己见；“我”：自以为是。

看看，能够说你就没有这四种毛病吗？

孔子可能也有，但他时刻提醒自己，要“绝四”。“毋”是不要的意思。所以，不要凭空臆测，不要绝对肯定，不要固执己见，不要自以为是！

讲究趣味性，注重激发兴趣，也是一种教育方法。

教师无趣，成天板着面孔或照本宣科，学生也就不会喜欢。学生不亲近老师，不喜欢老师，又怎么会相信他的学问呢？这就是亲其师、信其道。

有人说，孔子太刻板，成天念叨着礼呀仁呀、君子呀小人呀。孔子很无趣吗？你想，一个很无趣的老师怎么可能会有那么多学生跟着他？而且是如影随形。如果你是教师，你看看自己身边有多少学生跟随你？

孔子很生活化，很有趣味。

> 子曰：“二三子以我为隐乎？吾无隐乎尔！吾无行而不与二三子者，是丘也。”（《论语·述而》）

有些学生可能想着速成，读了一两年，似乎没学到很多现实的东西，去求职当官没人要。于是，学生们可能就议论，“谁谁谁学种菜栽花的都只学了三个月就会了，谁谁谁学阉猪只学了三天，谁谁谁学功夫也就半年可以打倒一个人，我们学了一两年，似乎没学到什么，这夫子肯定隐瞒了不教我们”。你说这六艺六经，你学一辈子也不得见就看得出来，这是学做人！孔子听到了，急了，赶紧说，“同学们呀同学们，你们以为我对你们有所隐瞒吗？我对你们没有隐瞒啦！我没有一点不教给你们的，这就是我孔丘。”

真正的大师是充满人情味、幽默感的，很有人间烟火和生活趣味，绝不是成天板着面孔、苦大仇深地装高冷。

孔子都这样说了，学生更加信任他。

> 达巷党人曰：“大哉孔子！博学而无所成名。”子闻之，谓门弟子曰：“吾何执？执御乎，执射乎？吾执御矣。”（《论语·子罕》）

达巷党人是谁？有的说是达巷这个地方的人，有的说指 7 岁而为孔子师的项橐。反正不管是谁，总之这达巷党人说话就是牛，牛到评论孔子说：“你看那孔子啊，厉害，博学，就是没有什么专长足以让他成名的。”

你这到底是赞扬孔子还是贬低孔子嘛？孔子听了，心里好气又好笑，要解释吗？又不知道怎么解释才好。总不能说我有专长呀，我某项专长很有名呀。那不是王婆卖瓜吗？于是没头没脑地说了几句：“我干什么呢？我赶马车？我射箭？我还是赶马车好。”调侃，典型的自我调侃。你们达巷党人看不到本质，以偏概全，舍本逐末，那我就随了你们吧，我赶车赶得还不错，我赶车算了！

此时，估计随行的同学已经笑成一片！

孔子教书很特别，用的是吟唱法，很有趣味。你看——

> 子曰：“吾自卫反鲁，然后乐正，雅颂各得其所。”（《论语·子罕》）

孔子周游列国，在外漂流十多年。季康子出于国家利益考虑，把孔子从卫国接回了鲁国。孔子回国后，把自己的精力都放在了“乐正”上。什么是“乐正”？就是整理、校正诗乐。让《诗经》中的雅、颂各回到适当的位置。

我们都说古诗文难学，不仅难懂，还拗口。学生学着学着就觉得古代经典面目可憎，毫无趣味。原因在于老师的教学方法出了问题。古人教这些经典，用的是吟诵的法子。

鲁迅在《从百草园到三味书屋》中记叙他小时候的老师寿镜吾先生教他们读书的情景，先生用的就是吟诵的方法：

> 先生自己也念书。后来，我们的声音便低下去，静下去了，只有他还大声朗读着：“铁如意，指挥倜傥，一座皆惊呢～～～；金叵罗，颠倒淋漓噫～～～，千杯未醉嗬～～～……”我疑心这是极好的文章，因为读到这里，他总是微笑起来，而且将头仰起，摇着，向后面拗过去，拗过去。

同学们都觉得挺有味道，成年以后的鲁迅回忆起来更是那么难忘。

《史记·孔子世家》中道：“三百篇，孔子皆弦歌之。”孔子以吟唱的方法教学生，这样的课堂谁不喜欢？孔子还喜欢唱歌、弹琴，他的课堂可谓弦歌不绝，这样的课堂真是一种享受。只可惜，斯人已逝，斯风不存！我们的古诗文教学一味地要学生读、背、记，真是索然无味了！

子曰："不愤不启，不悱不发，举一隅不以三隅反，则不复也。"（《论语·述而》）

启发式教学也是一种有效的教学方法。

孔子很好地运用这种方法来实践教育教学。孔子说："教导学生，不到他想得愤懑的时候，不去开导他；不到他想说出来却又说不出来的时候，不去启发他。教给他的知识，他不能举一反三，便不再教了。"

我们经常会碰到"愤"和"悱"的时候。你想一个问题，想了很久很久，想不出，你到了要捶自己脑袋的痛苦程度。这就是"愤"！你有了一些线索，但非常不成熟，想说也说不出来。这就是"悱"！

这时候，如果老师启发你，点拨你，你会有一种拨开乌云见青天的感觉。

子曰："予欲无言。"子贡曰："子如不言，则小子何述焉？"子曰："天何言哉？四时行焉，百物生焉，天何言哉？"（《论语·阳货》）

春秋的某一天，阴，空气良，北风三级。孔子坐在院里，望着乌云密布的天空，沉默良久，说了一句话——不是"天高任鸟飞"，而是"我不想说话了"。

谁惹孔子不高兴了？和老婆吵架了？老年痴呆症前兆？真有点莫名其妙了！

你不是"述而不作"吗？现在不述也不作了，这是得了哪门子邪？子贡正想着是不是去请个巫医来。

之前，孔子说得确实有点多，怪不得有个叫微生亩的人都这样说孔子："你咋就这样整天忙忙碌碌呢？你是要逞你的口才吗？"微生亩是个隐士，跟微生物差不多，都是神龙见首不见尾！隐士不是看破红尘不理世事吗？连这样的人都说孔子逞口才，那孔子老人家可真说得有点多。但孔子说了那么多，社会有多少改变呢？有多少人会听他的呢？春秋战国时期，靠嘴巴子吃饭的人形成了一个群体，有的成就了富贵，有的也非常落魄。孔子想传播的学问很难被上层人物真正采用，所以有一种无奈之感。

老师不说话，学生就为难了。那个时候，大概孔子也不备课，也不搞个

PPT什么的，就带一张嘴，或坐或站，讲一讲，聊一聊，乐一乐，下课了。上了课得有个什么记录吧？那就是学生把重要的记下来。记下来干吗？以备检查或送去评选优秀教案？否也。记下来为了给后学者学习，也因此有了《论语》。这回是子贡在记录。老师都不说话了，我记什么记？所以子贡就说："您如果不说话，那我们怎么记述呢？"

这时，孔子说了几句非常有哲理的话："天说了什么吗？四季照常运行，百物照常生长，天说了什么吗？"所以，教师也好，家长也好，你讲太多，没有用。有时候，不讲反而一样甚至更好。人总有一种内在的生长力，作为教师和家长，需要做的是：浇水，施肥。

你看，孔子就这样启发学生去悟，去思，去想。

> 子路问："闻斯行诸？"子曰："有父兄在，如之何其闻斯行之？"冉有问："闻斯行诸？"子曰："闻斯行之。"公西华曰："由也问：'闻斯行诸？'子曰：'有父兄在。'求也问：'闻斯行诸？'子曰：'闻斯行之。'赤也惑，敢问。"子曰："求也退，故进之；由也兼人，故退之。"（《论语·先进》）

孔子又给我们创造了一个成语——闻斯行诸。什么是闻斯行诸？就是听到了就要付诸行动。有的人执行力很强，我们说他"闻斯行诸"！

孔子不是强调要实践吗？

子路和冉有就问：是不是听到了就要付诸行动？

如果放到现在，有几个学生问你，你会怎么回答？我估计老师给的就是一个答案——"可以的，可以的"，或者"想想再做吧"。

孔子给子路的回答是："你有父亲兄弟健在，怎么能听到就付诸行动呢？"用大白话说，就是：有老爸老哥在，你行什么行！

孔子给冉有的回答却是："听到就付诸行动。"

一个说不行，一个说行。总得有个标准答案吧？难道真是说你行你就行，说你不行你就不行？公西华听了之后非常的纳闷了，就问孔子：老师你这是忽悠人吧？一个问题两个答案！

孔子就解释说:“子路这个人胆量过人,很勇敢,所以要让他慢下来;而冉有呢,平日做事退缩,所以要激励他。”

子路勇于践行,并且有些激进。你看——

> 子路有闻,未之能行,唯恐有闻。(《论语·公冶长》)
>
> 子曰:“道不行,乘桴浮于海。从我者,其由与?”子路闻之喜。子曰:“由也好勇过我,无所取材。”(《论语·公冶长》)

子路有所闻,没有能践行,只怕又有所闻。这句话把子路这种要求上进甚至有点急于求成的状态,淋漓尽致地展现出来了。

孔子说:“我的主张行不通,我就坐着小船到海外去了。跟随我的人,只怕只有仲由吧?”子路听了很高兴。孔子又说:“仲由呀,你的勇气大大超过了我,这就没有什么可取的。”孔子你这是干吗呀?分明在戏弄子路同学嘛,一下说带子路出国游,一下又说子路就只有勇气。

所以,针对不同的人要有不同的教育方法,这就是因材施教。

> 子曰:“中人以上,可以语上也;中人以下,不可以语上也。”(《论语·雍也》)
>
> 子曰:“唯上知与下愚不移。”(《论语·阳货》)

孔子说,中等水平以上的人,你可以和他讲高深的学问;中等水平以下的人,是不能和他讲高深学问的。

这个是很有道理的。

教育需要循序渐进,不能不考虑教育对象的具体情况。

孔子还说:“只有上等的智慧和下等的愚笨是不可改变的。”

教育需要承认一个事实:人的智商、悟性是有差别的。有天生的神童,有天生的智力低下者。有人天生对某些方面有很好的悟性,有人无论怎么努力也悟不好。

神童教得出来吗?教不出来的。

唐代有个叫李泌的诗人、政治家,他幼承家学,早慧非凡,被人们称为神童。唐玄宗喜欢神童,听闻了李泌的传闻,就派人秘密地把六岁的李泌抱进了宫。李泌的家人看到一伙不明身份的人进来抢孩子，当时被吓蒙了，以为是人贩子。后来得知是皇上要李泌去玩。当时，唐玄宗正在与宰相张说观看下棋，就以“方圆动静”为题要小家伙赋诗。神童到底是神童，还挺懂礼貌，谦让着要张大人先吟。张说吟诗：方如棋局，圆若棋子，动若棋生，静若棋死。李泌随即答道：方若行义，圆若用智，动若骋材，静如遂意。张说是宰相，也是大诗人。说实话，就这几句诗而言，六岁的李泌写出的诗比他的要好很多。

有的孩子其他方面都好，就是成绩不好。你说他不努力吗？他够努力。你说他不听话，他非常听话，上课也特别用心——像孔子说颜回那样“吾与回言终日，不违”。可就考试考不好。这样的孩子你再压制他去赶成绩，那是非常残忍的。所以，为什么我们提倡特长教育，就是像这种孩子，得发掘他的特长和兴趣。他文化成绩不好，可能音乐好，可能画画好，可能体育好——总有一款是属于他的！

所以有人说，没有教不好的学生，只有不会教的老师。我们不能把“教不好”片面地理解为文化成绩不好。如果这样理解，这句话就和“人有多大胆，地有多大产”有得一比了。

> 子谓仲弓曰：“犁牛之子骍且角，虽欲勿用，山川其舍诸？”（《论语·雍也》）
>
> 子曰：“雍也可使南面。”（《论语·雍也》）

适当给学生鼓励，也是一种好的教育方法。

孔子总是在恰当的时候给学生恰当的鼓励。你看，当冉雍（字仲弓）这个贫寒子弟信心不足时，孔子给予他非常高的评价。

“犁牛之子骍且角。”古代祭祀不能用耕牛的，祭祀的牛非常贵重。但那耕牛生下的小牛却很不错——而人们在祭祀的时候不用。这没有关系，天生我材必有用，山川之神不会舍弃它。这是暗暗地告诉冉雍，你是人才，一定会得到重用的，不用担心你的出身贫贱，不用担心你现在没有受重用。

“雍也可使南面。”这句话就更是大赞的话了。我们知道，古代面南只有天子、诸侯。他们的宝座要坐北朝南。这是在说，冉雍有天子、诸侯之才！夫子啊夫子，你这话让贫寒子弟冉雍不知道有多高兴。我们常常听算命先生说，你是大富大贵的命，你至少也会当个厅长。虽然人生都快到知天命的年龄了还是一个普通职员，虽然基本上是不信的，但心里还是高兴，走的步子明显大了，走着走着就成八字步了，已然觉得自己就是大富豪、大领导。孔子在冉雍他们这班学生心中，那是圣人，他的话，一定不假！

> 宰予昼寝。子曰："朽木不可雕也，粪土之墙不可杇也，于予与何诛？"子曰："始吾于人也，听其言而信其行；今吾于人也，听其言而观其行。于予与改是。"（《论语·公冶长》）

现在的教育乱象怪事真不少。教师持有的批评惩戒权现在要通过教育部发文件规定了。这不是理所当然的事吗？就像医生有权力给病人打针开药一样。还有，专家说，孩子是夸大的。老师要赏识孩子，不停地赏识！这类专家似乎应该去当狱管，相信在他的夸奖、赏识下，坏人全部变成好人，刑法也就可以废除了！

批评惩戒是一种必不可少的教育方法。

孔子骂人吗？肯定骂，并且骂起人来，相当厉害！

宰我——名字也确实取得不好，好像说，来呀来呀，宰我呀宰我呀！其实，宰我是个不错的学生。但这家伙话挺多的，也不太守纪律。你看，大白天睡觉，正做着吃鸡腿娶媳妇的美梦呢。孔子看到了，这还得了！居然在我的课堂上睡大觉！开骂了："腐烂的木头不能雕刻，粪土筑的墙粉刷也是白搭；对于宰我，我不想责备你了。"用大白话，说是：你这个没用的朽木，你这个扶不上墙的烂泥，我说都不想说你了。朽木、烂泥，宰我你还有救吗？这是何等的严厉！放到我们现在，那是人身攻击，那是语言暴力。那个谁谁谁，你还不去教育局告状？不去找老师的麻烦？宰我睡个觉妨碍了谁？他睡觉就是不想妨碍谁，你还这样人身攻击、语言暴力，你等着，我要你丢饭碗！还好，宰我的老爸老妈，没到鲁国政府那告状，没有在网上攻击孔子，也没有去学校找孔子的麻烦。他们有文化有修养，他们知道，这是老师的权力，这是教育的方法，家长无权干涉！

孔子又说:“最初呀,我对别人,是听其言信其行的;今天,我对别人,听其言,还要观其行。这是从宰我这里开始改变的。”用大白话来讲:你个骗子,让我改变了对人的看法!

有人可能认为,宰我这位同学,可能有点不太讨夫子喜欢,夫子就批评得多、批评得厉害。孔子可喜欢子贡、子路、冉有了,但一样的,这些同学也少不了挨批评!

子贡方人。子曰:“赐也贤乎哉?夫我则不暇。”(《论语·宪问》)

子路使子羔为费宰。子曰:“贼夫人之子。”子路曰:“有民人焉,有社稷焉,何必读书然后为学?”子曰:“是故恶夫佞者。”(《论语·先进》)

季氏富于周公,而求也为之聚敛而附益之。子曰:“非吾徒也,小子鸣鼓而攻之可也。”(《论语·先进》)

子贡喜欢议论人,孔子就说:“子贡你很贤良吗?要我就没这个闲工夫。”这话,就像一记耳光,打在了子贡的脸上!

子路当了官,手里有权了,可不得要照顾一下同学吗?于是,给子羔同学安排了一个工作——派他到费县当县长。子羔年轻,书也读得不多,人又憨厚。搞政治不是要有狐狸般的狡猾、狮子般的凶猛吗?那子羔肯定不合适呀。所以,孔子骂子路:“你这不是害人家子弟吗?”子路据理力争说:“那地方有老百姓,有土地和五谷,何必一定要读书才叫做学问呢?”子路的意思是,让子羔同学在实践中成长。孔子来火了:“所以,我讨厌强词夺理的人!”意思是说:赶紧给我闭嘴吧!

冉求后来做了季氏的家臣。做家臣不容易,家臣不是管家吗?不就与主人一家吗?一家人不说两家话。所以,你想反对主人,不跟他一条心,肯定做不长久。季氏有钱吗?肯定有呀,他家的钱比国库还多。但季氏不满足——那个什么马云马腾云,啊,是马化腾,不是都比我有钱得多吗?还有,全球富豪排行榜咋没有我?所以,得认真地、拼命地搞钱。冉求就帮着季氏弄钱,无非是搞项目呀,包工程呀,加税呀,捣鼓古董呀。孔子看到后就发怒了,说:这不是我的徒弟，你们可以敲着鼓去打他！为何要敲着鼓去？古人打仗要击鼓，叫一鼓作气！打个徒弟还要击鼓？这孔子是多么的不解恨啊！幸好没人去揍冉求，不然肯定是一阵胖揍，冉求真成了球了！

四、何以为教

拿什么教给学生？

不得不说，我们今天的教育框得太死，越来越像工厂的流水线，越来越没有主动性，越来越缺乏创意，越来越功利化。这种教育在模式化、程序化、简便化的操作过程中，让教育逐渐会失去丰富性，让师生慢慢沦为收纳知识、应付考试的工具。

孔子那时没有教育部，没有统一的教材，没有教参。怎么教，教什么，都由老师自己说了算。

孔子的课堂是什么样子的？像我们今天小学生的课堂那样吗——五十个孩子排排坐；一二三坐端正，三二一请安静；上课要起立，发言要举手？

> 子路、曾皙、冉有、公西华侍坐。子曰："以吾一日长乎尔，毋吾以也。居则曰：'不吾知也！'如或知尔，则何以哉？"（《论语·先进》）

你看，子路、曾皙、冉有、公西华侍坐。《论语》中经常提到"侍坐"。侍坐是什么？侍坐就是闲坐，一种非常随意、自在、舒适的状态，便于大家平等交流。学生们来孔子家里了，给老师沏好铁观音，摆好点心，大家围着孔子而坐。这是什么样的课？你可以认为是我们的思品课，也可以认为是我们的班会课，还可以认为是我们的口语交际课……总之，什么课都可以。

大家坐好了，有点小紧张，不敢发言。孔子就启发他们："不要因为我年纪比你们大一点，你们就不敢讲了。你们平时不是说'没有人了解我'吗？如果有人了解你们，那你们打算怎么做呢？"这话题简单吗？要你说说自己的理想，自己的困惑，自己的性格，自己的兴趣。这么开放性的话题，闷葫芦也会打开话匣子。

孔子授课没有固定的模式，随时可以上课，随地可以学习，每个学生都是课堂的主体。课上绝不是孔子一个人唱独角戏，口若悬河、滔滔不绝，而是师生充分交流、相互探讨；而是教学相长，自由活泼，生机盎然。

今天的教育总是推出这个课堂模式、那个课堂范式。这个学校搞有效课堂，那个学校说，他们都搞有效了，我们要超越他们，那就搞高效课堂。高效课堂之后，又搞出了翻转课堂、空中课堂。你搞 123 课堂，我来个 1234 课堂；你搞 136 课堂，我来个 258 课堂——估计是麻将打多了，258 做将，好和牌！标新立异，其实背后都是急功近利！

那么多课堂模式，都是规定你什么流程、什么步骤，甚至哪个环节多少时间都规定到了秒，不可超越。你说，这样的课堂还要老师来上干吗？买个机器人上得了。

课堂除了知识的传授，更是师生情感的交流，心灵的沟通。世界观、价值、人生观，更多的要靠这种“侍坐”式的平等交流、濡染式的浸润，才可以达成。

> 子以四教：文，行，忠，信。（《论语·述而》）

孔子具体教学生什么？

文，行，忠，信。

文是文献，即新“六艺”——《诗》《书》《易》《礼》《乐》《春秋》，是六种经典，所以也叫“六经”。教经典并不完全是传播知识，文以载道，以经典养君子之品格。

行是品行，就是教学生做人，养成良好的道德品质和行为习惯。

忠，尽己之责，忠人之事。

信，诚实守信。

你看，孔子的四教，重点在做人。

> 兴于《诗》，立于礼，成于乐。（《论语·泰伯》）

孔子特别重视诗教。

他觉得一个人的成长离不开诗，离不开礼，离不开乐。那时的诗，指的是

《诗经》，也称《诗三百》。孔子认为，一个真正的人，必须是有丰富而纯正的情感的。没有情感，麻木而冰冷，这是冷血杀手，令人感到可怕。别看“丰富而纯正的情感”这几个字那么简单，但相对人，尤其是相对于君子来说，是非常重要的。君子爱人，没有情感，能爱人吗？君子既爱人，也会憎人，没有情感，他能做得到吗？孔子厌恶的“乡愿”，就是什么都说好，从不得罪人，这种人其实没有情感的，他的血是冷的！

> 子曰：“《诗》三百，一言以蔽之，曰‘思无邪’。”（《论语·为政》）
>
> 子曰：“《关雎》，乐而不淫，哀而不伤。”（《论语·八佾》）

《诗经》流露出的情感很纯正，很中正。它很多写爱情、写婚姻，但恰到好处，不过也没有不及。后人用“温柔敦厚”四个字来形容。这样的诗适合教化人心。诗风温柔敦厚，人心也自然会温柔敦厚。

礼，是立足于社会的根本。乐，是你心性成熟的标志。一个人能听懂音乐，建立情感互通，说明你心性成熟了。当然，这个乐，不是我们现在的摇滚、RAP，不是流行音乐。

《论语》中提得最多的是《诗经》，也是孔子最为强调、与学生讨论得最多的一类经典。

《诗经》有这么重要吗？孔子为什么这么重视它呢？

> 陈亢问于伯鱼曰：“子亦有异闻乎？”对曰：“未也。尝独立，鲤趋而过庭。曰：‘学《诗》乎？’对曰：‘未也。’‘不学《诗》，无以言。’鲤退而学《诗》。”（《论语·季氏》）

这是《论语》中记载的一个场景。

陈亢，字子禽，齐国大夫，应该不是孔子的弟子，但他对孔子比较尊敬，多次向人探求孔子的为人为学之道。伯鱼，孔子的儿子，又叫孔鲤。

孔子是校长，又是那么有名的老师，别人就想，这校长、名师是如何教自己的儿子的呢？会不会有一套不同的教育方法？这也许就是“课上不讲课后讲”最早的说法。

这陈亢就想向孔鲤打听：“您在老师那也听不到同的教诲么？”陈亢很鬼，

他不直接问孔子，而是问孔鲤，这样可以得到最真实的内幕。孔鲤就跟陈亢讲，我老爸曾经一个人站在那里发呆，我快步走过中庭，这个时候，我老爸突然发话了，说你学《诗》没有，我说没有。他说，不学《诗》，你不会说话。本来，孔鲤可能要出去和小伙伴斗蛐蛐、掏鸟蛋什么的。但孔子这个家长和大多数家长一样，浑身都长了眼睛。孔鲤无论走路有多轻，还是被孔子喝住：给老子乖乖地学《诗》去。

"不学《诗》，无以言"？我们今天有几个学了诗的，谁还不会说话吗？倒是学了诗的，说起话酸溜溜、神经兮兮的。

我说了此诗非彼《诗》。《诗经》的诗喻含了深刻的道理，表面上是写物，其实隐喻了人生。而古人所认为的会说话，不是说大白话，而是话中有话，是"话中有真意，无须去争辩"！说得太直太通俗，那就是街谈俚语，是没文化的人说的；读书人应该含蓄地说，心有灵犀一点通！

> 子贡曰："贫而无谄，富而无骄，何如？"子曰："可也。未若贫而乐道，富而好礼者也。"子贡曰："《诗》云，'如切如磋！如琢如磨'，其斯之谓与？"子曰："赐也！始可与言《诗》已矣，告诸往而知来者。"（《论语・学而》）

子贡说，贫不谄媚、富不骄横，怎么样？孔子说，还可以，但比不上贫而乐于坚守心中的道，富而尊崇礼仪。子贡说，《诗经》中的"如切如磋！如琢如磨"说的就是这个意思吧？孔子觉得子贡的学问进步了，说，可以与你一起谈《诗》了。

你看，子贡和孔子探讨礼，说着说着，子贡就来一句诗。这句诗还不是莫名其妙地空发情感——啊，大海，你为什么这么蓝；啊，天空，你为什么这么高，而是蕴含了与主题相一致的思想。这句诗隐喻了一个人对自我修身的努力，就像美玉的形成一样，经过多道工序，从而成为君子！穷人也好，富人也好，只有这样不断修炼，才能有所成就。

子贡不直接说一个人要怎么怎么修炼自己，而是引用《诗经》来说，也很通透了。这种隐喻式的对话，懂的人心有戚戚焉，还需要多说什么呢！

子曰："小子何莫学夫《诗》？《诗》可以兴、可以观、可以群、可以怨。迩之事父，远之事君，多识于鸟兽草木之名。"（《论语·阳货》）

子谓伯鱼曰："女为《周南》、《召南》矣乎？人而不为《周南》、《召南》，其犹正墙面而立也与？"（《论语·阳货》）

《诗经》的功用大着呢？兴、观、群、怨，事父、事君，多识鸟兽草木。

兴，就是兴寄。本要说我爱你，想和你一起过日子的，诗人却不这样说。而是说"关关雎鸠，在河之洲"。意思是说，你看你看，那两个水鸟，它们在水岛上，多快乐、多自由、多幸福。潜台词就是，我也想像你那样！这就是兴寄。

观，观风。古代没有舆情监控，也没有社会调查部门。怎么办？看民间写的诗。这郑国的社会风气不好，就是写些约会呀思春呀人尽可夫呀这一类的。哪里出现了讽刺的诗，那是当地官场风气有问题，人才得不出重用。这就是观风。

群，合群，团结。人是群居的动物。诗能激励大家一起战斗，一起生活。像《诗经》中的《无衣》《击鼓》，就是唤醒大家的团结意识。

怨，怨愤，讽刺。男的抛弃女的，始乱终弃，那要怨愤；君王淫乱，整天不理朝政，那要讽刺。《诗经》中这一类的诗很多。

孔子还对儿子说，你学习了《周南》《召南》吗？人若不学习《周南》《召南》，这跟面墙而立有什么区别？什么意思？为什么说人若不学《周南》《召南》就像面墙而立？原来，《周南》《召南》用于乡乐，众人合唱，是乡民们一起唱的歌——古人还真有文化，老乡们在一起就来个大合唱。那你要是唱不了，一个人站在那里，格格不入，像个傻子。人家的歌声里有内涵，有的是讲爱情，有的是讲婚姻，有的是讲相处。你不懂，那跟个木头杵在那有什么区别呢？

你看，《诗经》真的是一门特别好的课程，可惜我们现在不重视。

问友

《论语》开篇即说:“有朋自远方来,不亦乐乎?”有朋友,是件快乐的事。

晏子也曾说过一句这样的话:“君子居必择邻,游必就士。”就是说,君子居住要选择好的邻里,出游要与“士”为友。

古人认为,一个人的成长必须坚持做好三件事:读书,出游,交友。所谓“读万卷书,行万里路,交万个友”! 交友与读圣贤书、游古览胜一样,成为君子不可或缺的修炼方式。

《论语》中,弟子对于交友的问题问得并不多。但关于“友”的论述,孔子与弟子倒是说了不少。君子的修身、人生的历练,不可能离开朋友。在这个世上,每个人,或多或少,总都有朋友;完全无友的人,是不存在的。

那,到底什么才是真正的朋友? 交朋友要到交怎样的人? 朋友之间如何相处? 朋友之益在哪里?

看《论语》如何说友、如何教我们交友。

一、无友不如己者

“朋”和“友”组合在一起,成为朋友。那“朋”和“友”的意义相同吗? 二者有什么区别?

先来读《论语》——

> 子曰:“君子不重则不威,学则不固。主忠信,无友不如己者,过则勿惮改。”(《论语·学而》)

我们重点看“无友不如己者”这一句。这一句有三种不同的解释，第一种解释为：不交比不上自己的朋友；第二种解释为：我的朋友没有比不上我的；第三种解释为：不和志趣不同的人交朋友。

第一种解释“不交不如自己的朋友”。

这种解释倒是非常符合现在的家长。“哎呀，小志呀，你在班上不要和成绩差的人混在一起，要和你们班的第一名交朋友，要和品学兼优的同学在一起玩。”现在的父母就是这样教育孩子的，让孩子从小树立一种很特别的交友观。难道孔子也是这样的人吗？“无友不如己者”的“不如”指什么呢？学问、智慧、品德，还是财富和地位？如果交朋友要先考察、比较一番，那孔子算下来又有几个朋友呢？再说了，大家都“无友不如己者”，这世界上谁又是谁的朋友呢？孔子诚然不是这样，他的朋友也不全如他。

第二种解释“我的朋友没有比不上我的”。

这种解释与第一种基本相同，我交朋友只交比我强的。

第三种解释“不要和志趣不同的人交朋友”。

就是说，要与志同道合的人成为朋友。这种解释比较符合中国传统的择友观，比较贴近孔子的本意。

最初，“朋”并不是“友”，“友”也并不等同“朋”，二者各有不同的意义。

“朋”为象形字，本义为古代货币单位。相传五贝为一朋。一说两贝为一朋，也有说十贝为一朋的。在青铜器铭文中常常可以见到“贝五朋”类的句子，表明古时朋就是一种货币衡量单位。类似在我们今天“人民币”“港币”等钱的单位。《诗·小雅·菁菁者莪》里面有句“既见君子，赐我百朋”，就是“君子给了我一百朋的钱”。所以最初“朋”并没有我们今天所谓“朋友”的意思。

“友”，甲骨文字形，像顺着一个方向的两只手，表示以手相助、携手前行。本意就是同行者、同心者。

你看，“朋”一开始没有朋友之义，“友”才是我们所说的朋友。

甲骨文是中国最古老的成熟文字，记录和反映了商朝的政治和经济情况。那么，从甲骨文产生的情况来看，“友”，最迟在商代，其于文化中的存在已经十分清晰了。

“友”成为一种重要的社会人伦，其实在尧帝时期就已经提及。在《尚书·尧典》中，已有“慎徽五典”的说法，即要以五种美德教导自己的臣民。据《左传》解释，“五典”就是“父义”“母慈”“兄友”“弟恭”“子孝”。这里面的“兄友”就是说兄弟一条心，志趣相投；兄弟不同心，那就是不友。

《诗经》中也有不少关于“友”的诗歌，说明在《诗经》产生的时代，人们于亲情、爱情之外，对友情也是十分注重的。《诗经·小雅·伐木》中这样写道：

伐木丁丁，鸟鸣嘤嘤。出自幽谷，迁于乔木。嘤其鸣矣，求其友声。

相彼鸟矣，犹求友声。矧伊人矣，不求友生？神之听之，终和且平。

……

人之孤独在于没有友。伐木的人啊，你看你辛苦劳作，却没有朋友，于辛苦中又添了许多寂寞。所以呀，你要期盼、呼唤友人。鸟儿的鸣叫都为求友，何况人呢，何况“我”这个孤独的伐木者呢？所以，《毛诗序》这样说：“《伐木》，燕朋友故旧也。至天子至于庶人，未有不须友以成者。亲亲以睦，友贤不弃，不遗故旧，则民德归厚矣。”友情，为民风民德的一部分。

“朋”的意义在后来的使用过程中发生了变化，由两串贝壳引申出同类，再到“同门曰朋”。而友，既然方向相同、心向一处，那就是志趣相同、志同道合，是为“同志曰友”。

“同门曰友”，即同在一个老师门下求学，是为同门，也就是同学。你从小学读到大学，再读研究生，请问：同门之中，你有几个真正的友？你肯定没有几个。那为什么那么多同学就只有寥寥的几个友呢？因为，毕竟与你志同道合的人难遇。

子曰：“可与共学，未可与适道；可与适道，未可与立；可与立，未可与权。”（《论语·子罕》）

孔子说：“可以与他一同学习，但未必可与他一起志于道；可与他一起志于道，未必可与他一起践行道；可与他一起践行道，未必可与他发展道。”

适道，是求道，追求道，志于道。能一起这样做的人，其实已经是友了。但孔子并不满足于这个程度。他还要“立”与“权”。立，是践行道，让道立得起来。权,是通权达变,你不能死守着道,要有创新和发展。这就是比较高的境界了。这虽然是讲学习,但也可以窥见同学之中,真正能达到志同道合、同步前行者,真是少之又少。

所以,生活中,大多数为朋,而真正的友,却是很少的。怪不得《增广贤文》里这样感叹:“相逢满天下,相知能几人。”相逢很容易,我们每天都要与很多人相逢,但不要说每天,就是每年又能交上多少相知的友呢?

“朋”和“友”后来怎么组成一个复合词,成了我们今天说的“朋友”呢?最初,“朋友”一词还是倾向于志同道合的友。但今天,这个词的内涵就泛化了。朋友,可能是“朋”,但不一定就是“友”。你可以在心里盘算一下,你的朋友中,有多少与你意趣相投、志同道合的“友”呢?

那“朋”“友”合在一起,是什么时候的事?

“朋友”一词最早出现在《周易》中。《周易·兑卦》:“《象》曰:‘丽泽,兑;君子以朋友讲习。’”意思是:两泽并连在一起,互相浸润,象征欣悦。君子因此欣悦于朋友之间相互讲解道理,研习学问。到春秋时期,“朋友”一词出现的几率就比较大了,《论语》中有“与朋友交而不信乎”“与朋友共”等。同时,“友”与“朋友”还经常互用。

至少,在孔子所在的时代,朋友与本义的“友”内涵基本相同,就是说,朋友就是志同道合、意趣相投的人。

如此,我们再来看孔子讲的这一段话。

孔子说:“君子,如果不庄重,就没有威信;学习也不会执着。君子,要以忠和信两种品德为主。不要与志不同、道不合的人朋友。有了过错就不要畏惧改正。”

“无友不如己者”。孔子特别强调与志趣相同的人交往。他的一生就是选择志趣相同的人,一起传播、践行“仁”的理想。如志趣不同,他是决然不与为友的。

子曰:“道不同,不相为谋。”(《论语·卫灵公》)

孔子说:“所追求的道不同,那就没有什么可以商量的了。”

道是什么？是主张，是理想，是志趣。你说你想发财，我说我想做官。我们在一起，还能商量什么呢？商量既发财又升官？那是做梦。所以，现在说，当官不发财，发财不当官。其思想就源自这里。

所以，孔子的朋友圈里，不可能有阳货。

> 阳货欲见孔子，孔子不见，馈孔子豚。孔子时其亡也，而往拜之。遇诸途，谓孔子曰："来，予与尔言。"曰："怀其宝而迷其邦，可谓仁乎？"曰："不可。好从事而亟失时，可谓智乎？"曰："不可。日月逝矣，岁不我待。"孔子曰："诺，吾将仕矣。"(《论语·阳货》)

阳货就是阳虎，季氏的家臣，权势很大。家臣不就与管家差不多嘛！他咋有那么大的权势？那是因为春秋时期，礼崩乐坏，政不在天子，而在诸侯；而诸侯也尾大不掉，政在卿大夫；卿大夫又依靠陪臣，所以，最终政在陪臣。所谓"陪臣执国命。"陪臣就是家臣。家臣操纵国家政权，乱自此始。这阳虎就是"执国命"的陪臣。

孔子年轻时就和阳虎打交道。那时季氏招揽贤才，宴请社会名流，孔子也想成为座上宾，以利推行自己的学问主张。但郁闷的是，孔子连门都没进得了。为什么？就是这个阳虎挡在门口，他告诉孔子：这里只有大人请的贵宾、社会名流才能进！孔子真想狠揍这家伙一顿，但为这事也不好动武呀。你说我要去吃饭，他说你不够格，如果你硬闯，还打架，那成什么了？要饭的吗？没办法，孔子只好掉头回家。这事搁在谁身上谁都会生气，就像吃了十二只苍蝇。但孔子还能怎么样？奋斗呗——今天你挡我进门，明天我要你请我都请不到！现在看来，这也是一个非常有趣味的励志故事。只是史书上没有大书特书，因为这不好说呀！你能说圣人年轻时去季氏家蹭饭被轰出来了，他因此发愤读书最终成为圣人？这有点非主流吧？但也许真实的情况就是这样的！

随着孔子越来越有成就、名气越来越大，季氏就想招揽孔子。这阳虎更是想拉拢孔子，与孔子成为朋友。于是，他在孔子面前大献殷勤，今天送美酒，明天送玉圈。孔子也不好直接拒绝。因为，直接拒绝会让阳虎下不了台，阳虎就会把孔子视为敌人。要知道，这家伙心毒手狠，惹不起。因此，阳虎要见孔子，孔子却不想见他。不见他，那也要找理由的。古人说，我身体抱恙呀，说我在斋戒呀，那就是很好的理由。但这阳虎见不到孔子，就给他送蒸乳猪。孔子也是个美食家。蒸乳猪肯定是他很喜欢的一道菜，可见这阳虎的情商也不低。他投其所好，不愠不火，咬定孔子不放松。但没有用，别说是乳猪，就是乳羊乳牛，孔子也不领他的情。因为，他和阳虎志不同、道不合。用现在的话说，就是根本不是一路人！

当然，这阳虎这么热情，又是要拜见，又是送乳猪，孔子也要做做样子，回下礼，不然也过意不去。所以，孔子还是要象征性地回敬一下。做样子嘛，那就趁阳虎不在家的时候去拜谢一下。孔子也是鬼精鬼精的，他打听到阳虎不在家，就趁机去拜谢。可是，偏偏就这么不巧，在路上又遇到了阳虎。于是，阳虎趁机对孔子讲了一番勉励的话："来，我正好要和你说说话。有才能却使国家处在迷乱中，这是'仁'么？"又说："想做事却又错失时机，这是'智'么？"又说："不行啦，岁月易逝，再不行动就晚了。"孔子很无奈地说："行，我将出来为官。"

孔子能与阳虎为友吗？那是不可能的。

那你说，孔子对于交友要求这么高，是不是君子就没有朋友了？

> 子曰："德不孤，必有邻。"(《论语·里仁》)

德者，得也。德者，就是有所得的人。得什么？得道！

一个志于道、得于道的人，他一定不会孤单，他一定有朋友。邻，比肩为邻，相伴前行。这样的邻，就是志同道合的友！

孔子哪里没有朋友呢？子产、晏婴、蘧伯玉、公孙贾等，都是他志同道合的友。孔子是位高人，但并没有高处不胜寒，而是高位交友，这就是"德不孤，必有邻"。

"无友不如己者"，虽然这样的友显得少，但却友得纯粹，友得长久，友得可贵——

> 子曰："岁寒，然后知松柏之后凋也。"(《论语·子罕》)

我们常说，路遥知马力，日久见人心。朋友可不可靠，是不是真正的朋友，短时间也看不出来。王安石与吕惠卿为友，开始还以为得一知己。但随着自己的起起落落才发现，这吕惠卿关键时刻出卖朋友，哪是朋友！所以，时间是块试金石，它也可以试出真友还是假友！

二、朋友信之

现在流行一句话：朋友是用来欺骗的。这话虽然是玩笑，但可能也是现实的真实写照。

现在有个词叫闺蜜。闺蜜那是多好的朋友呀，两个人整天腻腻歪歪的，无话不说，没有什么不可以分享的。但你看看新闻，骗的都是闺蜜。

古人认为，朋友之间是来不得半点欺骗的，要是存在欺骗，那会遗臭万年的。朋友，最重要的，是要讲诚信！

> 颜渊、季路侍。子曰："盍各言尔志？"子路曰："愿车马衣轻裘，与朋友共，敝之而无憾。"颜渊曰："愿无伐善，无施劳。"子路曰："愿闻子之志。"子曰："老者安之，朋友信之，少者怀之。"（《论语·公冶长》）

颜渊、子路陪伴侍候孔子。孔子年纪比他们大，又是老师。即使不上课，弟子们也来陪伴侍候着孔子。这既是一种礼节，也是一种教育。与孔子经常相处，可以有更多的机会学习。

孔子这人呀，把育人时时放在心上，不放过一切可以教育的机会。你看，他又给颜渊、子路上了一堂理想信念的课，主题是：谈谈各自的志向。

本来是谈理想信念，但子路和孔子都谈到了交朋处友。由此可见，古人把交友看得很重。

子路怎么说？他说："愿意把车马、好衣服都与朋友共同使用，用坏了也没有什么遗憾。"子路来自江湖，也颇有江湖义气，理想就是要与朋友有福同享、有难同当！你我既然是朋友，那车马算什么？貂皮大衣算什么？你的就是我的，我的就是你的。一句话，大气！但子路的这种大气当然是建立在志同道合、志趣相投的基础上的。没有这个前提,车马再多,衣服再多,也不会和你共享。这就是子路。

颜渊说:“不夸耀自己的优点,也不宣扬自己的功劳。”颜渊一向很低调,低调成了他的理想,这是理想吗?是理想。古人谈理想,谈志向,与我们不同。我们要孩子谈志向,孩子说:“我将来要做个理发师。”你说:“真没出息!至少你也得做个老板、总经理什么的吧!”所以,一谈理想,我们说的就是明星、科学家、文学家、董事长什么的。古人认为不能这样,你得先努力,如果说出来,又实现不了或者根本不可能实现,那是可耻的。所以,你看《论语》一书中,谈理想谈了好几次,没有谁吹牛,弟子们还算谦虚地说当个部长什么的,结果都被孔子取笑!

孔子的志向是什么?这是颜渊、子路很想知道的。

孔子的志向是:“使老年人都得到安养,朋友都信任我,年轻人都怀念我。”

孔子的志向不是要成为圣人,他是要为他人做点什么,为这个社会做点什么。做点什么呢?让老者安之、朋友信之、少者怀之。

那时没有养老保险,一般的官员也没有退休金。孔子辞职,鲁国也没有给这个部长发放什么补偿。生产力不发达,粮食生产有限,老年人的生活很困难。所以,能让老者安之,那是大好事。西伯侯姬昌对老年人就很好,给他们买养老保险,让他们住养老公寓,免费看病。这下,大家都投奔他、支持他,就赢得了民心。

朋友之间相互信任,这是友谊存在的前提,也是人心不坏的表现。如果朋友都不相互信任,在孔子看来,这不是小事,这说明社会危机了。你连朋友都骗,还有谁不能骗的?这说明世道太坏了。古人之所以把交友看得很重,是因为朋友相互信任,那也是社会伦理的一个方面。朋友无信,人与人之间还能和睦相处吗?社会还能安宁吗?

少者怀之,即对少者多加关怀、爱护,让他们接受教育,健康成长。少者当然会怀念这样的长者。

朋友之间要讲诚信,孔子的弟子曾子与子夏都说过类似的话——

曾子说:“与朋友交而不信乎?”

子夏说:“与朋友交,言而有信。虽曰未学,吾必谓之学矣。”

曾子讲诚信,那是有故事的。

曾子的妻子要去赶集,小孩吵着要去。小孩喜欢热闹。曾妻就哄小孩,说:“听话啦,你要是不跟着去,我回来就杀猪给你吃。”小孩听说不去就会有肉吃,那肯定不去了。那时吃一顿肉多难。但曾妻从集市回来就忘记自己说的话了。曾子知道后,便把猪杀了。曾妻心痛地说:“猪还没长什么肉怎么就杀了?”曾子说,杀猪是小事,诚信是大事。

曾子也不是做了老爸、为了在孩子面前树立榜样才讲诚信的,其实他从学生时代开始就整天不停地反省自己——交友是否有信,那是必须要反省的。你说,这样一个人,每天都在反省自己是不是对不住朋友,谁不愿意跟他交朋友,谁又能不敬重这样的朋友?

孔子和他的学生都是十分注重内省的人。要做到“内省不疚”,就是当自己反省的时候,没有什么内疚的,这就可以了。厉害!我现在都不想反省了,也不敢反省了,一反省觉得这也没做好,那也没做好,不仅仅内疚,还内伤了!

子夏说,与朋友交往,要讲诚信。这样好的品质,是不是通过学习得来的呢?也许是的,也许不是的。如果他说自己并没有读什么书,子夏说,我一定会认为他是读了书的。言下之意,这样的人,他可能小学都没读,但比得上北大清华的学生!

朋友有信,古人视之为一种人生规范。如果是朋友,无论什么情况下,都得守住一个信字。

有个典故叫“鸡黍之交”,讲的范式和张劭两个朋友守信的故事。什么是鸡黍?其实《论语》中就有这个词。微子篇中,子路找不到孔子,向一个老汉打听,结果老汉说孔子四体不勤、五谷不分。子路不但没有生气,还一直拱手而立。老汉见子路蛮有修养,就“止子路宿,杀鸡为黍而食之”,意思是留子路住宿,杀鸡做饭给他吃。杀鸡做饭,那不是我们现在的黄焖鸡米饭,而是大餐。那“鸡黍之交”就是一顿大餐的交情?是,也不是!是做了顿大餐,但意义并不在大餐,而在于交情!

范式，字巨卿，大概为山东省济宁市金乡县人。张劭，字元伯，大概为河南上蔡西南人。汉朝设立太学，面向全国招收。有点类似今天的重点大学。这范张二人为太学同学，后成为好友。太学毕业就天各一方，各自回家。临别时，范式对张劭说："两年后我回来，定会到府上拜见您的家人。"然后，两人还共同约定了日期——九月十五日。岁月易逝，两年过去了，约定的日期快到了。张劭告诉家人，说我的好友范式过几天就要来了，你们要准备好酒好菜，我要和他畅饮欢谈。张劭母亲听到后就有疑问了："你们都分别两年了，两年中又各自忙碌，书信难通，那么久约定的事情，还能记在心里吗？儿子呀，你就别准备了。"张劭回答说："朋友之交在于信，范式肯定不会忘记的，他很讲信用。"家人都表示怀疑，两人相距千里，那时交通不便，道路又崎岖，千里赴约，谈何容易？但没料到的是，九月十五那天，范式居然风尘仆仆地来了。全家人既惊愕又高兴。那天肯定少不了清炖土鸡！

如今，在山东省西南部，金乡、单县、成武三县结合部，有个镇叫鸡黍镇，就是因"鸡黍之交"而得名。我想，当地政府应该发展餐饮业，研究出当年范式宴请张劭的"鸡黍宴"，那地道的清炖土鸡自然是少不了的。

"鸡黍之交"，朋友之信。如果朋友之间没有诚信，那就绝交。中国古代文学史上，有很多的绝交书、绝交诗。不交往就不交往了吧，有必要写个绝交书、绝交诗拿去发表么？那是必须的，古人不含糊，不给你犹犹豫豫，你没有诚信、不讲道义，别人还以为这样的人是我的朋友，那会给我带来耻辱。

"竹林七贤"中的嵇康与山涛(字巨源)原为莫逆之交，但后来山涛投靠司马氏，做了大官，推荐嵇康也去为官。别人推荐你去做官，在我们看来，那是天大的好事，要感恩戴德才好。但此一时彼一时，彼一时是魏晋六朝时期。那是个充满个性的时代。文人崇尚隐逸，道法自然，抒写性灵。官场与山林，那是格格不入的。当然，隐逸得一阵子后，名气大了，别人都关注你这个大师，你要志向不够坚定，就会慢慢趋于流俗。那山涛就是这样的——大师走出了山林，进入了官场。但人家给了你富贵，当然希望你给他推荐点人才，尤其是那种隐逸的名士，这样才有影响力！谁是当时最牛的名士？当然是嵇康。所以，山涛就推荐了他。但嵇康可真是不想当官，更不想与司马氏为伍。

他没想到这山涛当年何等地信誓旦旦，如今却心性巨变。嵇康当然非常气愤了，当时就写下《与山巨源绝交书》。你想当官，我想隐逸，你还故意荐我去当官，那你连我的志趣都不了解，还谈什么朋友，写绝交书，还要公开！

东汉时，有个人叫朱穆，为人方正，品德高尚。他年轻时与一个叫刘伯宗的人成为好朋友。刘伯宗困顿之时，朱穆多次照顾他。后来刘伯宗当官了，尤其是职位在朱穆之上后，便开始阿谀奉承，趋炎附势，不敬重患难之友，忘恩负义，背离诚信与道义。这下朱穆就来火了，派人送了一封信给刘伯宗，之中附了一首绝交诗："北山有鸱，不洁其翼。飞不正向，寝不定息。饥则木揽，饱则泥伏。饕餮贪污，臭腐是食。填肠满嗉，嗜欲无极。长鸣呼凤，谓凤无德。凤之所趣，与子异域。永从此诀，各自努力。"

你是鸱鸮，一种恶鸟；我是凤凰。我们怎么可能成为朋友呢？那就"永从此诀"，各自安好！

绝交，中国文人特有的文化现象。这种文化现象源于中国自古以来对于"友"的重视，对于"友信"的坚守！

三、朋友数，斯疏矣

我们总喜欢用亲密无间来形容两个人之间的感情。说君臣之间、师生之间、恋人之间、朋友之间、亲密无间，并不都是一件好事。

有一句话这样说："太近是一种灾难！"

诚哉，斯言！

春秋时期，有个叫郑灵公的人，就因为与臣下不懂保持距离而丢了性命。

楚国人献给郑灵公一只鼋。鼋是一种大龟。

郑国的两个大夫——子宋和子家，正要进宫朝见郑灵公。走着走着，子宋的食指自己动了几下。子宋就神秘兮兮地对子家说："今天有口福了，我的食指莫明其妙地在动，发生这种情况，一般都可以尝到美味。"子家将信将疑，谁有这样的特异功能？只要可能有吃的时指头就会动！二人进宫，发现厨师正准备切开鼋，子宋和子家相互对视笑了。子家打心里佩服子宋。正想对子宋说，以后食指动了千万记得带上他。郑灵公看二人喜形于色，就问他们是什么原因。子家就把子宋的特异功能添油加醋地告诉了郑灵公。郑灵公是谁？也是个不懂礼节、没有规则的主。你不是说你有特异功能吗？你不是说你想美食吗？我偏要你的特异功能不特异，我偏不让你喝王八汤！好，王八汤煮好了，开吃。大家都来，有特异功能的子宋也来。但到分汤的时候，唯一没分到的就是子宋！你就看着别人吃吧！还在我面前吹特异功能！子宋呢？看着那么多人在吃的吃、咬的咬，偏偏无人理睬他，便发怒了。但他又不好发作，便跑到装汤的大鼎前，用食指在最后的一点汤里蘸了一下，放到嘴里吮了一下，走了！

郑灵公这下目瞪口呆了——我可是个君王，你一个臣属，怎敢如此嚣张！于是打算计划杀掉子宋。子宋一不做二不休，先下手为强，杀了郑灵公。

“染指于鼎”这个典故就是这么来的！

郑灵公遭弑，无疑自己也是有责任的。你一个君主，跟臣下开什么玩笑呢？你的君威何在？而子宋呢？更是认不清自己是谁，错把郑灵公当昵友。二者都不讲礼法，没有底线和距离，导致灾难的发生。

> 子曰：“唯女子与小人为难养也，近之则不逊，远之则怨。”（《论语·阳货》）

孔子说：“只有女子和小人最难养，距离近了，他们就不懂礼让；远了，他们就怨恨你。”

这段话历来有很多歧义。分歧就在女子与小人。有的说，女子指的是妾，小人指的是仆人。有的说，女子泛指所有女人，小人指没有道德的人。有人指责孔子歧视女性。我问过许多女同胞，你们对这句话有什么看法？她们的答案很有趣，基本一致的就是：“我觉得女人就是这样子的，近不得，也远不得。”并说：“我就是这样子的。”女人是感性的动物，情感细腻而丰富，不知道如何把握与他人尤其是男人之间的距离。如果你离她太近，她就会认为你要对她无礼；远了呢，她又会觉得你不够关心她，从而怨恨你。小人，更是如此。

所以，有人说，世上有一种感情让人最难忘，它只活在一种境界里，永远可期但不可遇。

其实，君臣之间、朋友之间何尝不需要保持适当的距离呢？太近了，没有了相互的诚敬和礼让，容易产生罅隙；太远了，感情又会陌生。

子游曰："事君数，斯辱矣；朋友数，斯疏矣。"（《论语·里仁》）

子游说，侍奉君主，如果礼数太多，就会招致侮辱；与朋友交往过于亲密，就会导致疏远。这话讲得太有哲理了。那郑灵公、子宋可惜没有读过这段话，否则也不会酿成悲剧。

孔子主张君臣之间、家人之间、朋友之间都要以礼相待，只有这样，才能和谐。礼是什么？就是让相处的人之间有适当的距离。没有距离、亲密无间就会狎，人性的坏与恶就会流露。

子曰："君子周而不比，小人比而不周。"（《论语·为政》）

孔子说："君子讲团结，而不讲勾结；小人讲勾结，而不讲团结。"

团结与勾结有什么区别？团结是有距离的，勾结就没有了距离。团结是有道义的；勾结就没有道义可讲，为的是私自的利益。

曹参与萧何是朋友，都是刘邦手下功勋卓著的人。两人闹过不愉快，但心底里都赏识对方。所以，萧何将死时，推荐曹参接任丞相。而曹参当丞相后，并没有否定和推翻萧何之前的政策法规，而是按照萧何的既定方针，把丞相做得既轻松又有成就。这就是"萧规曹随"。你看，朋友之间讲的是团结，保持距离，却不会偏离方向。小人却不同了，只要有利可图，管你什么方向，管你什么道义！

子曰："晏平仲善与人交，久而敬之。"（《论语·公冶长》）

孔子与晏子是同时代的人，两人是惺惺相惜的好友。他们都是春秋时期的名人，一个名相，一个名儒。晏子侍奉了齐灵公、齐庄公和齐景公，算是三朝元老，功勋卓著。孔子到齐国，齐景公对他很感兴趣，几次问政于孔子。齐景公自然也想留住孔子这个贤才。怎么留住孔子呢？给待遇，封地。但这时晏子站了出来，说不能封地给孔子。至于晏子怎么不赞同给孔子封地，史书上没有明说，但这也说明，孔子和晏子之间是君子之交，是有距离，有原则的。

晏子最大的特点是善于与人交往，而交往的法则就是保持适当距离。

晏子与齐景公关系很好，但他不会一味附和。

有一回，彗星出现，齐景公在柏寝台上看到了，就叹息着说："多好的国土啊，谁能长久地享受呢？"群臣听了都流泪，感叹人生无常，美好的时光总会消逝。唯有晏子笑了。齐景公就发怒了："我们都在伤感，你却嘲笑我们，你还有点人性吗？"晏子说："群臣都在逢迎您，有点过了。"齐景公说："彗星出现，正好在齐国上空，我忧虑一下不行吗？"晏子抓准机会进谏，说要减轻老百姓的赋税，减免刑罚，体察民情，这样才会消除灾祸。

你看，晏子有底线，与君也好，与友也好，都保持适度的距离。所以，孔子赞赏晏子，说他善于与人交往，"久而敬之"。"久而敬之"就是长长久久，并且越久别人越敬重他。

有的人三分钟热度，刚认识时热情体贴，会让人感觉他是一个很值得交往的朋友，但时间久了就暴露了本性，冷漠无情，甚至会背叛友情。所以，朋友不是一天两天的交情，能否成为真正的友，要用时间来证明的。

庄子说："君子之交淡若水，小人之交甘若醴。"水，洁净，无色无味，淡淡的，但谁离得开水呢？人一辈子，时时刻刻，离不开水。醴就不同了，醴是甜酒，这种酒入口好但后劲足，越喝越想喝，喝多了就会醉，可能还会伤身体。

君子的交往是有距离的，就像水一样，淡淡的；而小人的交往却没有距离，就像酒一样，让人迷醉。

小时候，看过皮影戏《薛仁贵征东》。那时只知道薛仁贵能征善战，却不知道"君子之交淡若水"也是他的一种美德！

薛仁贵少时，父亲离世，家道中落，十分贫困。等到青年娶妻成家，生活依然贫穷，他与妻子住在破窑洞里，衣不蔽体，饥肠辘辘。

好在英雄磨难时总会遇到能帮忙的好人。伍子胥逃命有史贞女舍命相救，韩信潦倒有漂母接济，这薛仁贵穷困就全靠王茂生夫妇照顾。

王茂生就是一普通农民，不是因为薛仁贵绝对不会在历史上留下大名。正是他，在薛仁贵穷困潦倒时接济了他们全家。

后来，薛仁贵参军了。李世民御驾东征，薛仁贵屡立战功，一步步被提拔，后被封为“平辽王”。

盛世王朝，拜将封王，那是何等荣耀！薛仁贵成为一颗明星，熠熠生辉。王府前门庭若市，车水马龙，都是来送礼的，来结交的。薛仁贵一概拒收礼物。久而久之，别人也知道这薛王府是送不进礼的，也就不送了。

但有一天，依然是普通农民的王茂生来送礼，送的是两坛从乡下带来的美酒。这薛王府没办法，人家大老远从乡下送来的，又是薛仁贵的挚交，得收下。收下后，开启酒坛，却发现不是美酒，而是清水。管家一看，这还了得，戏弄王爷，不是找事吗？赶紧禀告薛王爷。哪知薛仁贵听了却面生悦色，取来大碗，倒出清水，高高兴兴地喝了三大碗。然后当着众人的面说，我贫困潦倒的时候，是王兄夫妇接济我，没有他们，就没有我的今天。王兄送来清水而不是美酒，我自当知道其中的意思。这些年，东征西战，很久没有和王兄夫妇见面。王兄夫妇家虽清贫，但我和他们的感情，正如这清水，绵长永恒。君子之交淡若水，我应该珍惜这两坛清水。后来，薛仁贵与王茂生一家联系紧密。

这就是“君子之交淡若水，小人之交甘若醴”。

而“君子淡以亲，小人甘以绝”。

友在距离。没有底线，没有距离，亲密无间，友情也会变味，会变质。那有的人会问：“我对朋友就是好，我们要同呼吸共命运，当朋友有违初心或走入弯路、歧路时，我担心他想劝他，而他又不听，怎么办呢？”孔子的回答是：适可而止。

> 子贡问友。子曰：“忠告而善道之，不可则止，毋自辱焉。”（《论语·颜渊》）

子贡问怎么交友。孔子给的答案是，要经常给朋友忠告、善道，并且适可而止、不要自取其辱。

大概子贡经常去劝导他的同学朋友，但别人就是不听。所以孔子告诉他，与朋友相处的原则就是，尽心尽力劝告、好好引导，不行就算了。为什么劝告、引导别人，会自取其辱呢？

曾经，一个朋友脱离自己的专业去从事网络开发。然而，一个书呆子式的人物，对网络技术仅仅停留在玩微信和QQ的层面，怎么能做网络开发呢？你从事你的专长不是更好吗？但朋友看重的是领导对他的重用，认为只要领导重用你，硬着头皮也要上，死了也值得。那个时候，朋友所有的劝告都是无用的，甚至还会被他误解为嫉妒。对此，你还能说什么呢？你只有用时间、用结果来告诉他，除此之外，没有更好的方法。结果可想而知！

现实世界中，还有许许多多的事，不是理想与情怀、责任与担当能改变得了。“青山遮不住，毕竟东流去。”人也好，事也好，“忠告而善道之，不可则止，毋自辱焉”！

其实，“忠告而善道之，不可则止，毋自辱焉”，于上级、于朋友是这样，于学生、于孩子，又何尝不是如此呢？

有一次，听一个老师说：“这孩子，我就得把他扳过来，我就不信我治不好他，期末得提高20个名次。”有些孩子你得放宽心，你急不来，越急越麻烦。所以，有些老师对孩子体罚，那是你太急功近利，心太急切。这样做不仅效果不大，反而会给自己带来不必要的麻烦，甚至是侮辱。老师也好，家长也好，记住了——忠告而善道之，不可则止！

老子说过，“上士闻道，勤而行之；中士闻道，若存若亡；下士闻道，大笑之。不笑，不足以为道”。对方不懂你所说的“道”，不在同一个频道上，鸡同鸭讲，即使是朋友，又有何用？这个时候，最明智的选择就是终止劝导！让时间去证明，让事实去教训！

四、益者三友

朋友死，无所归，曰：“于我殡！”（《论语·乡党》）

孔子对朋友非常好。好在哪里？当他们有困难的时候，他总是挺身而出。

朋友死了，没有亲属来收殓，孔子说：“等我来料理丧葬。”

“无所归”，就是没人来收殓。连死了都没人来收殓，说明孔子这朋友也够惨的。要么家里太穷，要么就是孤苦伶仃的人。古人对丧葬非常重视，也要花费不少钱财。不是真正的朋友，谁愿意来管这样的事呢？

有人说："朋友是无用的。"朋友真的是无用的吗？这要看我们如何理解"无用"了。

庄子在山里看到一棵大树：其粗百尺，其高数千丈，直指云霄；其树冠宽如巨伞，能遮蔽十几亩地。庄子疑问，这么大的树为何没人砍伐为用，而让它长了几千年。伐木者说：这树不中用，用它做什么都不好。"以不材得终其天年"。因为无用，所以不用；因为不用，才为它的生存有用。所以，无用之用才是有用。

朋友，应该尽量减少物质上的有用，而增益精神上的有用。

那，朋友是用来干吗的？

> 曾子曰："君子以文会友，以友辅仁。"（《论语·子路》）

君子怎么交友、会友？通过文章学问，高雅！我们今天很多人以"麻"会友、以"酒"会友、以"牌"会友，这不是君子所崇尚的。通过文章学问聚集朋友——这些都是志趣相同的朋友，与这些朋友在一起，可以相互帮助，提升仁德。

古人为什么这么重视交友？因为，交友可以提高自己的道德文章。也就是说，与拜师求学一样，交友，也是一个人成长的重要途径。

南朝周兴嗣所著《千字文》里面说："交友投分，切磨箴规。"交朋友要意气相投，朋友之间，在学习研究上要相互切磋琢磨，在品德修养上要相互勉励。

如果说"友"是人类必须拥有的，那"友"也须有益。但凡事有好总有坏。朋友也可以分出个好坏。好者为益友，坏者为损友。

> 孔子曰："益者三友，损者三友。友直、友谅、友多闻，益矣；友便辟、友善柔、友便佞，损矣。"（《论语·季氏》）

什么益友？什么是损友？

孔子认为，与直爽的人交朋友，与真诚的人交朋友，与见识广博的人交朋友，是有益的。

友直。有些人有弯弯肠子，凡事不按规则，没有底线和原则，非直也。不直的人，心底里藏着私，打着小算盘。直的人，坚守底线和原则，不为一己之利去谋事，不妥协，不将就。柳下惠“直道而事人”，所以多次被罢官，别人劝他换个环境，到别的国家去。他说，“枉道而事人，何必去父母之邦”。意思是说，如果要我不正直地做事，降格以求，那我就没必要离开我的国家了。个中道理，何其深刻！

友谅。谅即诚，就是诚信。元末有个农民起义领袖叫陈友谅。但这人似乎不谅。杀有恩之人，夺权称王，背信弃义，阴险凶狠。所以，他也没有什么朋友，枉有一个好名。

友多闻。有人说，朋友就是一座知识的金矿。此话不假。在华中科技大学读书的几年，很受益的是与博学多才的同学、老师为友。其中给我启发最多的是我的同室好友路鹏程。他博学友善，每次和他聊天，都让我发觉有哪些书没有读过、哪些书读得不深入。于是，每次聊天，我都把那些书记在心里，然后飞奔图书馆……我粗略统计了一下，仅通过和他聊天而读的书就不下百部。友多闻啊，益矣！

友便辟、友善柔、友便佞。这些都是指那些巧言令色、曲意逢迎、阿谀奉承的人，一切以自己的利益为目的，没有仁义，没有底线。这种人表面暖暖春风，心里却北风凛冽。当你对他有利可图时，他会把你吹到天上，让你舒服至极；当看到你无利可图或他踩着你的肩膀上去了，或者发现你成了他的绊脚石时，就会原形毕露，把你往死里整，让你痛苦到崩溃。

齐桓公身边有管仲这样的贤相，也有易牙、竖刁、开方这样的小人。易牙、竖刁、开方是什么样的人呀？易牙为了讨好齐桓公，把自己的孩子煮了给齐桓公吃；竖刁为了接近齐桓公，把自己阉了；开方是卫国公子——他老爸就是那个喜欢鹤的卫懿公，为了得到齐桓公的宠信，他能十五年不回家，不管家中老小。齐桓公虽然厉害，但终究抵不住这帮人的“便辟、善柔、便佞”，忍不住要宠信他们。小人得志，鸡犬不宁！管仲病危，告诉桓公，这些小人不可重用，但齐桓公不听。最后，当齐桓公垂垂老矣、卧病在床时，这些小人趁机争斗，把持宫门，不让其他人靠近，可怜春秋第一霸，被活活饿死。

身边的朋友，你要看清楚。不要以为那些指出你缺点、批评你错误的人不够朋友，他们或许正是你的益友。也不要以为，那些一个劲为你点赞、什么都说你最英明最伟大最正确的人是你的好友，他们或许正是你的损友；当你对他有利可图时，他能把你捧到天上，当你让他无利可图或你的人生处于低谷时，非议你、嘲笑你、打击你的人，也许就是他们。所以，当你在走上坡路时，那些鲜花也好、掌声也好，并不全是发自内心的；恭维者也好，宴邀者也好，这里面又有多少是你的益友呢？人之慧，在明！真正有智慧的人，在于心中明白，你看得清，处置就得当！遗憾的是，赞誉声中、恭维声中，明者何在？那些被关进牢里的大贪们，有几个没有交损友的？但在位时，他们又何尝不是将那些损友当作良师益友呢？

孔子曰："益者三乐，损者三乐。乐节礼乐，乐道人之善，乐多贤友，益矣。乐骄乐，乐佚乐，乐宴乐，损矣。"（《论语·季氏》）

快乐有错吗？快乐也有好坏吗？孔子说：有。快乐也分有益的快乐和有害的快乐。有益的快乐是以节制礼乐为乐，以称赞别人的长处为乐，以结交多的贤友为乐，这就是有益的乐。那些以放纵自己的欲望为乐之乐，都是有害的。

乐多贤友。西方有句名言说："朋友，可以把快乐加倍，把悲伤减半。"但终究没有"人生以多贤友为幸事""人生得一知己足矣"为贴切。

管鲍之交、羊左之交，益友也，贤友也。

管仲与鲍叔牙就是一对贤友、益友。年轻时，管、鲍就是好朋友。管仲家贫，鲍叔牙家富，他们一起做生意，但管仲总是要多分一份，鲍叔牙从不计较，也不说管仲贪婪，因为他知道管仲家里穷。管仲为鲍叔谋事，结果事情没办好，鲍叔牙没有责怪管仲愚笨，只认为时机不对。管仲做官，多次被斥退，鲍叔牙都不认为管仲无能。管仲与鲍叔牙多次一起上阵打仗，但管仲一打仗就往后躲，鲍叔知道这不是管仲怕死，而是他家中有老母要侍奉……后来，鲍叔牙跟着小白。小白就是后来的齐桓公。管仲跟着公子纠。两位公子争王位。小白胜出，成了齐桓公。公子纠被逼自杀，管仲被囚。鲍叔牙对齐桓公说，若是治理国家，我们这帮人也就可以了；若要成为诸侯霸主，则需要管仲。齐桓公才启用管仲，拜管仲为相，并尊称他为"仲父"。管仲说："生我者父母，知我者鲍子也。”

与管鲍之交有着相同美誉度的是羊左之交。

西汉时，汉高祖刘邦的弟弟刘交被封为楚王。刘交招贤纳士，吸引了不少读书人投奔。有两个饱学之士羊角哀与左伯桃，他们也去投奔楚王。两人是好朋友，一起跋山涉水，相互照顾。走到梁山时，适逢大雪封路，山野茫茫，难觅炊烟，而两人所带干粮都所剩无几，饥寒交迫。怎么办？两人决定把保暖的衣服和少量的粮食给一人，或许还能保全一人。给谁呢？两人争持不下，最后左伯桃以自己年龄稍长，决定留下，他将自己的衣服和粮食都交给了羊角哀……历尽千辛万苦的羊角哀到达楚国后被封为上卿，他又转回来厚葬左伯桃。

朋友是相互成全的。所以，古人认为，失友也是一种遗憾，应该尽量避免。因为，真正的友，不易得来。

有的人需要久久相处，方知他是益友；有的人却是初次相交，已然成友，相见恨晚；还有的人，随着时间的流逝，渐行渐远，人在而友非，形同陌路。

孔子与程子是初次相交，已然成友，还有相见恨晚之感。

孔子去郯国，在路上遇见了程子。两个人都称“子”，肯定都是很有身份和地位的人。有身份有地位，那就出行有车，左右有人，并且车是有盖的那种。名人嘛，之前没见过，但都听说过，互相欣赏，经常点赞。所以，当两车相遇时，两人就倾斜着车盖交谈，并且一谈就是一整天。估计当时车少、路还比较宽，所以两人交谈那么长时间也没造成堵车现象。后来，孔子高兴地要子路取束帛作礼物送给程子。子路可不是那么听话的学生，他说：“老师你说的，这样结交朋友是不符合礼仪的。”孔子没法，就向子路吟起了《诗经》中的那首《野有蔓草》：“有美一人，清扬宛兮，邂逅相遇，适我愿兮。”《野有蔓草》是“郑风”中的诗，孔子以此比喻偶遇程子、知己难得。你看，一见如故，互为益友，那是神交已久的缘故！

《鸡鸣偶记》中，苏浚把朋友分为四类：畏友、密友、昵友、贼友。“道义相砥，过失相规，畏友也；缓急可共，生死可托，密友也；甘言如饴，游戏征逐，昵友也；利则相攘，患则相倾，贼友也。”最幸有畏友，其次是密友；昵友要慎交，贼友不可有！

现实中，以财相交、以势相交、以利相交，比比皆是，但凡此种种，脱不了损友的范围。古人云："以财交者，财尽而交绝；以色交者，华落而爱渝。""以势交者，势倾则绝；以利交者，利穷则散。"

孟子倡导以德相交，他说："不挟长，不挟贵，不挟兄弟而友。友也者，友其德也，不可以有挟也。"就是说，不要倚仗年纪，不倚仗地位，不倚仗兄弟之势来交朋友。交友要看重品德，而不是倚仗其他！

宋朝和尚释智圆告诉我们，心交才能永恒，他这样说——

心交如美玉，经火终不热。
面交如浮云，顷刻即变灭。
对坐成参商，咫尺成胡越。
我有心交者，不见几岁月。
山叠水茫茫，含情向谁说。

问利

人在俗世，不可能逃得开一个"利"字。天下熙熙，皆为利来；天下攘攘，皆为利往。

许多时候，你可能觉得，你付出的与你得到的不相匹配。你可能想讲出你的心里话，但又羞于启齿。你是说呢，还是不说呢？你又该怎么来说呢？

你碰到的问题其实孔子和他那个时代的读书人也同样碰到了。他们如何对待"利"？孔子又是如何"言利"的呢？

一、子罕言利

> 子罕言利与命与仁。（《论语·子罕》）

《论语》中的这句话历来争议颇多。有的人说，孔子很少谈论利、命、仁。也有人这样断句：子罕言利，与命，与仁。就是说，孔子很少谈利，赞同命和仁。确实，《论语》中，孔子没少谈命和仁，却很少谈利。

孔子也要生活、也要"利"，那为什么孔子"罕言利"呢？

中国自古就有"士不言利"的传统，这得从商人的源起说起。

夏朝时，有个叫商的部落，他们的祖先因为帮助大禹治水有功被封在商邑，大致为现在的商丘。大约在夏朝中期，这个部落出了一个很有本事的人，叫王亥。拿到现在来说，这王亥既是一个动物学家，又是一个创新发明能手。他会饲养家畜，驯服了牛马，还发明了双辕牛车，用牛车搞运输。

运输是物资交换的基础。王亥发明了牛车，整天就带着手下，坐着牛车四处转悠。他可不是瞎转悠,他在寻找生意:哪个地方缺少粮食,哪个地方粮食又很丰富;哪个地方需要酒,哪个地方酒有剩余……他就做起了中间商,帮他们完成交易。那个时候,做生意不像现在,会发个名片,留个电话,加个微信什么的。所以可能做了一桩生意,也不知道对方叫什么,也不需要知道。大家只知道有这么一伙做生意的人,他们来自商地,于是每当他们来了,就都喊:"商人来了,商人来了。"

到了商汤时期,商族的手工业,尤其是纺织业相当发达。精明的商汤让部落女子抓紧织布纺纱,用精美的布匹换取了夏朝大量的粮食。子贡曾经问孔子怎么治理国家,孔子说:"足食,足兵,民信之矣。"就是说首先要有足够的粮食。有饭吃就有力气,就有战斗力。战斗力才是硬实力!商汤就以此法加强商族的实力,削弱夏朝的力量。商朝建立后,延续了500多年,传至纣王被灭国,商人由贵族变成了奴隶。周武王将商朝遗民统一迁到洛阳并严加看管。这些商朝遗民被剥夺了政治权利终身,连土地也没有。那他们要吃饭呀,怎么办?他们不是商人吗?商人就得做生意。于是他们又操起了老本行,真的是"混口饭吃"——现在做生意的不还经常这样说吗?

做生意得态度好不?得吃得了苦不?有时还得低三下四不?都得!要知道,周朝的贵族们是不会这样子的。商人就不同了,他们是遗民,是亡国奴,他们必须这样才能生存。所以,时人就把做生意的称为商人,还认为他们低人一等。

中国社会分层的过程中,商是最低等的了,有"士、农、工、商"的排序。士是知识分子阶层,所谓"万般皆下品,唯有读书高",所以读书人对商人总是怀有偏见。

读书人不言利,其原因不外乎这几个:

一是认为读书人得有骨气和风骨,不能像商人那样低三下四地讨生活,动不动就言利。所以孔子"罕言利",孟子说"以义治国,何必言利",陶渊明更是"不为五斗米折腰"。

别以为孔子周游列国像我们现在的出国游那么开心。他可是忍饥挨饿地推销着自己的政治主张,过着寄人篱下的日子,还不时有性命之忧。孔子就是太不知道降格以求、委曲求全了，他只要让自己的骨头软一点，性格圆滑一点，他就非富即贵了，哪会沦落到有上顿没有下顿的田地呢？

二是认为读书人应该有更远大的理想与抱负。所谓“以天下为己任”，所谓“为天地立心，为生民立命，为往圣继绝学，为万世开太平”。孔子说：“士志于道，而耻恶衣恶食者，未足与议也。”读书人心中有大道，那是理想和志向。有大道就不会去考虑吃、住、穿的条件。如果斤斤计较于这些得失、名利，那还能实现自己的理想和抱负吗？所以，读书人不能只顾眼前的利益，尤其是一点一滴的私利。

三是认为商人“重利”而轻义。所谓在商言商，利益才是商人最大的期待。重利则薄情甚至轻义，所以白居易有诗曰：“门前冷落鞍马稀，老大嫁作商人妇。商人重利轻别离，前月浮梁买茶去。去来江口守空船，绕船月明江水寒。”

读书人的传统都这样，孔子则更很少言利了。

孔子很少言利，不是说孔子真的就活得那么洒脱，而是君子要志于道，而不能役于衣食；要保持好纯净的本性，而不能斤斤计较，患得患失。

那孔子的学生不也有做生意的吗？孔子又如何看待呢？

> 子曰：“回也其庶乎，屡空。赐不受命，而货殖焉，亿则屡中。”（《论语·先进》）

颜回与子贡，是孔子弟子中数一数二的杰出学生。颜回品学兼优，对于自己的道始终不渝，一生也没有做什么像样的官，总之就是心中有理想，不为外物所动，生活过得非常清贫。子贡呢？也非常优秀，也能“志于道”，但他就比较灵动，间或倒腾一下生意，生活过得很滋润。每次子贡赚了大钱，就想请孔子吃饭，但孔子才不凑这样的热闹。孔子心里就想着“三好学生”颜回：“颜回啊颜回，你呀，成绩每次都考第一，品德那更不要说，全校第一，但怎么就混得家徒四壁的。你看你那脸，都快变成泡面了。你走到哪里，同学们看都不看就知道你来了。有一次，宰我说你在十里外的山上读书，我以为他是听到了你的读书声，哪知道他是闻到你身上清贫的味道。”

隐隐中，孔子对子贡做生意捞金的做法是不赞同的。学生成商人了，那不是他所期望的。所谓无商不奸，而孔子不是一再强调诚信为本吗？所以，你说子贡做生意、赚大钱，孔子不像我们现在的老师可高兴了，他老人家不高兴！但人家也没有触犯什么法律法规，也没耽误学业。所以，孔子也就只能为颜回轻轻地感叹一下：品学兼优却两手空空，老天爷啊，这就有点不公平了！

对于孔子的这段话，朱熹这样解读："言子贡不如颜子之安贫乐道，然其才识之明，亦能料事而多中也。"他说，子贡不如颜回安贫乐道，但子贡有才识，于经商中能料事如神。这就是天赋。子贡被后世誉为儒商鼻祖。

二、"媚于奥"，还是"媚于灶"

王孙贾问曰："'与其媚于奥，宁媚于灶'，何谓也？"子曰："不然，获罪于天，无所祷也。"（《论语·八佾》）

我们不急着解读这段话，先来了解孔子所处的时代特点以及孔子的处境。

有人曾经说，看新闻要"倒过来看"，就是朝着相反的方向判断。比如说报纸上纷纷报道"道德模范""孝子""法治榜样""廉政典型"，那肯定是社会很缺乏这些正面事迹。那孔孟都提倡君子罕言利或不言利，说明他们所处的时代十分重利。

我们说，盛世重义，乱世重利。春秋战国时期，国与国之间、君臣之间、父子之间、兄弟之间、夫妻之间，利益博弈，不可胜数。春秋有五霸，战国有七雄。争霸争雄，争的是什么？争的不是道德标兵，也不是劳动模范，而是各自的利益。

楚国弑兄弑父的事情很多。楚文王有两个儿子，大的叫熊艰，小的叫熊恽。楚文王死后，熊艰继承了王位。但熊艰担心弟弟对自己不利，于是计划杀死熊恽。熊恽逃到了随国，在随军的帮助下，剧情反转，把哥哥杀了，夺得了王位，成了楚成王。而 40 多年后，楚成王遭太子商臣逼迫自杀。之后，楚灵王、楚平王等都是通过残杀争得的王位。

你看,为了利,兄弟反目,父子相残。

按理说,一国之君,什么金银财宝没有?但欲望无限,春秋时期的君王权臣,有时为了一件衣服都会放弃信义,皆因利令智昏。《史记·管蔡世家》中这样记载:

小国蔡国的君主蔡昭侯到大国楚国朝拜楚昭王。这蔡昭侯去朝拜楚昭王,那得带礼物呀,他就带了两件貂皮大衣,皮毛一体,还是整张皮的。一件送给了楚昭王,另一件自己穿着。楚国的令尹子常看到了,令尹就是相国,楚国的二把手,非要蔡昭侯把身上的皮衣送给他不可。蔡昭侯当然不同意啊,我就这一件好衣服,怎么送给你,楚国那么冷,我感冒了怎么办?不给!蔡昭侯就被强制拘禁在楚国三年。

你看,为了一件皮大衣,一个权臣就拘禁了一国之君。

卫灵公的儿子蒯聩看不惯南子,想把她杀掉,但计划没有成功,所以他只好逃亡国外。卫灵公死后,南子肯定不赞同把君位传给蒯聩。人家都要杀我,我还赞同他来继承君位,那我不是脑子有毛病?所以,就由蒯聩的儿子,也就是卫灵公的孙子公子辄来接任了君主。自己没当上君主,儿子当了,照理说,不也很好吗?我们有些家长经常说,我没有读大学,我要让我儿子将来上重点大学、读研究生,超过我。子贵父荣,也是一件幸事。但蒯聩可不是这样想的,他眼里没有亲情,只有利,只有权力!于是,他在赵国的支持下,把亲儿子公子辄赶跑了。因为公子辄当君主当到一半就被赶了出来,所以后人给他的谥号为“出公”!

你看,为了利,老爸不认儿子了!

男女青年结婚,我们经常会用到一个吉利的成语“秦晋之好”。其实翻看历史就知道,秦国与晋国世代联姻不过是为了各自的利益,而且这种联姻也是靠不住的。晋文公的姐姐是秦穆公的夫人,晋文公一死,秦穆公这个姐夫就趁火打劫,对晋国的盟国郑国发动战争,以图抢夺晋国的地盘。晋文公的儿子晋襄公在大臣们的辅佐下,把姑父秦穆公的军队狠揍了一顿。所以,秦晋之好,还是不用的为好,因为秦晋并没有一直好,大家为了利益,明的暗的,可是你死我活呀!

你看，为了利，婚姻也是可以利用的。

……

既然都是因“利”而纷争，那何不以利制利？管仲就是这样想的。他认为，战争还不就是利益的争夺吗？那我何必一定要用打仗的方式呢？用利来夺利，从而达到制人的目的，不是更好吗？于是，管仲开始打经济战。

齐鲁之间，有个国家叫衡山国，此国不大也不小，却很有特点：军工发达，制造的兵器非常好，所谓“衡山利剑，天下无双”。在齐国旁边，有这么一个盛产武器的国家，齐桓公当然睡不着觉了。于是，他忧心忡忡地问管仲，是不是用战争消灭衡山国。管仲说：“人家有的是好武器，这仗不好打，还是要巧取。”管仲就派人到衡山国高价收购兵器，并且非常高调。这一下，周边的国家都知道了。于是，燕、代、秦等国也都到衡山国收购兵器。几个国家搞起了军备竞赛。这下可乐坏了衡山国君——我的兵器这么多人买，那好，我涨价。于是兵器的价格一涨再涨，翻了几十倍。衡山国的百姓一看，我们辛苦种田还没解决温饱问题，别人捣鼓兵器的都赚得盆满钵满了，还种什么田啊，打造兵器去！这时候，管仲呢，又开始高价收购粮食，周边国家包括衡山国又把大批的粮食运到了齐国，这就落入了管仲的圈套了。现在，我齐国打你，你衡山国拿什么打？兵器没了，粮食没了，只有钱——但钱是砸不死人的！只有投降！这就是《管子》一书中记载的“衡山之谋”。

上有所好，下必盛之。既然上层社会都唯利是图，那下层百姓势必愈加趋利。

孔子出仕，任中都宰。他发现民风不正，商人弄虚作假，唯利是图。其中最典型的案件就是“沈犹氏贩羊弄假”。“旦饮其羊，饮之，以欺人。”这个沈犹氏低价将瘦羊买回家，用盐水拌草料饲喂。羊吃了盐口渴，就会大量饮水，一下子增重10多斤。沈犹氏对人说他的羊很肥，别人便争相购买，于是他便涨价。而别人买了这样的羊，不出三五天，羊便死了。现在还有不少黑心的商人给羊肉、牛肉注水，颇有点“在世沈犹氏”的意味。当然，孔子最终严厉惩罚了沈犹氏，恢复了诚信公平的市场秩序。

好了，回到王孙贾与孔子交流的那段话。

王孙贾，姓王孙，名贾。王孙，就是周王的子孙，所以这个姓来头很大。现在姓王孙的很少，因为后来一般都简称姓王或姓孙了。这王孙贾是卫国大夫，卫灵公时期掌管军旅事务，相当于国防部长。他掌握军务，调度有方，在当时很有名气。

卫灵公虽然比较贪玩，但却知人善任并且放心让人才去管事，所以卫国才能在夹缝中求生存，并且赢得各国的尊重。《论语》中有这样一段话为证：

> 子言卫灵公之无道也。康子曰："夫如是，奚而不丧？"孔子曰："仲叔圉治宾客，祝鮀治宗庙，王孙贾治军旅。夫如是，奚其丧？"（《论语·宪问》）

孔子周游列国，在卫国停留的时间最长。为什么？一是因为卫灵公对他不错，比较尊重他；二是因为孔子在卫国的朋友很多，并且这些朋友都很有地位，有文化素养，与孔子惺惺相惜。王孙贾就是孔子在卫国众多朋友中的一个。朋友嘛，总得关心照顾。初到卫国，在不了解官场结构的情况下，朋友还得要提醒提醒。

孔子到卫国，并没有改变其知识分子的秉性，依然坚守着自己做人的原则和底线。所以，孔子虽然受到卫灵公的器重，有吃有喝，但在卫国的日子还是不好过。不断有人向卫灵公进谗言，说孔子这人有野心，说他是假正经，说他会坏事……所以，孔子在卫国实现不了他的理想，也干不成事业。

原因何在？王孙贾道出了实情。

王孙贾问孔子："'与其取悦于奥神，不如取悦于灶神。'这句话是什么意思？"

王孙贾问的问题难道他自己不理解吗？当然理解。他是在打隐语。有话要说又不便直说，那就打隐语。这就是古人的说话艺术！

这话什么意思呢？

古人认为，举头三尺有神明。一屋之内，西南角是个重要的地方，祭祀设神主或尊者居坐之处。处在这个地方的神，比较尊贵，称之为奥神。而煮饭做菜的灶，也有个神，为灶神。当然，古代的灶不是我们现在的燃气灶，而是冲天灶，是土筑的、带烟囱的那种。灶神虽然不是那么尊贵，也不是那么权力大，但都是实权，因为灶的烟囱直冲上天，可以直接给天帝发信息，能和大领导说上话。而奥神就不一样了，没有实权，没有实惠，仅有外在的尊贵、身份的象征。

那王孙贾说这话，奥神隐喻了谁？灶神又隐喻了谁？

奥神隐喻了卫灵公。身份尊贵，贵为一国之君。但他能够给你带来实惠、实权吗？显然不能。卫灵公不是想用孔子吗？结果其他大臣一进谗言，卫灵公不仅不重用孔子了，还怀疑上了孔子。不仅卫灵公，齐景公、鲁定公也是如此。只认君主，不取悦于大臣，尤其是君主的近臣，怎么可能受到重用，得到实权呢？

灶神隐喻的是有实权的南子、弥子瑕等人。他们地位不高，但实权在握；能与卫灵公说话，且还挺管用。

所以，王孙贾是提醒孔子，你呀，与其取悦君主，想帮他干一番事业，也实现自己的理想，还不如去取悦他的近臣，这样来得更实惠！

孔子当然明白王孙贾要说什么。但他回答道："这话不对，如果获罪于天，即使祷告也是没有用的。"

孔子讲的还是拜神。他隐喻的意思是，如果我得罪了君主，不把君主放在眼里，即使我结交有实权的近臣，得到了利益和实惠，那又有什么意义呢？

我本要维护君主的权力、地位，要正君臣，但这样的做法却恰恰相反，那我不是违背了自己的原则和底线吗？孔子在鲁国为何屡屡得罪季氏等"三桓"，因为他要"强公室、抑三卿"，就是要让君主的权力强大，削弱三卿的权势。所以，"三桓"哪容得下孔子？

孔子也可以与"三桓"妥协，互相利用，各取其利。那孔子又何需跑到卫国呢？所以，在利与道之间，孔子谨守其道，不让利害其道！

这就是"媚于奥"还是"媚于灶"的深层含义。

三、富贵可求，须以其道得之

我们经常说"穷书生"，似乎读书人就该穷。

孔子多次赞赏安贫乐道,他不想富贵吗?其实,富贵谁不想?孔子也是想的。

子曰:“富而可求也,虽执鞭之士,吾亦为之。如不可求,从吾所好。”(《论语·述而》)

古代有一种职业,叫执鞭之士,就是手握鞭子专门维持市场秩序的人,相当于现在的市场管理人员。那时的执鞭之士地位很低,收入也肯定低,如何能发得了财?

孔子说:“如果财富是可以求得来的,即使是做市场管理员,我也干;如果求不到,那就做我所喜欢的。”

孔子用了一个“求”字。“求”是强求。富贵是能求得来的么?有句俗话叫“富贵险中求”。什么叫“险中求”?就是冒险去干,有可能是冒坐牢的险、杀头的险。《水浒传》中赤发鬼刘唐、入云龙公孙胜、白日鼠白胜听说了“生辰冈”,都想劫了这一笔巨额财富,三个人都来给晁盖报信,打的旗号是“送富贵”。这可真是富贵险中求!

当市场管理员,虽然地位不高,但正当、正义,如果能发财,孔子也愿意干,因为符合生财有道。

什么是生财有道?财富来源必须合乎正道。道是什么?道义,规则,制度。太史公曰:“布衣匹夫之人,不害于政,不妨百姓,取与以时而息财富,智者有采焉。”就是说,做平民老百姓,你做的事只要不危害政治,不妨碍其他人,通过时间和付出得到财富,聪明的人都可以这样去积累财富。但如果通过买通官吏,官商勾结,得到大量的财富,这就是“有害于政”“生财无道”!商道无道,有时会导致政治无道,危害政风民风!

生财无道的例子,比比皆是,举个比较有名的吧。

和坤的财产有多少?按清朝内务府的估价,和坤的家产达 8 亿两白银,折合成人民币为 875 亿元。而当时清朝的 GDP 为 4000 万两白银。什么叫富可敌国?这里可见一斑。

有句话叫“君子爱财,取之有道”。其实,孔子早就说了——

子曰："富与贵，是人之所欲也，不以其道得之，不处也；贫与贱，是人之所恶也，不以其道得之，不去也。君子去仁，恶乎成名？君子无终食之间违仁，造次必于是，颠沛必于是。"(《论语·里仁》)

古人把富和贵分开说。

富，从字面上可以看出，有房，有人，有饭吃，还有田。贵，表示身份贵、地位高。古代，富不等于贵，贵也不等于富。有钱了不一定地位高，不一定身份贵。有地位、有名望、身份贵的人也不一定有钱。孔子贵吗？肯定贵呀，一则他是贵族，出身名门；二则他是名人，多少君主都想借重他的声望。但孔子富吗？不富。柳下惠贵吗？贵。在当时，柳下惠也是非常有名望的人。但他也不富。现在不同了，富的人就贵，贵的人就富，所以富贵不分了。这里面有多少是符合"道"的呢？

其实，对于孔子、柳下惠这样的人来说，只要稍稍降格以求，富何其容易？但他们不会，富与贵也好，贫与贱也好，孔子以道得之，也以道去之。如果不符合道，那就不得、不去。所以，孔子离开鲁国，周游列国，就是不要那种不以其道得之的富贵。

在孔子看来，读书人有两种可耻：一种是国家政治清明，而你还贫且贱——财富也得不到，甚至饭都吃不上，也没啥好名声，那是可耻的；另一种是国家政治黑暗，你还领着俸禄，甚至发着大财，当着大官，那更是可耻的了。《论语》中是这样说的：

宪问耻，子曰："邦有道，谷；邦无道，谷，耻也。"(《论语·宪问》)

子曰："邦有道，贫且贱焉，耻也。邦无道，富且贵焉，耻也。"(《论语·泰伯》)

两种可耻，皆因"不以道得之"或"不以道去之"。国家政治清明，你不能被重用，甚至连饭都吃不上，说明你自己无德无能。国家政治黑暗，正直之士不会委曲求全，也不愿同流合污，他们哪会受到重用呢？而你却发大财当大官，那说明你随波逐流、同流合污甚至助纣为虐、为虎作伥。

不以其道，不求富贵，但孔子终究也是人。是人就须吃饭穿衣、养家糊口。利益至上的春秋时期，孔子又是如何过自己的日常生活的呢？又如何盘算好家里的柴米油盐呢？

孔子19岁结婚，20岁时儿子孔鲤出生（出生时，鲁昭公派人送了两条鲤鱼表示庆贺，所以取名“鲤”），后来又有一个女儿出生。孔子的兄长孟皮有残疾，估计生计也成问题。你看，一大家子都需要孔子照料，孔子的生活压力可不小呀！

孔子是贵族出身，懂礼乐，有文化，但不会耕田种地，更不会经商。那孔子的收入主要有哪些渠道？

一是教书——办私学的收入。

子曰：“自行束脩以上，吾未尝无诲焉。”（《论语·述而》）

束脩，有的人解释为十条干肉（大概就是我们现在的腊肉那样子）。一条是多重？那总也得有个五六斤吧。那十条干肉就是五六十斤。这样算起来，孔子一年收的干肉可真不少。

有人不同意这样的解释，认为束脩是一种礼仪，就是把头发束起来，说明到了受教的年龄了。

我比较认同这种观点。当然，孔子办学、当老师，肯定是需要学生交一定费用的。孔子办的是私塾，政府没有给钱，收费是必须的。

但孔子办学不唯利是图，他不是为了赚钱而办学，甚至不是为了生计而办学。他是为了理想，为了传道，就是我们现在所说的教育家办学，而不是商人办学。

中国最伟大的平民教育家，前有孔子，后有陶行知。他们的伟大之处就在于不为名不为利而办学，他们的目光始终关照着底层，是一种最为朴素、最为纯洁的情怀。

孔子同时代也有人办学，如郑国有个邓析，他也办学校，不过办的是法律学校。邓析被称为中国历史上第一个律（讼）师、讼师的祖师爷。但邓析教的可不是仁义道德，而是教别人打官司。教打官司你就教别人好好打官司吧，但他却“操两可之说，设无穷之辞”。好比说，原告来了，我告诉他怎么对付被告；被告来了，我又告诉他怎么对付原告。这不就是吃了原告吃被告吗？

《吕氏春秋》记载了这样一件事：有一年，洧水发大水，一个有钱人掉河里淹死了。尸体被人打捞起来，这有钱人的家人去领尸体，但打捞的人说得给钱。给钱就给钱吧，但打捞的人漫天要价。你看，趁机勒索，这样的事情似曾相识吧！有钱人家属接受不了这个价，就是去找邓析。邓析说："这事不着急，这尸体不是属于你家的吗？除你之外，谁还会要？他不卖给你卖给谁呀？"家属听了就安心地回去了。这边打捞的人可着急了，尸体没人要了，不是白费力气了吗？于是也去找邓析。邓析不仅不教育他退一步成全对方，反而说："这事不着急，这尸体不是属于他家的吗？除他家之外，谁会要？他不买谁会买呀？"

你看，这不是教人不为善吗？所以，孔子办学是要"成人"。所谓"成人"，不是成年人，而是要成全人，成就完整的人格，成为完美的人。孔子的学问流传几千年，关键在于此！

孔子不为利而办学。孔子的学生中有贫穷的，也有富裕的；但一般都付得起学费，当然孔子也可能免除贫困学生的学费。

上文说到颜回生活条件不太好，孔子也经常提到颜回生活清贫，但《庄子》里有一段话，说明了颜回并不是真正的家徒四壁。

> 孔子谓颜回曰："回，来！家贫居卑，胡不仕乎？"颜回对曰："不愿仕。回有郭外之田五十亩，足以给飦粥；郭内之田十亩，足以为丝麻；鼓琴足以自娱；所学夫子之道者足以自乐也。回不愿仕。"孔子愀然变容，曰："善哉，回之意！丘闻之：'知足者，不以利自累也；审自得者，失之而不惧；行修于内者，无位而不怍。'丘诵之久矣，今于回而后见之，是丘之得也。"

孔子问颜回：你为什么不当官？你不是家里穷吗？去当官领俸禄呀！颜回说：我在城外有50亩田，城内有10亩田，足够自己喝粥、穿粗布衣。60亩，就算那时的耕种技术不好、收成一般，也还是能衣食无忧的吧。

办学有一份收入，这是孔子的诚实劳动所得。

二是主持礼仪的收入。

孔子是一个儒生，并且很有名。《说文解字》：“儒，柔也，术士之称。从人，需声。”儒，在当时是一种职业，就好比我们现在的主持人。当然，儒这种职业的地位不高，收入也很菲薄。孔子给许多人主持礼仪，估计也是免费帮忙、友情赞助的。

> 朋友死，无所归，曰：“于我殡。”（《论语·乡党》）

朋友过世了，没有人管，孔子就主动承担，料理丧事。仁者善人，孔子非常有善心，朋友有什么困难，他都毫不吝啬地给予帮助。

孔子有个发小，叫原壤。这可是个不守礼法的家伙。他的母亲过世了，他还敲着棺材唱歌。孔子拿他没办法，但也不能不管他呀，就帮忙料理其母的丧事。

三是为官的俸禄。

学以致道而后干禄。也许这才是读书人得到收入的主渠道。孔子肯定主张通过读书领俸禄，而后过上美好生活的。

> 子贡曰：“有美玉于斯，韫椟而藏诸？求善贾而沽诸？”子曰：“沽之哉，沽之哉！我待贾者也。”（《论语·子罕》）

子贡会说话，他不直接说：“老师老师，如果有人出高价要你做官，你去做么？”而是打隐语：“有一块美玉在这里，是藏在匣子里？还是找一个好的主顾卖个好价钱呢？”子贡意有所指，他为什么说“美玉”，而不说“宝马”“宝剑”呢？这些也都是宝物呀，也有很多人喜欢呀！齐景公不就喜欢宝马吗？吴王就喜欢宝剑……但跟美玉比起来，这些都是俗物！玉如君子，君子如玉，二者都品质高洁、独立不迁。有个成语叫“宁为玉碎，不为瓦全”。你看，[illegible]就是不迁就、不将就！所以，子贡以美玉喻孔子，对孔子可是打心眼里崇拜！学生打隐语，本来老师也要回之以隐语吧？但孔子一下子激动了，隐语也懒得说了，直接冲口而出：“卖啊，卖啊，我正等着出好价钱的老板呢！”

孔子出仕，做过管理粮库和放牧的小官，后来做了中都宰，只一年，就取得了显著的政绩，于是被提拔为司空，又被提拔为大司寇，即主管司法的部长，并且代理过宰相。

孔子通过做官拿俸禄，那他的收入几何？

春秋末期，官员一般不给封地了，代之以粮食作为俸禄。孔子当到部长级别的时候，年薪达6万粟（6万斗小米）。孔子到卫国，卫国给的俸禄就是参照他在鲁国的标准。孔子当了部长，按当时的规定，可以有家臣了，于是他请了家境贫寒的原思来当家臣，并且给了他九百粟。这说明，此时孔子的家境是比较富裕的。

孔子要养家，还要干事业，那就不能不考虑——利从何来。但孔子有原则有坚守，如果利有害理想和原则，那就选择"固穷"。所以，孔子一生都不富裕，甚至大多数时间是潦倒的。

那家庭负担重的孔子急着赚钱吗？

> 子曰："君子谋道不谋食。耕也馁在其中矣，学也禄在其中矣。君子忧道不忧贫。"（《论语·卫灵公》）

君子考虑的是理想，而不去考虑有没有饭吃。农夫不是天天耕种谋食吗？但还是常常挨饿；学道，则可以得到俸禄。所以，君子只担忧理想有没有实现，而不担忧自己的贫穷。读书人不要太现实，要有理想、有坚守，钱财自然会有的。

孔子担心的不是生活有没有保障，担心的是能不能有"道"、能不能守"道"、能不能行"道"。

现在许多人找工作，先不问自己能不能做好工作，先要问的是：能给我多少工资？什么时候发工资？工资会不会涨？孔子认为，这样做是不诚信的，无德、不敬。

孔子到齐国，齐景公待孔子如国事顾问。想封地给孔子，孔子推辞不受。孔子认为，我不过出出点子，还没践行，关键是我还没给你做事就得了封地，那是不仁义的。《论语》中有好几段话表达了孔子对"得"的看法：

> 樊迟问崇德。子曰："善哉问！先事后得，非崇德与？"（《论语·

子张》)

樊迟问仁。子曰:“仁者先难而后获,可谓仁矣。”(《论语·雍也》)

子曰:“事君,敬其事而后其食。”(《论语·卫灵公》)

这三段话说的是一个共同的意思:先别谈价钱,做了再说。樊迟问:怎么提升品德?孔子说:问得好,先把事情做好再得报酬,这难道不是提升品德吗?樊迟问:什么是仁?孔子说:先把难的事做好后,再收获所得,这就是仁。孔子还谈了怎么为官——侍奉君主,严肃认真地对待事情,然后再领俸禄。

问道不问食!这就是孔子奉行的原则。

四、见利思义

子曰:“吾未见刚者。”或对曰:“申枨。”子曰:“枨也欲,焉得刚。”(《论语·公冶长》)

人都是有欲望的,都想得利。

孔子就曾感叹:“我没有看到刚强的人。”

什么是刚强的人?宁折不弯,不为利益所动,坚守理想、原则和道义。这就是刚强!

孔子这么一感叹,有人就回答他说:“申枨不就是一个刚强的人吗?”

申枨是谁?有人说是孔子的学生,但不确定。

孔子说:“申枨欲望太多,哪里能够刚强?”

无欲则刚,就是这么来的!

一个人该不该有欲?有多少欲合适?

子问公叔文子于公明贾曰:“信乎,夫子不言,不笑,不取乎?”公明贾对曰:“以告者过也。夫子时然后言,人不厌其言;乐然后笑,人不厌其笑;义然后取,人不厌其取。”子曰:“其然?岂其然乎?”(《论语·宪问》)

公叔文子,与卫灵公是堂兄弟,比卫灵公年纪大很多。卫灵公对他非常尊重。当然,赢得君主的尊重不是靠年龄,而是靠品德和才能。公叔文子是个君子,做事很讲规矩。讲规矩到什么程度呢?有人说,他不说话,不笑,不取财。孔子大概也没有和公叔文子打过交道,听别人这么一听,觉得挺好奇的,于是就向卫国大夫公明贾打听了一下。

公明贾回答说:"讲这话的人讲得过了。公叔文子这个人,该说的时候才会说,别人就不会讨厌他的话;高兴了才笑,别人就不会讨厌他的笑;觉得正当、符合道义才取,别人就不会讨厌他的取。"

不该说的时候说,那是逞口舌之快;不是因为心里高兴才笑,那是皮笑肉不笑。

这里要关注的是:义然后取。该你取的时候,你应该取。什么是"该"?义是"该"!

所以,欲望是否正当,多还是少,要以"义"为参照。

义是什么?义是正当,是正义,是担当,所谓见义勇为。

> 子曰:"饭疏食饮水,曲肱而枕之,乐亦在其中矣。不义而富且贵,于我如浮云。"(《论语·述而》)

疏食就是简单的饭菜,即粗茶淡饭。古人所指的"水",是冷水,"汤"才是热水。有人就疑问了,那古人难道连开水都没得喝吗?他们不知道烧水泡茶吗?你真是想多了。我在读初中的时候,还每天喝冷水、洗冷水澡。我不是要向孔子学习"饭疏食饮水",而是那时学校条件很差,没有热水。我记得每天下自习,同学们就三五成群去学校对面的井里打水,有时还不忘在井边喝个饱,免得总是要跑路打水。

"曲肱而枕之",就是用弯曲的手臂当枕头睡觉。为什么要这样睡?没枕头?还真的没枕头。那时不仅没枕头,也没有床,就席地而睡。这样好睡吗?你试试好睡不!现代人把枕头都发展成一个产业了,可见人们对于枕头的要求之高。

这样的生活清贫、简朴,但它遵循自己的心。心安理得,坦坦荡荡。个中快乐,自有所得。如果是通过不正当的手段而求得的富与贵,就好比天上的浮云,飘忽不定,抓不到、摸不着。天上的浮云忽东又忽西,哪有我内心的平静与安定。

见利思义，这是孔子在“君子九思”中说的一句话。当碰上利的时候，想想该不该取、该不该得。如果眼中只有利，唯利是图，那就是小人了！

子曰：“君子喻于义，小人喻于利。”（《论语·里仁》）

子曰：“放于利而行，多怨。”（《论语·里仁》）

子曰：“群居终日，言不及义，好行小慧，难矣哉！”（《论语·卫灵公》）

喻，是明白、通晓。君子是明白人，他明白什么？明白道义——在利的面前，他明白利要服从义。小人是明白人吗？他不是。他精明，精于算计，精于利益。在利的面前，他的眼里不见“人”。有一种人叫精致的利己主义者，他们和一般的商人不同，商人在商言商，不见兔子不撒鹰，这就是商道。但他们不同，他们精心打扮自己，甚至百般掩饰，但背后的目的还是为己为利。你说这样的人明白吗？当然不明白！有人说过，任何一个疯狂追求利益的人，其背后都有一个极度迷茫的灵魂！

孔子又说，按照自己的利益去行事，那是会招致很多怨恨的。不是吗？你定规则，定标准，都按照你的利益来，能不引起别人的怨恨吗？单位要进人了，你有亲戚想趁此机会进来，你修改了进人要求，以前是研究生才有条件报名，你改为“专科以上（含专科），工作经历五年以上，女性，未婚”，因为你亲戚是专科毕业，五年以上工作经历，女性，未婚。每次给评优的人发奖金，你会看自己或自己重视的人在不在列，如果在列，你就重奖；如果不在列，你就意思一下。现在的大学生很多都是独生子女，考虑自己多，考虑别人少：该睡觉了，不睡，我还要看小说，于是灯就这么开着，至于会不会干扰别人，那我不管；别人都睡了，我还打游戏、和网友视频聊天，只要我开心，是不是吵着别人不关我的事。两家饭店相邻做生意，照理说，大家要和睦相处，相互照应。那不行，我写个条幅“他们家的饭菜真难吃”；我写了，那他也要写“旁边这家的饭菜吃了中毒”……

放于利而行，小人的饕餮盛宴，君子不为也！

孔子还说，一群人整天在一起，讨论的话题不涉及“义”，却喜欢玩弄一些小聪明，这是难成气候的啊。这样的场景见过吗？参与过吗？如果一群人经常聚在一起，讨论的是投机取巧、争名夺利，这样的人会成得了什么大事呢？一个人的成长如果偏离了义，虽然有时也能暂时得志，但终究难成气候甚至中途折戟。一个单位的发展如果偏离了义，虽然有时还貌似兴旺发达，但终究会走向没落，最终关门大吉。这样的例子，我就经历了。因为经历，所以懂得——懂得当下，也就懂得《论语》。

符合义的标准，这样的利，孔子是鼓励取、鼓励得的。

《吕氏春秋》中有这样两个事例足以说明孔子的“义利观”。

子路出门，看到一个人掉进河里。子路是个见义勇为的好青年，该出手时就出手，所以他也跳进河里，把人救上来了。救人那是大恩啦，所以那个人送给子路一头牛。牛在当时是比较贵重的，既可耕田，又可拉车，还可以用于祭祀。别人诚心相赠，子路推托不得，也就收下了。子路回去后，跟孔子说了这件事。孔子听了很高兴，说：你做得对，牛也收得对，从此鲁国一定会有更多的见义勇为者。为什么？因为做好事被人感谢，是一件值得称道的事。你利了人，人也会利你，互利互惠，这就是义！

子贡出门，到了其他国家，看见一个奴隶挺可怜的。一问是鲁国人，沦落到了这里当奴隶。那时，奴隶是可以自由买卖的，并且价格便宜，相当于我们现在买个电风扇之类的。秦国的名相百里奚，就是秦国用五张羊皮从楚国那买来的。看到鲁国老乡受苦受难，子贡同学不由分说，就将他赎回了。鲁国有法律规定：如果鲁国人在国外看到同胞沦为奴隶用钱将之赎回，官府会对其进行补偿和奖励。子贡不是有钱嘛，就没要官府的补偿和奖励。他觉得做善事是出于自己行仁，根本不需要什么回报。子贡回去也把这件事告诉了孔子，孔子一听，可不高兴了。孔子批评子贡说：“国家有法律要你领补偿和奖励，你领了又不会损害你的品行。你主动要就不行，但人家补偿、奖励、赠予都可以得。你不要，别人也不敢要，最后大家就干脆不去赎自己的同胞了。”哦，明白了，你子贡有钱，花钱赎个奴隶没问题，你不要补偿和奖励也没问题。问题是，别人花不起这个钱，别人需要这样的补偿和奖励。这样会导致别人这样认为，不能要补偿和奖励是吧，那就不去赎奴隶了，反正又不是我家的什么人，我干吗要管闲事？所以，义利统一，以利导义，也是需要的。

以利导义，在具体的情况中，还应该加以鼓励。还有，以利行仁，那也是值得倡导的。《史记·货殖列传》中有这样一段话：

> 故曰："仓廪实而知礼节，衣食足而知荣辱。"礼生于有而废于无。故君子富，好行其德；小人富，以适其力。

只有富裕了才有可能去懂得礼义廉耻。君子富有了，他就会行善积德，普通人富裕了，他也会做力所能及的利他之事。所以说，我们不能僵化地看"君子不言利"。好人有钱了，那是大好事，他会帮助更多的人，做更多有益于社会的事。现今社会有种仇富的情绪，这是不好的。社会发展到今天，责任与担当在每个人的心中都不同程度地存在着。许多企业家都做起了公益，投身慈善业，这是社会发展、文明提高的标志。当然，有能力的人致力于公益事业，致力于做好事、做善事，也是一种智慧的表现。

> 子曰："仁者安仁，知者利仁。"（《论语·里仁》）

孔子赞赏仁者，同样也赞赏智者。仁者心胸宽广，大爱无私，以行仁为乐，安于自己的追求；智者利用仁，因为他看到行仁对自己有利，所以会想办法行仁。相对而言，知者利仁的现象更多！

有一个企业老板对我说，做广告不如捐款做慈善，更不如自己做公益。企业做慈善、做公益，可以最大限度地获得大众的关注和好评，体现企业的责任心。行仁的过程中，于个人于企业也有很大的收获，这就是知者利仁！有一种现象，一个企业越做好事，就越有钱，就越兴旺；越不做好事，就越发展不起来。今天是这样，历史也是这样。比如，范蠡帮助越王复国后，觉得越王勾践同得了患难同不了富贵。所以，三十六计，走为上计，泛舟五湖，下海经商去了。他太会做生意了，获得了巨大的财富，成为商界景仰的陶朱公。但范蠡不贪财也不是守财奴，而是坚持"行仁好义"。钱一多了就散财，就把钱发给老百姓。司马迁这样记载范蠡："十九年之中三致千金，再分散与贫交疏昆弟。此所谓富好行其德者也。后年衰老而听子孙，子孙修业而息之，遂至巨万。故言富者皆称陶朱公。”散财不要紧，只要信念真！没多久，范蠡又会收获大量财富，这真是知者利仁、利仁者利己！

战国时，那些有钱有势的贵族都有养门客的风气，当然也是网罗人才。齐国有个孟尝君，著名的战国四公子之一，来投靠他的门客特别多。有一个叫冯谖的人来投靠他，办事人员就随便安顿了他。不久，冯谖就敲着长剑大声唱歌：“长铗啊，没有肉吃，回去吧。”办事人员就告诉了孟尝君，孟尝君当然知道，这门客中怪人多。春秋战国时，士多有怪异，个性特殊。孟尝君就要手下赶紧给冯谖肉吃。没多久，冯谖又唱歌了：“长铗啊，没有房子住，回去吧。”吃得好，还要住得好。孟尝君又派人给他安排了上好的房间。哪知没过多久，冯谖又开唱了：“长铗啊，家里没钱用，回去吧。”这人可有点得寸进尺了，胃口越来越大，从吃肉到养家，要求一个比一个高。但孟尝君不计较，他有钱。于是，他派人把冯谖的老娘也接来了，好生养着。

年末了，孟尝君要派人到他的封地薛邑去收债。要收的债太多，得派一个懂财务的、有头脑的人去。那时，真懂财务、会做会计的人可不多，士人多以谋略、敢死著称。冯谖就自告奋勇地报名了。

孟尝君就把一大堆契券给了冯谖，吩咐他收债后，看家里缺什么就买什么。冯谖到了封地薛邑，债倒没收，却假借孟尝君之名免除了所有人的债务，烧了所有的债券，然后就回去了。

孟尝君正疑惑他怎么这么快就回来了。冯谖说：“我把债务全部免了，你不是说家里缺什么就买什么吗？你看家里，宝贝多的是，山珍海味吃不完，美女也不计其数，这些都不缺。只缺一样东西：义！所以，我就用那些钱帮你买了。”

孟尝君虽然不高兴，但他有钱，也不算个啥。后来，齐国不再重用孟尝君了，孟尝君只有回到自己的封地薛邑。当他还在离薛邑百余里的地方时，薛邑的老百姓就扶老携幼在路旁迎接他。孟尝君看到此情此景，非常高兴。这就是君子利仁买义的结果！

孔子赞赏“贫而乐道”的同时，也高度赞赏富而行仁、富而好义。孔子批评“齐景公有马千驷，死之日，民无德而称焉”，他告诉我们：有钱，但没有仁义，那是无德之人！

问君子 >>>

现代讲素质教育，古代讲精英教育。现代的人说，教育就是要培养幸福的普通人；古代的人说，教育要培养君子，要成圣成贤。

清代著名理学家、教育家朱柏庐在《朱子治家格言》中说："读书志在圣贤，非徒科第；为官心存家国，岂计身家。"意思是，读书是为了成圣成贤，而不是为了登科考试；做官心中要有家有国，并不是为了自己发财。朱柏庐这话讲得好啊，读书为了做人，而不是为了中举。读书为做人，做什么样的人？做圣贤、做君子。

我们说，四书五经是圣贤书。什么是圣贤书？就是讲如何做圣贤做君子。《论语》是一部君子之书，全书 11705 个字，凡 20 篇，篇篇必讲君子。据杨伯峻先生统计："君子"这个词在《论语》中出现过 107 次；与"君子"的含义相近的"士"，出现过 15 次，两者相加共出现 122 次。

还有一个很有意思的现象。

《论语》第一篇"学而"第一章——子曰："学而时习之，不亦说乎？有朋自远方来，不亦乐乎？人不知而不愠，不亦君子乎？"

最终落脚点在谁？在君子。

再看《论语》最后一篇"尧曰"最后一章——子曰："不知命，无以为君子；不知礼，无以立也；不知言，无以知人也。"

有什么发现？是不是又回到了君子？

《论语》以"君子"开篇，以"君子"收篇。这样的编排肯定不是随意的。

那么,《论语》这部君子之书是如何讲君子的呢?

一、君子者乎

东汉许慎所著《说文解字》这样解“君”字:君,尊也。会意。从尹,从口。“尹”,表示治事;从“口”,表示发布命令。合起来的意思是:发号施令,治理国家。

子,是对人的尊称,也可以解释为先生。老子、孔子、庄子、孟子,都是尊称。

君子最初指贵族,包括天子、诸侯、大夫、士等。贵族在古代就是社会上层,国家的管理者。

《论语》里有这样两段话讲君子,这里的君子主要指的是身份,是贵族。看第一段——

> 子曰:“先进于礼乐,野人也;后进于礼乐,君子也。如用之,则吾从先进。”(《论语·先进》)

“先进”不是我们今天所说的“先进工作者”,那时候的管理层虽然有后浪赶前浪、后进赶先进的意识,但没人评你是“先进工作者”。所以,那时的先进不是模范、榜样的意思。先进,在这里指的是先学。

“野人”不是神农架传说的野人,而是指普通人,他们没有爵位,没有显赫的家族背景。

先进于礼乐,就是先学礼乐后做官。这些人就是所谓野人的普通人;后进于礼乐,就是先做官后学礼学。这些人就是所谓的君子,即贵族、官二代。

所以,孔子说,我要用人的话,要用先学礼乐的“野人”。为什么要用先进的“野人”?先进于礼乐者,一般家庭普通或贫困,没有背景,相对来说,有理想,朴实上进,只有通过自己努力才能当上官。后进于礼乐者,家庭富裕、锦衣玉食、背景强大,一般来说,他们不用那么努力,做官是世袭的。

虽然后进于礼乐者不乏优秀者,但终究先进于礼乐者更有理想,更珍惜来之不易的名誉和地位。

孔子虽然是个贵族，但终究是个没落的贵族，他的成长经历与平民百姓无异。所以，他的目光更多地投放在普通人身上，彰显的是一个仁者的胸襟和悲天悯人的情怀。

一个社会，如果阻断了下层向上层流动，下层普通人没有上升的机会和空间，社会分层厉害，阶层固化，贫者益贫，富者益富，贱者永贱，贵者日贵，这个社会就会出问题。

所以，别只把《论语》当作学生高考必读的书。半部《论语》治天下，一句《论语》可以让你醍醐灌顶，可以让你看到深层的社会问题！

看第二段，这里的君子也是指贵族——

> 子曰："君子而不仁者有矣夫，未有小人而仁者也。"（《论语·宪问》）

这里的君子非道德高尚、正直而有仁爱的人，指的是为官者。这里的小人应该指那些自私自利、奸诈损人的道德低下者。

这样就比较好理解了：为官者中有不仁的人，小人中却没有仁的人。

君子以行仁为己任，君子中肯定没有不仁的人。但为官者就不同了，官场中勾心斗角、明枪暗箭的事太多。当然，为官清正、大公无私，这样脊梁总是存在的。但没有良知、不仁不义甚至祸国殃民的官吏也总存在着。你看，"假疫苗"事件，那么多孩子受害，那么多家庭遭难，这是人祸呀。所以，为官者不仁，那祸害也就大了。

君子的最大特点是本性质朴。中国传统文化讲做人，讲得最多的是：朴。朴就是朴实、质朴。

学校里用"朴"这个字很多。很多百年名校的校训，都有一个"朴"。比如，长郡中学校训"朴实诚毅"；南京大学的校训"诚朴雄伟，励学敦行"，广西大学的校训"勤恳朴诚，厚学致新"，南京农业大学的校训"诚朴勤仁"……

那么，"朴"到底是什么意思呢？朴，本义为未加工的木材，从木，保持它原本的样子。《说文解字》里对"朴"的解释为："朴，木素也。"后引申为本质、本性。

老子在《道德经》里有这样的话:"见素抱朴,少私寡欲。"就是要我们保持朴素的本质,不要有私利和欲望。又说:"道常无名,朴。虽小,天下莫能臣。"

佛家有一句话是"明心见性"。明心是发现自己的真心,见性是见到自己本来的真性。

佛家、道家修炼的目的就是为了返璞归真,回到自己的本性。《道德经》里还说要回到儿童的"赤子之心",回到婴孩时期的本性。儿童的内心只有对善恶的质朴的诉求,不像成人那样,有那么多的贪念、欲望,所以佛家、道家都是要求回到朴素的本性。

君子为啥本性要"朴"?

君子于己修身,提高德行;于人行仁,成人之美。

试想,一个充满私心杂念的人能成为君子吗?

你说你要去当一个志愿者,去偏远的农村学校支教,这出发点好吗?肯定好。但你并不是心甘情愿地为了支教,你是被迫的,甚至你还讨厌农村学校的生活。只是因为你要评职称、要评优秀才去的。带着这种无奈的、被迫的甚至厌恶的心情,你去了农村。结果可想而知,你能做好一个支教志愿者吗?你三天两头往回跑,学生的课经常空堂,校长看到你敢怒不敢言。而真正的志愿者不同,他们一心一意为扶贫而来,为农村学生而来,为农村教育而来,他们扎根学校,全身心投入,并且为此感到开心快乐,感到人生充实而有意义。如此,学生进步很大,学校、家长也很欣慰。

这就是朴与不朴带来的不同结果。

行仁,就是要真诚地有益于他人。如果抱有私心杂念,无论如何也是行不了仁的。一个人只有内心朴实坦诚,只有不断地排空自己,才能接纳他人、接纳世界,才能成为一个真正的仁者、君子!我一直很佩服那些特殊教育学校的老师,面对各种身心有缺陷的孩子,他们包容、接纳,就像自己的孩子一样,无私地爱他们。

所以,孔子认为,要成为一个君子,本性的纯朴是至关重要的。而一个人想成为君子,必须不断修身修心,让自己的本性回归、初心回归。

其实,一个人走向社会的过程,就是本性初心不断丢掉的过程。

有一首儿歌叫《一分钱》，小时候我们都唱。歌词是这样写的："我在马路边，捡到一分钱，把它交到警察叔叔手里边，叔叔拿着钱，对我把头点，我高兴地说了声：叔叔再见。"

儿时的记忆，捡到一分钱，交给警察叔叔，那是多光荣的事！

但如果放到现在，你捡到一分钱，拿去交给警察叔叔，人家可能觉得很奇怪。因为此一时彼一时，那时的一分钱值钱，现在的一分钱不值钱。但做好事不能分大小，"勿以恶小而为之，勿以善小而不为"。救火、帮助迷路走丢的老人、捡金条交给警察，这当然是大好事。问题是没有那么多火灾要救，没有那么多迷路丢失的老人要帮，没有那么多人掉金条。你得注重身边的小事情、小细节。所以，捡一分钱交给警察叔叔，这事能做也还得做。如果你捡到一分钱交给了警察叔叔，捡到一万块钱也交给了警察叔叔，这个人的本性、初心保持得非常好。怕就怕你捡到一分钱交给警察叔叔，捡到一万块钱交给自己。

一个人，从婴幼儿成长为成人，外在环境不断使其内心发生变化。所以，不是一分钱的事，而是一颗心的事。

所以，孔子旗帜鲜明地抨击那些远离本性与初心的人。他们的本性不再纯朴。他说："巧言令色，鲜矣仁！"一个人为什么要巧言令色？是你内心发生变化的结果使然。你看到你的上司，他的长相真不怎么样。你一见面就说：哇，你好帅。你又看到了你上司的老婆，非常胖，你却说：哇，你怎么又瘦了，真的瘦好多啊。你想这样说吗？你肯定不想。当然，我们可以理解为一种人际交往的艺术方式，这就另当别论了。但有些人是有深层目的的——这样可以获得上司的好感，进而获得利益。当然，君子对你说的话是有清晰判断的，甚至认为那是可耻的，所以孔子说："巧言、令色、足恭，左丘明耻之，丘亦耻之。匿怨而友其人，左丘明耻之，丘亦耻之。"

面色也好，言语也好，有时都是靠不住的，重要的是内心的纯净质朴。

子曰："论笃是与，君子者乎，色庄者乎？"(《论语·先进》)

笃：忠实，诚实。这段话是什么意思？就是说，我们总是谈论、赞许那些言语诚实的人。这种言语诚实的人到底是真君子呢？还是只在表面上显得庄重的人呢？

孔子似乎没有做出判断，但答案其实是明确的。

怎么可以靠言语判断一个人是不是君子呢？一个人的话可能说得漂亮，但践行怎么样就不得而知了。往往还有许多这样的人，说的是一套，做的又是一套；当面是人，背后是鬼。

言语靠不住，面色靠不住，唯一能靠得住的是纯朴的内心。心不纯净质朴，那就是彻头彻尾的小人了。

子曰："色厉而内荏，譬诸小人，其犹穿窬之盗也与？"（《论语·阳货》）

荏，是一种草本植物，风霜来时，它就凋零，生命比较脆弱。所以，我们把"荏"引申为"软弱"。

窬，"穴"和"俞"合在一起。穴是洞穴；俞，捷径。窬，那就是"捷径孔道"。

这段话的意思是，神色庄重而内心虚弱的人，如果用小人来比喻，大概就像钻墙打洞的盗贼吧！

孔子要表达什么呢？

表面上神色庄重，内心却很虚弱。这样的人多吗？多乎哉！那这样的人，他要干吗？

表面上看似无欲无求、大公无私，大家对他评价很好，或许他还不断升迁，名利双收。但没想到的是，其实他内心里却充满各种不可告人的欲望。

表面上他刚正不阿，当与上司有分歧的时候，他却考虑到自身的利益，不敢同上司争论，不敢为别人直言，放纵恶人，任由坏人作恶，整个单位都被弄得乌烟瘴气。

这样的人，你身边没有吗？应该不少。究其原因，是因为各种自私改变了他们的本性和初心。

孔子这话骂得够狠的，说这样的人，不仅是小人，还是小人中钻墙打洞的贼——就靠神色庄重来蒙骗大家。

君子的形象特征是文质彬彬。不是说,君子要内心纯朴吗?那是不是只要内心纯朴就可以了呢?看《论语》中的这样一段话:

棘子成曰:"君子质而已矣,何以文为?"子贡曰:"惜乎,夫子之说君子也!驷不及舌。文犹质也,质犹文也。虎豹之鞟犹犬羊之鞟。"(《论语·颜渊》)

棘子成,卫国大夫,但历史资料中已找不到这个人的事迹了。棘子成姓棘,以植物为姓。荆棘倒是到现在依然遍布,只是没有姓棘的了,《百家姓》里也没有。什么原因?据《文士传》记载,三国时魏国有个叫棘祇的人,本姓棘,为避仇家而改为枣,任陈留太守。当时气候干旱,军民食用不足,棘祇募民屯田,国用由此而大富。晋有枣据及其子枣腆、枣嵩,都是当时的知名人物。枣姓的人,本姓棘,是卫大夫棘子成的后代,为避祸而改棘为枣。

春秋时期,大家比较看重形式上的东西,那时候人们赶时髦不比现在弱。比如鲁桓公、齐桓公都喜欢紫色的衣服,他们两个大佬一亮相,哇,整个集市上全部挂满了紫色衣服,上面还注明"鲁桓公同款""齐桓公同款",全国上下就疯抢,鲁国、齐国都紫了!幸好没有哪个君主喜欢绿色。

棘子成对当时过分注重形式的风气提出了质疑,他对子贡说:"君子只要内在品质好就可以了,为什么还要用文采去显露呢?"

子贡解释说:"可惜,大人这样谈论君子,要谨慎啊。文采和品质是不能分开的。如果把虎豹和犬羊两类皮的毛都拔掉,这两类皮就没什么区别了。"

鞟,去毛的皮。

子贡会说话,这比喻太贴切了,忒有说服力了!

庄子作为道家的代表人物,是很反对外在的形式的。他的妻子过世了,他坐在地上,箕踞,鼓盆而歌。

以孔子为代表的儒家认为,要成为一个君子,一方面要保持内在的质朴,另一方面要讲究外在的文雅。这就是所谓的"内外兼修"。

子曰:"质胜文则野,文胜质则史。文质彬彬,然后君子。"(《论语·雍也》)

如果质朴超过了文采，就显得粗野；如果外在修饰的东西超过了本质，就显得浮华。只有文质配合恰当，才是君子所需要的。

子路开始是个不修边幅的人，所以孔子说他“野哉”，太粗鲁了。但子路后来就非常注意礼仪，就连临死前也要把帽子端正，从容地死去，终成文质彬彬的君子。

“文质彬彬，然后君子。”质重要，文也重要。那么“文”有一个什么样的标准呢？具体到一个君子，外在的言行有何要求？

> 曾子有疾，孟敬子问之。曾子言曰：“鸟之将死，其鸣也哀；人之将死，其言也善。君子所贵乎道者三：动容貌，斯远暴慢矣；正颜色，斯近信矣；出辞气，斯远鄙倍矣。笾豆之事，则有司存。”（《论语·泰伯》）

孟敬子，鲁国大夫，孟武伯的儿子、孟懿子的孙子，据说是孟子的曾祖父。

曾子病了，孟敬子来看望他，说明孟敬子为人不错，尊重专家，尊重老教师。曾子对孟敬子说了一番语重心长的话，并强调我现在说的话可是真心话，你要听。估计孟敬子在个人修养和礼仪上不太讲究。曾子说的是，君子认为他坚持的道有三：一是容貌要严肃，这样就会远离粗暴和懈怠；二是脸色要端正，这样别人才会信任你；三是讲话要周正，就会远离粗鲁和背叛。

动容貌、正颜色、出辞气，是君子需要注重的外在修养。你开会穿个嘻哈服，别人怎么看你呢？你总是嬉皮笑脸，没个正形，别人就认为你不靠谱。你说话粗鄙，不积口德，别人怎么会与你为友？

二、君子哉若人

一部《论语》，一部史书。

《论语》中，孔子和他的弟子臧否人物，非常中肯。《论语》中，被孔子称为圣贤的有尧、舜、禹等，称“士”的有伯达、伯适、仲突、仲忽、叔夜、叔夏、季随、季騧等，称“人”的有子产、子西、管仲等。圣贤当然都是君子，“士”和“人”不全是君子。

《论语》中，被孔子明确称为君子的只有四人：鲁国的南宫适、子贱，郑国的子产，卫国的蘧伯玉。此四者，何人也？何以孔子称他们为君子？我们来解读一下，孔子所谓之君子是什么样的人。

南宫适

南宫适，姓南宫，名适，字子容，鲁国人，孔子学生。《史记·仲尼弟子列传》中又称南宫括。适，作人名时，要读括。

周文王有个得力助手，是文王四友之一，也叫南宫括。《论语》中说："武王曰：'予有乱臣十人。'"周武王的治乱之臣有十人，南宫括是其中之一。

读《论语》时，不要将二者混淆了。

孔子的弟子中还有一个叫南宫敬叔的人，此人是孟僖子的儿子。孟僖子临终前吩咐孟懿子、南宫敬叔兄弟拜孔子为师。

有人认为，南宫适就是南宫敬叔。其实不然。

这南宫适大概就一个家庭情况很一般但很上进的学生。幸运的是，他遇到了孔子，两人对胃口呀。对胃口到什么程度？孔子一高兴，把侄女嫁给他了。

那南宫适怎么让孔老师高兴，并把温柔美丽、知书达礼的侄女嫁给他的呢？诀窍只有一个：好好读书。所以，想谈恋爱、想找对象的同学们，你可要记住"好好读书"。什么？你说你不信，你都读成一个很老的书呆子了，还是"单身狗"。那我告诉你，可能你读的不是国学经典；可能你没碰上像孔子一样有爱心、有眼光的大师；再可能，你的老师没有适合的优秀如你的侄女；还有可能，你的老师就根本没有侄女。

南宫适就是这么幸运——

> 南容三复"白圭"，孔子以其兄之子妻之。（《论语·先进》）
>
> 子谓南容："邦有道，不废；邦无道，免于刑戮。"以其兄之子妻之。（《论语·公冶长》）

南宫适一直念《诗经》中的名句："白圭之玷，尚可磨也；斯言之玷，不可为也。"孔子听了，就把侄女嫁给他了。这句诗咋那么好，能让孔子把侄女嫁给他？这句诗出自《诗经·大雅·荡之什》。意思是，白玉有了污点还可以磨掉，但一个人讲话讲错了就不能改了，所以我们得慎重对待自己的一言一行。南宫适同学就这么时时刻刻警醒自己。这正合孔子的要求：“君子无终食之间违仁，造次必于是，颠沛必于是。”

当然，南宫适还有特别合孔子理想的一些立世之道，如：国家政治清明，他有官做；国家政治昏暗，他也不至于受到刑罚。这就是孔子要求的“邦有道，则仕；邦无道，则可卷而怀之”。

你看，好好读书的南宫适，懂得修身做人，又很有立世智慧。孔子的弟子三千，杰出的如子路、颜回、子贡等，但他们没有南宫适那么对孔子的胃口。子路太冲动了，不稳当，说不定还会打老婆。颜回就只读书，官也不做，生计成问题。子贡太能说了，又有钱，八成会让岳父、岳母在自己面前说不起话……

其实，南宫适那么对孔子的胃口，还有最重要的一条：南宫适是夫子眼中的君子。

> 南宫适问于孔子曰：“羿善射，奡荡舟，俱不得其死然；禹、稷躬稼而有天下。”夫子不答。南宫适出。子曰：“君子哉若人！尚德哉若人！”（《论语·宪问》）

南宫适和孔子聊天，说：“羿很会射箭吧，奡很会打水仗吧，但他们都不得好死；大禹、后稷亲自种田，却拥有天下。”

孔子没有回应。此时无声胜有声，深度认同。

南宫适出来了，孔子才说话：“这个人啊，君子！这个人啊，多么崇尚道德！”

完了？完了！南宫适就两句话，引起孔子如此大的反应？怎么回事？

这个羿不是传说中射太阳的后羿。后羿不仅会射箭，而且造福了人类，把九个太阳射下来了。这里说的羿是夏朝有穷氏的首领，又称夷羿。他武功高强，也会射箭。他把夏朝的君主相赶走了，自己当上了君主，成为夏代第六任君主，后被他的家臣寒浞所杀。

奡是寒浞的儿子，孔武有力，善于冲锋陷阵，但最终被歼灭。

居心叵测、图谋不轨、崇尚武力的乱臣贼子不得善终。而禹、稷以德治国，自己带头种田，一心想着老百姓有没有饭吃，有没有衣穿，最终拥有天下。

这句话揭示了深刻的道理，正是孔子要说的。孔子要说的都被南宫适说了，那他还有什么可说的？嫁侄女吧！

子　贱

子贱，姓宓，名不齐，字子贱，鲁国人，孔子学生，比孔子小三十岁（亦说小四十岁）。鲁哀公曾任命他为单父宰，派他去治理单父（今山东省菏泽市单县）。

子贱有德有才，是践行孔子礼乐治国的理想人物。

子贱被派去治理单父，年纪轻轻当了县长。照理说，他应该事无巨细，废寝忘食，夜以继日。但奇怪的是，他没有今天开会、明天开会、后天开会，总之就是不搞文山会海。他干吗？他弹琴，每天在公堂上弹琴唱歌，余音绕梁，让来办事的人都醉了。子贱的同事高兴呀：这领导，每天奉送这么好的音乐，让我们乐以忘忧，不知夜之将至；这领导，弹得如此一手好琴，如此儒雅帅气，让我们如此愿意听从他的吩咐，努力工作；这领导，没有文山会海，说人话、做人事，让工作如此简单高效，我们简直爱死他了……

单父大治！

而子贱的同学巫马期后来也治理单父，却没有弹琴。不是他不会弹琴，而是他忙得没时间、没心情弹琴。巫马期同学治理单父累呀，累到什么程度呢？披星戴月，早朝晚退，昼夜不闲，亲力亲为。你说，你当个县长，不知道抓大放小，任用人才，连安排谁扫厕所都要管，不累才怪呢！

所以，巫马期同学就问子贱：“这是怎么回事？虽然大家都治理好了，但你那么轻松，我累成了狗，什么原因？”

子贱说：“我呀，使用人才。你呢，使用力气。使用力气当然累成狗，使用人才自然闲出鸟。”

所以，评价一个领导，不能只看他辛苦不辛苦。辛苦，也许他不知道用人，不懂得放权；不辛苦，也许他知人善任，懂得抓大放小。

这就是《吕氏春秋》中记载的子贱“鸣琴而治”的典故。

子贱治单父，还有一个同学与之同仕，叫孔蔑。孔蔑是孔子的侄子。学生、侄子都在单父当官，孔子当然有机会就要过问一下。

他问孔蔑：“你当官以来，有什么得失？”

孔蔑说：“没有什么所得，所失倒是有三：一是君王的事一件压着一件，没有时间践行所学了，所以学了还是不能够明白；二是俸禄少，不能照顾亲戚，所以亲人之间关系疏远了；三是公事多且急，没有时间看望、慰问死者和病人，友情也淡了。”

孔子一听，你这不是抱怨吗？别人当官，兴高采烈，洋洋得意；你倒好，一副苦大仇深的样子。连当官都不会，还能干什么！

孔子又用同样的问题问子贱。

子贱说：“没有什么所失，所得倒是有三：一是以前在老师那儿学的东西，今天得到了践行，所学越来越明白了；二是所得俸禄，可以惠及亲戚，所以亲人之间关系更亲了；三是虽有公事，但也可以兼顾看望、慰问死者和病人，朋友之间的感情更加深厚了。”

同样的问题，截然不同的回答。不同的回答可以看出不同的心态、不同的修为、不同的才智。

所以，孔子长叹一声，说了一句高度赞扬的话：

> 子谓子贱，“君子哉若人！鲁无君子者，斯焉取斯？”（《论语·公冶长》）

孔子评价子贱，说：“子贱这个人真是君子呀，如果鲁国没有君子的话，他是从哪里学到这种品德的呢？”

子贱从哪里学的？还不从你孔子那学的。孔子当然不敢说，子贱这样的君子就是我这样的老师教出来的，还有谁教得出来吗？他只是心里这样想。

《史记》中说：“子产治郑，民不能欺；子贱治单父，民不忍欺；西门豹治邺，民不敢欺。”子产、子贱、西门豹，这三人在春秋战国时期都是风云人物。子产治理郑国主要依靠法律，做到有法可依、执法必严，老百姓自然就不能欺骗他。西门豹治理邺城,用的是威权、以其人之道还治其人之身——巫婆说要用孩子祭河神,那好,你去和河神沟通一下吧,就把巫婆丢到河里喂鱼去了,所以“民不敢欺”。子贱却不同,子贱治理单父,用的是礼乐,用的是仁德,对老百姓好,老百姓都不忍心欺骗他。这就是君子治国!

子　产

子产,姬姓,公孙氏,名侨,字子产,又字子美,谥成。他是郑穆公之孙,春秋时期著名政治家、思想家,郑简公十二年为卿,后执政,辅佐郑简公、郑定公20余年。

子产最有名的一件事是不毁乡校。

春秋时期,地方上办有学校,它是学生学习场所,又是乡民聚会的场所。那个时候,大家住得分散,又没有电话,也发不了微信。没有农活的时候,大家有事没事就到乡校去聚一下,跳个广场舞,或交流一下最近发生的新闻,议论一下国家的施政措施,免不了要骂几句娘,发一些牢骚。

子产执政后,郑国的改革比较猛,既得利益者反应很激烈。子产还说过一句话:“苟利社稷,死生以之。”就是说,只要对国家有利,我个人无论是死是活都没有关系。因此,乡民聚集于乡校,讨论时政,在一些人眼里不是什么好事。有个叫然明的大夫就对子产说:“把乡校毁了吧,老百姓没地方聚会,各回各家,各找各妈,也就没机会发出不好的议论了。”子产听了,不以为然,他说:“老乡们聚在一起吹个牛、侃个大山,正常呀。他们讨论时政,指陈利弊,不好吗?我们到哪去听这么真实的声音?你说你喊几个老乡来座谈,要他们谈我们哪做得不好,他们会说吗?所以呀,我们要听他们说。他们说我们不好,我们要改正过来;他们有什么建议,我们要接纳实行。他们就是我们的老师。”然大夫听了,深以为然了。子产又说:“民意是要慢慢疏导的,就像洪水,你只知道堵,最后土壅而川决,所以防民之口甚至防川。我们做得不好,让他们发泄一下情绪;我们尽快改正,多做利于他们的事,让他们少骂我们。”然明听了,真的明了。

子产不毁乡校,可以看出子产虽然铁血改革,但对老百姓还是宽厚和仁爱的。

子谓子产："有君子之道四焉：其行己也恭，其事上也敬，其养民也惠，其使民也义。"（《论语·公冶长》）

孔子评价子产，说他有四种行为合乎君子之道：他的容颜态度庄严恭敬，他对待君主尽心认真，他爱护老百姓并施予恩惠，他役使老百姓合于道义。

子产的四种行为容易做到吗？不容易。

子产虽然大权在握，掌握着别人的生杀，但没有得意忘形，而是时刻修炼自己，做到宠辱不惊，保持内心的从容与淡定。

鲁国的季平子势力大，也有功劳，他不把鲁昭公当回事，把鲁昭公赶到齐国去了。一国之君流落他乡，这样的事春秋时期多了去。这就是事上不敬。子产有功劳，但他不骄傲，更不怠慢君上，依然尽心尽责。

子产还是个经济家，他实行经济改革，让老百姓得到更多实惠。老百姓有钱了，国家就真的有钱了。

还有，要老百姓做事，比如打仗、修楼、兴水利，是可以的，但得合乎道理。什么是合乎道理？修的楼是否该修？是不是太豪华了？参加劳动的人该不该发点劳务费？等等。这就是执政的人要考虑的。

子产施行的是仁政，所以孔子对子产评价很高。两人虽为同时代的人，但可能没有见过面。孔子 29 岁时，子产就离开人世了。孔子听说子产逝世的消息，说他是"古之遗爱也"。子产过世，郑国举国悲痛，青壮年痛哭失声，老人像孩童一样哭泣，说："子产离开了我们，我们将来依靠谁？"

子产，真乃君子也。

蘧伯玉

蘧伯玉，姓蘧，名瑗，字伯玉，谥成子，孔子挚友。他是春秋时期卫国大夫。

孔子周游列国的 14 年，有 10 年在卫国，其中两次住在蘧伯玉家，前后达 9 年。一个朋友流浪在外，到你家住 9 年，都说久住亲也疏，如果不是意气相投的朋友，哪能住那么久？

春秋时期，卫国的国君都不太正，所谓"君不君"。卫懿公养宠物，超喜欢鹤，结果夷狄来侵，没人打仗，鹤被红烧了，懿公也被杀了；卫献公喜欢打猎，请国卿大臣吃饭，结果自己射大雁去了，两位臣子因此怀恨而叛乱；卫灵公，看名号就知道，比较乱，喜欢玩……但卫国这样子却没有亡国，不仅没亡国，还蛮繁荣的，甚至在国际上还享有较高的地位。这是什么原因呢？原因就是有蘧伯玉这样的人才各行其责，把国家管理得井井有条。

蘧伯玉经常反省自己。曾子每日"三省吾身"，蘧伯玉也如此，因而"年五十，知四十九年之非"，就是说，五十岁知道前四十九年的过失。天啊，他不是一生下来就写日记专门记自己的过错的吧？

《论语》中这样记载：

> 蘧伯玉使人于孔子，孔子与之坐而问焉，曰："夫子何为？"对曰："夫子欲寡其过而未能也。"使者出，子曰："使乎！使乎！"（《论语·宪问》）

蘧伯玉与孔子如果没时间见面，就会互派使者，相互慰问。为什么要派使者？一则表示尊重，派人来慰问，是很大的面子；二则表示身份，都是有身份的人，派人慰问更合礼仪；三则可以送个土特产什么的，因为那时没有快递，寄个信都要个把月，寄个腊肉什么的给对方，等收到估计都坏掉了。

使者来了，孔子肯定要问老蘧的情况："他都在干什么呀？"使者说："蘧先生每天都在减少自己的过失，却还没有做到。"这句话说得特有艺术，既没有夸大其词赞美蘧先生，又恰当地传达了蘧先生的状态。所以，孔子赞叹："好一个使者！"

蘧伯玉还特别守礼。一天深夜里，南子睡不着，卫灵公就陪着她在宫里看星星。突然，车声辚辚而来，由远而近，到了宫前就停下来了。卫灵公正在想：这谁呀，大半夜的不睡觉？这时，南子开口了，说："一定是蘧伯玉经过这里。"卫灵公有点沮丧了，他知道这老蘧不打牌，也不喝酒，最喜欢的就是不停地反省自己这错没错、那错没错，烦人！卫灵公问南子："你怎么知道经过的是蘧伯玉？"南子说："蘧伯玉最懂礼了，经过君主的宫殿，不管有人还是没人，他一定会下马叩拜的。"果真如此。

蘧伯玉还有什么值得称道的呢?

子曰:“直哉,史鱼!邦有道,如矢;邦无道,如矢。君子哉,蘧伯玉!邦有道,则仕;邦无道,则可卷而怀之。”(《论语·卫灵公》)

史鱼也是卫国的大夫。他是出了名的刚正不阿。不管国家是什么情况,他就像一支箭一样,既锋利又刚直。孔子没有说他是君子,但吴国的季子高度赞赏他为卫国君子、国之柱石。

史鱼知蘧伯玉贤,全力向卫灵公推荐他。但卫灵公那时正迷恋上了弥子瑕,两人打得火热。卫灵公和弥子瑕到后花园里玩,弥子瑕摘了一个桃子,先自己咬了一口,说:“蛮好吃的,给你吃吧。”卫灵公就“兹巴”“兹巴”地吃了。你说,他哪会重用蘧伯玉这个整日反省、絮絮叨叨的老头。

史鱼病重了,估计自己不久于人世,就对自己的儿子说:“我生前无法正君,死后也就无法成礼,你们不要治丧,把我的尸体停在窗边。”古人对于死是特别重视的,许多帝王从即位开始就筹划自己死的事。史鱼可是个有名望的重臣,死了这样处置,是重大新闻。

不久,史鱼真过世了,儿子只能照办,不治丧,停尸窗边。这叫尸谏。这可急坏了卫灵公。你这史老头要干吗呀?这不是在打我的脸吗?要是敌对势力知道了,说我无道,正好找这个借口把我灭了,怎么办?惹不起,也躲不起。弥哥,你走吧。那谁谁谁,蘧伯玉,你来吧,我重用你。

蘧伯玉就这样被卫灵公重用了。但蘧伯玉说:“你重用我也得看你有道还是无道。有道的话,我就当官,努力工作,奉献本领;无道的话,我把自己的本事收藏起来,装傻子,说一加一等于四;还装病,说得了糖尿病,天天吃苦瓜。”

孔子赞蘧伯玉为君子,是因为他在仕途上懂得进退,有自己的原则和节操。

三、君子品格

孔子称君子,主要从品格上来说的。所谓“君子不器”,就是说,君子不是具有某种或某些实际的用途，而是具备某种或某些美好的品格。

今天，我们说君子，很多时候也是从品格上来说的。是否为君子，要看一个人有没有具备最为主要的道德和品性。子夏曾说："大德不逾闲，小德出入可也。"就是说，在重要的道德上不能超越界限，在小节上有些出入是可以的。

人无完人，君子也不是完人。子路是君子吗？肯定是的，但子路粗野、冲动、急躁，是有缺点的。完人就是圣人。世间又有几个圣人？孔子也说过："圣人吾不得而见也，得见君子者，斯可矣。"又说："尧舜其犹病诸。"你看，孔子都说："圣人我是看不到了，只要见到君子就可以了。""尧舜是圣人吧？但还受到指责呢！"

那么，君子有哪些美好的品格？

君子固穷

君子都是深怀救世济民理想的。然世间之事，总是差强人意，理想丰满，现实骨感。因此，君子发出这样的强音："达则兼济天下，穷则独善其身。"

相比较而言，中国传统文化中，富了贵了，要弘扬理想，实现君子之道，就好办多了。因为，行善积德，是古已有之的文化基因。子贡富裕了，问孔子："如有博施于民而能济众，何如？可谓仁乎？"有钱了，有能力了，就要博施济众。

但在贫贱的时候，要坚守理想，依然乐于君子之道，显然是一件十分困难的事。所以，对于君子来说，最大的考验就在于"贫且贱焉、穷且困焉"能否固守心中的道。

能否固穷，实为对君子真伪的考验。

孔子周游列国，离开陈国后，打算去楚国看看。未曾料到亲吴势力不想孔子到楚国去。吴国与楚国都是典型的好战分子，又是死对头，一天到晚不是你死就是我亡。孔子如果去了楚国，吴国一则在国际舆论上落了下风。国际广播电台肯定会发布重要社论，说：世界和平大使、伟大的圣人、著名的专家孔子历经千辛万苦莅临楚国，将与楚昭王进行长达三个月甚至三年的友好会谈。世界和平大使、伟大的圣人都去了楚国，那我吴国不就是不爱和平、不讲仁义了？不就是侵略者、好战分子了？二则在实力上已经输了。传说孔子去楚国，楚昭王要封七百里地给孔子。楚国有的是地，有地就有钱，就可以吸引更多的人。孔子这样的人才如果留在楚国，如果被委以重任，楚国就会更加强盛。那样不出几年，天下都变熊猫眼了（因为楚国国姓熊），哪儿还有我吴国的立足之地？

围住孔子，不让他去楚国。要不要杀了孔子呢？那是万万不能的。孔子是谁？你杀他，世界人民会共同讨伐的。所以，在陈蔡之间，困住孔子和他的小伙伴，让他们动弹不得。

七天七夜了，粮断了，小伙伴们都病了，起不了床。子路没事，他从小练武，底子好。子贡也还好，他机灵，能说会道，时不时地从包围的人那弄些包子、馒头的。孔子也挺好，弟子们总还是尽心照顾他，有吃的总还是让他先吃……但子路不高兴了，感觉老师说的话与现实严重不符，心生怨恨，就质问孔子。于是《论语》中就有这样的场景与对话：

> 在陈绝粮，从者病，莫能兴。子路愠见曰："君子亦有穷乎？"子曰："君子固穷，小人穷斯滥矣。"（《论语·卫灵公》）

子路质问："君子也有这么穷困的时候吗？"孔子回答他："君子在穷困的时候也会坚守理想，而小人穷困的时候就会放弃理想，胡作非为。"

君子固穷。如果在逆境中改变自己的理想，不再坚持心中的道，那不过是投机的小人罢了。

所以，孔子高度赞扬颜回，因为他安贫乐道。安贫还乐道，那得拥有一颗无比强大的心，那得对心中的道无比地坚定，那得对当下的人生无比地热爱。

> 子曰："士而怀居，不足以为士矣。"（《论语·宪问》）

孔子说："作为一个读书人，却贪图安逸，真不配做读书人了。"

当下所谓的读书人在数量上是超过任何一个时代的。但似乎没有高档小车就读不了书，没有高档住宅甚至很多套房就读不了书，没有各种名流应酬就读不了书……然后，当你真的拥有了这些，你又有多少时间、多少心思读书呢？所以，我们不倡导苦读，也不能否定苦读。有时，真正的读书还真的与艰苦的条件相得益彰。

子欲居九夷。或曰:“陋,如之何?”子曰:“君子居之,何陋之有!”(《论语·子罕》)

九夷,是一个地方。古代称夷,肯定是文明程度不高、异常闭塞的地方。孔子为什么想要住到九夷这个野蛮而偏僻的地方去?是想散散心,安静安静?还是去支教,提高一下偏远地区的教育水平?不得而知。反正他就是要住到那儿去。城里的别墅不住,要住偏远的深山。有人就问了,说:“那地方太简陋了,怎么办?”简陋到什么程度?不会是一个山洞吧?有地方如厕吗?有地方沐浴吗?我们不得而知。孔子肯定知道简陋到什么程度。但孔子说:“如果君子住在那里,那有什么简陋的呢?”

君子住山洞,那山洞就不是山洞了?君子住茅屋,那茅屋就不是茅屋了?是的,君子心中有理想,那理想就是天下,那理想就是苍生,山洞、茅屋和洋房、别墅真没什么区别。

君子通达

古人很喜欢用“通达”这个词。

当下的人也喜欢用“通达”这个词,但谁又能真正懂得它的深层含义呢?

见过一个人,自以为很有本事,很有“关系”,挖空心思,当了一个单位的领导,那种洋洋得意毫无保留地展露,自以为通达了。但没几年,那个单位就垮得差不多了。这是通达了吗?通达什么了呢?我看这是个人的目的通通达到了而已。

子曰:“君子上达,小人下达。”(《论语·宪问》)

上达是什么?《论语》中把“上”“下”分得很清楚的。除了这一段,还有“下学而上达”等。上,指的是理想、境界、人生、“道”等形而上层面的;下,指的是物质、生存、名利、“器”等形而下层面的。

君子上达,是说君子能够通达于理想、仁义、人生、“道”等层面。

小人下达,是说小人只是局限于物质、名利、生存、“器”等层面。

在历史的长河里,你有一千万、一个亿,那又怎么样呢?你是总裁、董事长、总经理,那又一定能留下什么吗?你有几套、几十套房产,那又如何呢?

“万里长城今犹在，不见当年秦始皇。”孔子没有封地，没有豪华别墅，没有亿万资产，但孔子今天依然在！孔子为什么在？因为他的“道”在，因为他上达于仁义。

君子通达于仁义，所以，他有所为有所不为，无所为也无所不为。

子曰：“当仁，不让于师。”（《论语·卫灵公》）

子曰：“君子去仁，恶乎成名？君子无终食之间违仁，造次必于是，颠沛必于是。”（《论语·里仁》）

子曰：“君子疾没世而名不称焉。”（《论语·卫灵公》）

君子以弘道行仁为终身追求，时刻不能违背仁德；只要有机会行仁，就应毫不犹豫地行动。

孔子以礼教化人，连射箭比赛都要以礼成之。但他说：“在应当行仁的时候，即使是你的老师也不要同他谦让。”孔子行仁不为名利，但如果以仁成名，孔子不仅觉得未尝不可，还疾呼“君子去掉了仁德，怎么成就自己的名声呢”，觉得“君子要是到死还没有广大的名声的话，那是一件很悔恨的事”。

如果一个君子一生不违仁，一生行仁，而不被时代认同，不被传扬，那不仅是他个人的悲哀，而且是那个时代的悲哀、整个人类的悲哀！

历史沧桑中，人心的复杂在加剧。孔子所在的时代，许多人也把行仁看成捞资本、看成装积极、看成为名利、看成多管闲事……今天，持这样看法的人依然有。在这些年的“春晖援教”志愿活动中，我有许多深切的感受：每当我们想为农村老师做一些事情时，总有人非议你，有的真可谓“以小人之心度君子之腹”。郁闷的时候，我在心里反问：是君子之风在这个时代式微了，还是小人大行其道？当然，更多的是孔子的仁义之道没有深入大多数人的心中。孔子已经远离我们了，《论语》只是停留在书架上了。所以，我们要呼吁孔子回来，让《论语》走进我们的生活。

君子通达于仁义，所以他有担当——

曾子曰：“可以托六尺之孤，可以寄百里之命，临大节而不可夺也。君子人与？君子人也。”（《论语·泰伯》）

古代一尺约为23厘米，六尺约为138厘米。六尺之孤就是幼小的孤儿。古代宫廷斗争厉害，君主托孤的事非常频繁。

春秋时期诸侯国多，大的面积非常大，像楚国、齐国、晋国；小的面积特别小，可能如今的一个村、一个镇也是一个国。百里之命就是一个小国家的命运。春秋时期，大国兼并小国像吃面条，小国的命运可谓风雨飘摇、朝不保夕，所以，也经常有寄命于君子的状况。

托孤也好，寄命也好，守大节也好，那是要付出代价的，有时甚至要付出整个家族的生命。非君子不能为也！因为君子通达于仁义，因此，幼小的孤儿可以托付给他，国家的命运可以寄托给他。守大节而不动摇，这就是君子！

君子讲规则

也曾听人说过，某某某谁都不得罪，好人呐！谁谁谁在几百上千员工的评议中获得百分之百的好评，君子呀！

谁都不得罪，获得百分之百的好评，就是好人、君子吗？如果是，那只有一种可能：我们进入共产主义社会了，人们的素质达到毛泽东所说的“六亿神州尽舜尧”的状态了，大家都是君子了、圣人了，因此不需要你得罪谁，谁也不会对你有什么不满意。

其实，那种好人说好、坏人也说好的人，孔子称他为乡愿，并说“乡愿，德之贼也”。一味地好，没有善恶之分，是君子吗？绝对不是！

因为，君子有原则，有底线，讲规则。

> 子曰：“君子怀德，小人怀土；君子怀刑，小人怀惠。”（《论语·里仁》）

土，有人解释为家乡。这不合理。中国人都有一种乡土情结，都容易患一种思乡病，到哪里都想家，那我们都是小人吗？肯定不是。土，可以译为财产。土地是最重要的财富。1949年之前，中国人做梦都想有一块属于自己的土地，所以共产党领导农民闹革命，归根结底，闹的是土地革命。

这样就好理解了。孔子说：“君子关心的是道德，小人只关心财产；君子关心的是法度，小人只关心好处。”

我是卖奶粉的，我制造劣质奶粉，减少成本，增加收入，至于小孩吃了好不好，别人会不会骂我缺德，那不关我的事。这就是“小人怀土”。如果是君子，那就不同了。君子首先要考虑我这样做是不是有仁德，会不会给我增加仁德，而不是考虑财富增长的问题。

我是一个单位的主要领导，部门要负责人，那好，谁给我好处，谁平时马屁拍得响，我就让谁去当，至于什么标准、什么原则，对单位发展有没有损害，通通不考虑。这就是“小人怀惠”。如果是君子，那就不同了。我有我的标准和原则，利于发展事业、有德有才的，我才大胆使用。

别以为我的“取譬”都是天方夜谭，我看到的、经历的例子还真不少。所以，生活的境遇不同，对《论语》的解读也就不同。《论语》就是一面镜子，照出的不仅是相同的历史，还有不同的现实、不同的你我！

你说，是有原则、有底线、讲规则的君子好相处，还是无原则、无底线、讲潜规则的小人好相处？先别急着回答，看《论语》——

子曰：“君子易事而难说也。说之不以道，不说也；及其使人也，器之。小人难事而易说也。说之虽不以道，说也；及其使人也，求备焉。”（《论语·子路》）

孔子说：“与君子共事很容易，而要取悦于他很难。如果不用正当的方式去取悦他，他就不会喜欢；而等到他用人，那就会量才为用。与小人共事很难，而要取悦于他很容易。虽然用不正当的方式去取悦于他，他会喜欢；而等到他用人，那就会求全责备。”

有些人只要你把事情做好了，取不取悦于他都没有关系。你到他家拜年，想送个特产啥的，他会很不高兴地说：“需要这样吗？”你说：“领导您辛苦了，我请您洗个脚、泡个澡、打个牌、唱个歌什么的。”他会声音提高八度，说：“你把事情做好，让自己更专业，只需这样。”而他用人，谁适合就用谁。这样的人，你不喜欢吗？如果碰上了，你要珍惜。

相反，有些人只要你给好处就接受，你说洗脚、泡澡、打牌、唱歌，他高高兴兴地来、欢欢喜喜地去；而做事时不给你半点空间，自己不清白，还瞎指挥。

由于自己平庸，他要用人的时候恨不得你就是孙悟空。这样的人，你喜欢吗？如果碰上了，算你倒霉。

因为，君子有原则、有底线、讲规则，所以——

> 子曰："君子矜而不争，群而不党。"（《论语·卫灵公》）
>
> 子曰："君子周而不比，小人比而不周。"（《论语·为政》）
>
> 子曰："君子和而不同，小人同而不和。"（《论语·子路》）
>
> 子曰："君子泰而不骄，小人骄而不泰。"（《论语·子路》）
>
> 子曰："君子求诸己，小人求诸人。"（《论语·卫灵公》）

那君子的原则、底线、规则是什么？仁义！只要是合乎仁义的，那就是君子所追求的；如果不合乎仁义，君子就有所不为。

有谁给君子规定了什么行动细则吗？没有。孔门弟子都很想成为君子，估计也想要孔子给个行动细则的，孔子没给，只给了一段话：

> 子曰："君子之于天下也，无适也，无莫也，义之与比。"（《论语·里仁》）

君子对于天下的事情，没有规定要怎么干，也没有规定不要怎么干，只要合理正当就可以。什么是合理正当？就是合乎仁义、合乎君子之道。你说，你要成立一个读书会，传播君子之学。可以呀，这合乎仁义。你说，你要帮助失独的老人，给他们带去温暖。可以呀，这合乎仁义。什么？你说，你要当村匪路霸，要别人留下买路钱。这不合乎仁义，不可以。

君子的品格还有很多，基于篇幅的限制，只能举要说之。

四、君子之行

孔子的君子之学强调"下学而上达"，同时也需要"上学而下达"。

我们学了那么多关于君子的知识，那落脚点在哪里？我们要干什么？落脚点在于做，我们要成为君子！

成为君子难吗？不难也不容易。君子无定法，修行在自身。

看孔子如何说——

君子不在嘴上，而在路上

其实，在现实世界里，谁都希望别人称他为君子，而不愿别人称他为小人。只不过，许多人的做法不是“我做给你看，我是君子”“你看我做，我是君子”，而是“我说给你听，我是君子”“你听我说，我是君子”。

尽管很会说，也说了很多，尽管也蒙骗了不少无知者，甚至收获了不少追随者，但终究无法让你成为君子，有时甚至滑向小人的那一边，并且越走越远。真正的君子，在路上，在行动中！

所以，孔子反对那些言过其实的人，他认为，君子重在践行。

> 子贡问君子。子曰：“先行其言而后从之。”（《论语·为政》）

你说你会说、口才好。你总比不上子贡会说吧，总没有子贡口才好吧。子贡说动围困的敌人心甘情愿地给他送包子、馒头，解了陈蔡之厄；说服吴、齐、晋、越等国，化解鲁国的危机。所以司马迁说：“故子贡一出，存鲁，乱齐，破吴，强晋而霸越。”

子贡这么会说，靠嘴巴获得了那么大的功劳，照理说，孔子应该表扬他，最起码也得犒劳一下他那伟大的嘴巴吧，但是孔子没有。他不但没有表扬和犒劳，还批评子贡说的多、干的少：“要想成为一个君子，先把你要想说的做了，再说出来。”

你有一个“小目标”，要赚一个亿，那你先努力去赚吧，不要急着说出来。你要是赚到了再说：“你看，我去年就有一个‘小目标’，要赚一个亿，今年终于实现。”那不知道有多少人崇拜你，媒体会聚焦你，名流也以认识你为荣。但如果你还没行动，就向大家说：“我有一个‘小目标’，要赚一个亿。”一则不会有人信你；二则人家会认为你大概疯了；三则可能还会有人打你一顿，因为人家努力了一辈子，一个亿的影子都没看到，正为微薄的收入心生怨恨，就把怨气发到你身上。

吹牛吹不出君子，说漂亮话也成不了君子。要想成为一个君子，行动比说更重要——

> 子曰：“君子耻其言而过其行。”（《论语·宪问》）

子曰:“君子欲讷于言而敏于行。”(《论语·里仁》)

子曰:“君子不以言举人,不以人废言。”(《论语·卫灵公》)

君子不忧、不惑、不惧

你忧虑吗?相信这世上每一个正常人都或多或少、或长或短地存在忧虑的。

子曰:“君子道者三,我无能焉:仁者不忧,知者不惑,勇者不惧。”子贡曰:“夫子自道也。”(《论语·宪问》)

“仁者不忧。”仁者没有忧吗?君子没有忧吗?好像不是这样的。

子曰:“君子忧道不忧贫。”

子曰:“德之不修,学之不讲,闻义不能徙,不善不能改,是吾忧也。”

其实,还有一个字与忧比较接近:患。《论语》里也有用“患”的,比如:

子曰:“不患人之不己知,患不知人也。”

子曰:“不患无位,患所以立。不患莫己知,求为可知也。”

那么,“患”与“忧”有何区别?

据我的分析,大概是这样的:患的是比较现实的问题,忧的是比较理想的问题;患在近处,忧在远方。

子曰:“鄙夫可与事君也与哉?其未得之也,患得之;既得之,患失之。苟患失之,无所不至矣。”(《论语·阳货》)

孔子说:“鄙夫,怎么可能与他一起干事呢?他没有得到的时候,就担心得不到;已经得到了,又担心失去。如果担心失去,那就无所不为了”。患得患失这个成语就是这么来的。患的都是个人的东西。

《诗经·黍离》中有这样的诗句:“知我者谓我心忧,不知我者谓我何求。”这个“忧”用得好。我忧,不是忧我的房子没有了,不是忧我的禾苗没有了,不是忧我的家没有了,而是忧这个国家乱了,人民流离失所了。这是忧,不是患。

朋友这样对我说:“你看我都三十岁了,还找不到合适的对象。忧啊!”我说:“你这哪里是忧啊,是患。”同事对我说:“你看我有才吧,人也勤勉吧,为什么每次提拔都没我的名字?忧啊!”我说:“你那是患,不是忧。”同学对我说“你看我有远大的理想,我想做一个帮助贫穷孩子的爱心天使,但我的理想却没有能实现。心中忧虑啊!”我说:“这是忧。”

所以,孟子说:“是故君子有终身之忧,无一朝之患也。乃若所忧则有之:舜人也,我亦人也。舜为法于天下,可传于后世,我由未免为乡人也,是则可忧也。忧之如何?如舜而已矣。”孟子所忧何?如何成为舜这样的人。

仁者不是没有忧,是没有患而已。

你对于办刊很有见地,也很有经验。现在纸质媒体不景气呀,发行量都不断萎缩。你所在的刊物也一样。加之,你所在的刊物办刊理念陈旧,刊物办得很不专业,越来越多的读者觉得订你们的刊物没啥意义。这个时候,你想正好发挥你的专长,用你的所学以及多年的经验来办好刊物。但你又担心别人说你想当官,说你是为了提高自己的待遇,说你想吃天鹅肉……总之,担心很多。

这不是一个仁者的表现!如果你是一个仁者,那么你只需考虑你的所作所为是不是符合仁义。至于别人的议论以及得到的结果,不是你要考虑的。所谓“君子坦荡荡,小人长戚戚”。

知者不惑。孔子说:“四十而不惑。”为什么四十就没有困惑了?很多人不明白。

我们身边一些五十、六十的人还天天为这个待遇、那个排名纠结得不了。有一回,一个教研部门请我去评议他们的校园文化建设方案。为表示重视,教育局还特意下了文,把这次请的评议人员名单打了上去。有人的地方就有江湖。有几个人总要排名吧,他们把我排在最前面。结果,评议过程中,有位专家不高兴了,一开口就质问:“这排名是怎么搞的,为什么我排到后面去了?”然后又说:“我这些年一直在读《论语》,作了较深的研究,这《论语》真值得大家读呀。”在座的人都偷偷地笑了。这哪像个读《论语》的人?还研究较深?连孔子的“不惑”都没弄明白呀!

孔子的意思是，人到了四十岁，学识、修养达到了一定的高度；坎坷也好，平途也好，经历了许多，应该有一定的境界了；这个时候，应该明白哪些是值得追求的，哪些不过是眼前的浮云。

智者懂取舍，知进退，所以不惑。

君子还要不惧。不担心这、担心那；选择了、看准了，就应该无惧风雨，勇敢地前行。

> 司马牛问君子。子曰："君子不忧不惧。"曰："不忧不惧，斯谓之君子已乎？"子曰："内省不疚，夫何忧何惧？"（《论语·颜渊》）

司马牛问怎么成为君子。孔子就说了"不忧不惧"四个字。估计司马牛最大的缺点就是忧与惧。你看，他一下子忧心忡忡地，说："你们都有兄弟，我没有，我忧愁啊。"这兄弟有无，你忧有何用？父母不给你生兄弟，谁也没办法。可能他还畏首畏尾，不敢大胆行仁。所以孔子要他不忧不惧。司马牛比较迟钝，对老师的问题不太明白，说："就这么简单吗？"孔子说："简单吗？每一件事都问心无愧，那就是不忧不惧了。"道理还是那个道理，我本着行仁之心去做事，我尽心了，别人要怎么说，我不忧不惧。

我们常赞赏君子是仁者、智者，但不太注重君子是勇者。君子之勇虽在外在表现上比不上匹夫之勇，但其勇气与力量烁古震今。因为，匹夫之勇是一种没有理想与智慧的莽汉行为，而君子之勇是为理想而拼命的壮士之举，它无所欲求却义无反顾。

君子三畏、三戒、九思

就这样大胆地干，可以成为一个君子吗？除了干，还要有所畏，有所戒，有所思。

> 孔子曰："君子有三畏：畏天命，畏大人，畏圣人之言。小人不知天命而不畏也，狎大人，侮圣人之言。"（《论语·季氏》）

没有敬畏就没有底线。

天不怕地不怕，奶粉乱添加，疫苗也造假！君子中不会有这样的人，那是彻头彻尾的小人。

君子敬畏天命，敬畏有德有位的人，敬畏圣人的话。

什么是天命？我们可以理解为自然的规律。随意搬山卸岭，排放污水，砍伐森林，狩猎动物，造成破坏，物种灭绝……这就是不敬畏天命，迟早会遭来报应。人类是大自然的一部分，人的生命不能与自然的规则相违背。中医说，晚上十一点必须上床睡觉，因为我们的内脏要休息，要排毒；如果熬夜，危害很大。这是个人的生命与大自然的运行要相一致。所以，按时吃饭睡觉，有规律地生活，也是遵循天命，也是对天命的敬畏。

什么是大人？有德且有位的人。古人讲，德要配位，有德者必有位，有位者必有德；德不配位，必有灾殃。讲得对吗？太对了。多少灾殃的发生不就因为德不配位吗？不说那些贪官了，就说普通人。你是老师，如果你不尽心教书育人，或者乱教一通，那孩子不是遭殃了？你自己也终究会遭殃。你是一个单位的领导，如果你不“执事敬”，而是谋私利，拉帮结派，任人唯亲，那单位垮掉了，多少人失去工作？你也会受到法律的制裁——如果没有，那是正义的迟到！所以，在古人那里，有德的人一定要有位，有位的人一定要德，这就是大人。对这样的人，要敬畏。

什么圣人之言？我们学的《论语》就是圣人之言。圣人之言，是历经很多岁月而沉淀下来的，所以是人生的箴言。也许你读的时候没有感受到他的魅力，但在人生的某一个境遇、某一个时刻、某一个节点，你会发觉，几千年前，孔子也曾遇到这样的问题，说过这样的至理名言。这就叫情通古人。所以，我们读《论语》，就是与孔子的心灵对话，就是畏圣人之言。

> 孔子曰：“君子有三戒：少之时，血气未定，戒之在色；及其壮也，血气方刚，戒之在斗；及其老也，血气既衰，戒之在得。”（《论语·季氏》）

孔子说的三戒，其实蕴含着敬畏。这是对生命的敬畏，也属于天命的范畴。年轻时，血气还未定，不能迷恋女色，否则身体就会出问题。中国最后一个皇帝溥仪在自传中讲到，自己还很小的时候，就被太监们带去亲近女色，结果身体出了问题。壮年了，血气方刚，容易冲动，喜欢打斗，会造成流血事件，害人害己害家庭。人老了，夕阳西下，人生无多，但不甘心，要抓住青春的尾巴，想占有更多，但血气衰弱，容易把握不住，这时要静心养气，回归平静。春之繁华，秋之静美，那是天命。

> 孔子曰："君子有九思：视思明，听思聪，色思温，貌思恭，言思忠，事思敬，疑思问，忿思难，见得思义。"（《论语·季氏》）

孔子说，要想成为一个君子，看要看明白，听要听清楚，脸色要温和，态度要庄重，说的话要忠诚老实，工作要严肃认真，有疑问要多问，要发火先想别人的难处，获得利益要想是否正当。九思，就是一个君子的日常行动指南。

"君子之道费而隐。"君子的道广大而精微。正所谓"道心为微，人心为危"，只有不懈努力，方能成君子人。

附　　录

引用的《论语》原文

一、问道

1. 长沮、桀溺耦而耕，孔子过之，使子路问津焉。长沮曰："夫执舆者为谁？"子路曰："为孔丘。"曰："是鲁孔丘与？"曰："是也。"曰："是知津矣。"问于桀溺，桀溺曰："子为谁？"曰："为仲由。"曰："是鲁孔丘之徒与？"对曰："然。"曰："滔滔者天下皆是也，而谁以易之？且而与其从辟人之士也，岂若从辟世之士哉？"耰而不辍。子路行以告，夫子怃然曰："鸟兽不可与同群，吾非斯人之徒与而谁与？天下有道，丘不与易也。"(《论语・微子》)

2. 子路从而后，遇丈人，以杖荷蓧。子路问曰："子见夫子乎？"丈人曰："四体不勤，五谷不分，孰为夫子？"植其杖而芸，子路拱而立。止子路宿，杀鸡为黍而食之，见其二子焉。明日，子路行以告，子曰："隐者也。"使子路反见之，至则行矣。子路曰："不仕无义。长幼之节不可废也，君臣之义如之何其废之？欲洁其身而乱大伦。君子之仕也，行其义也，道之不行已知之矣。"(《论语・微子》)

3. 楚狂接舆歌而过孔子曰："凤兮凤兮，何德之衰？往者不可谏，来者犹可追。已而已而，今之从政者殆而！"孔子下，欲与之言，趋而辟之，不得与之言。(《论语・微子》)

4. 子击磬于卫，有荷蒉而过孔氏之门者，曰："有心哉，击磬乎！"既而曰："鄙哉，硁硁乎！莫已知也，斯已而已矣。深则厉，浅则揭。"子曰："果哉！末

之难矣。”(《论语・宪问》)

5. “唐棣之华,偏其反而。岂不尔思,室是远而。”子曰:“未之思也,夫何远之有?”(《论语・子罕》)

6. 子夏曰:“虽小道必有可观者焉,致远恐泥,是以君子不为也。”(《论语・子张》)

子夏曰:“百工居肆以成其事,君子学以致其道。”(《论语・子张》)

7. 子曰:“饱食终日,无所用心,难矣哉!不有博弈者乎?为之,犹贤乎矣。”(《论语・子张》)

8. 太宰问于子贡曰:“夫子圣者与?何其多能也?”子贡曰:“固天纵之将圣,又多能也。”子闻之,曰:“太宰知我乎?吾少也贱,故多能鄙事。君子多乎哉?不多也。”(《论语・子罕》)

9. “居天下之广居,立天下之正位,行天下之大道。”

10. 子路问君子,子曰:“修己以敬。”曰:“如斯而已乎?”曰:“修己以安人。”曰:“如斯而已乎?”曰:“修己以安百姓。修己以安百姓,尧、舜其犹病诸!”(《论语・宪问》)

11. 子曰:“臧文仲居蔡,山节藻棁,何如其知也。”(《论语・公冶长》)

12. 齐景公有马千驷,死之日,民无德而称焉。伯夷、叔齐饿于首阳之下,民到于今称之。其斯之谓与?(《论语・季氏》)

13. 厩焚,子退朝,曰:“伤人乎?”不问马。(《论语・乡党》)

14. 子路问事鬼神。子曰:“未能事人,焉能事鬼?”敢问死。曰:“未知生,焉知死?”(《论语・先进》)

15. 叶公语孔子曰:“吾党有直躬者,其父攘羊,而子证之。”孔子曰:“吾党之直者异于是。父为子隐,子为父隐,直在其中矣。”(《论语・子路》)

16. 宪问耻,子曰:“邦有道,谷;邦无道,谷,耻也。”(《论语・宪问》)

17. 子曰:“笃信好学,守死善道。危邦不入,乱邦不居。天下有道则见,无道则隐。邦有道,贫且贱焉,耻也;邦无道,富且贵焉,耻也。”(《论语・泰伯》)

18. 子路宿于石门,晨门曰:“奚自?”子路曰:“自孔氏。”曰:“是知其不可

而为之者与?”(《论语·宪问》)

二、问仁

1. 子曰:“巧言、令色、足恭,左丘明耻之,丘亦耻之。匿怨而友其人,左丘明耻之,丘亦耻之。”(《论语·公冶长》)

2. 樊迟问仁,子曰:“爱人。”问知,子曰:“知人。”(《论语·颜渊》)

3. 樊迟问知,子曰:“务民之义,敬鬼神而远之,可谓知矣。”问仁,曰:“仁者先难而后获,可谓仁矣。”(《论语·雍也》)

4. 樊迟问仁,子曰:“居处恭,执事敬,与人忠。虽之夷狄,不可弃也。”(《论语·子路》)

5. 子游曰:“吾友张也为难能也,然而未仁。”(《论语·子张》)

6. 曾子曰:“堂堂乎张也,难与并为仁矣。”(《论语·子张》)

7. 子张问仁于孔子,孔子曰:“能行五者于天下为仁矣。”请问之,曰:“恭、宽、信、敏、惠。恭则不侮,宽则得众,信则人任焉,敏则有功,惠则足以使人。”(《论语·阳货》)

8. 仲弓问仁,子曰:“出门如见大宾,使民如承大祭。己所不欲,勿施于人。在邦无怨,在家无怨。”仲弓曰:“雍虽不敏,请事斯语矣。”(《论语·颜渊》)

9. 子曰:“参乎,吾道一以贯之。”曾子曰:“唯。”子出,门人问曰:“何谓也?”曾子曰:“夫子之道,忠恕而已矣。”(《论语·里仁》)

10. 子贡曰:“如有博施于民而能济众,何如?可谓仁乎?”子曰:“何事于仁,必也圣乎!尧舜其犹病诸!夫仁者,己欲立而立人,己欲达而达人。能近取譬,可谓仁之方也已。”(《论语·雍也》)

11. 子贡问为仁,子曰:“工欲善其事,必先利其器。居是邦也,事其大夫之贤者,友其士之仁者。”(《论语·卫灵公》)

12. 颜渊问仁,子曰:“克己复礼为仁。一日克己复礼,天下归仁焉。为仁由己,而由人乎哉?”颜渊曰:“请问其目?”子曰:“非礼勿视,非礼勿听,非礼勿言,非礼勿动。”颜渊曰:“回虽不敏,请事斯语矣。”(《论语·颜渊》)

13. 司马牛问仁，子曰："仁者，其言也讱。"曰："其言也讱，斯谓之仁已乎？"子曰："为之难，言之得无讱乎？"（《论语·颜渊》）

14. 子曰："其言之不怍，则为之也难。"（《论语·宪问》）

15. 子曰："巧言令色，鲜矣仁。"（《论语·学而》）

16. 子曰："巧言、令色、足恭，左丘明耻之，丘亦耻之。匿怨而友其人，左丘明耻之，丘亦耻之。"（《论语·公冶长》）

三、问政

1. 季康子问政于孔子，孔子对曰："政者，正也。子帅以正，孰敢不正？"（《论语·颜渊》）

2. 冉子退朝，子曰："何晏也？"对曰："有政。"子曰："其事也。如有政，虽不吾以，吾其与闻之。"（《论语·子路》）

3. 子曰："晋文公谲而不正，齐桓公正而不谲。"（《论语·宪问》）

4. 子路曰："卫君待子而为政，子将奚先？"子曰："必也正名乎！"子路曰："有是哉，子之迂也！奚其正？"子曰："野哉由也！君子于其所不知，盖阙如也。名不正，则言不顺；言不顺，则事不成；事不成，则礼乐不兴；礼乐不兴，则刑罚不中；刑罚不中，则民无所措手足。故君子名之必可言也，言之必可行也。君子于其言，无所苟而已矣。"（《论语·子路》）

5. 子曰："不在其位，不谋其政。"（《论语·泰伯》）

6. 曾子曰："君子思不出其位。"（《论语·宪问》）

7. 子曰："其身正，不令而行；其身不正，虽令不从。"（《论语·子路》）

8. 子曰："苟正其身矣，于从政乎何有？不能正其身，如正人何？"（《论语·子路》）

9. 季康子患盗，问于孔子。孔子对曰："苟子之不欲，虽赏之不窃。"（《论语·颜渊》）

10. 齐景公有马千驷，死之日，民无德而称焉。伯夷、叔齐饿于首阳之下，民到于今称之。其斯之谓与？？（《论语·季氏》）

11. 齐景公问政于孔子，孔子对曰："君君，臣臣，父父，子子。"公曰："善哉！

信如君不君、臣不臣、父不父、子不子，虽有粟，吾得而食诸?”(《论语・颜渊》)

12. 哀公问曰:“何为则民服?”孔子对曰:“举直错诸枉，则民服;举枉错诸直，则民不服。”(《论语・为政》)

13. 子游为武城宰，子曰:“女得人焉尔乎?”曰:“有澹台灭明者，行不由径，非公事，未尝至于偃之室也。”(《论语・雍也》)

14. 子曰:“巍巍乎！舜、禹之有天下也而不与焉。”(《论语・泰伯》)

15. 子曰:“大哉尧之为君也！巍巍乎，唯天为大，唯尧则之。荡荡乎，民无能名焉。巍巍乎其有成功也，焕乎其有文章!”(《论语・泰伯》)

16. 子曰:“无为而治者其舜也与！夫何为哉？恭己正南面而已矣。”(《论语・卫灵公》)

17. 子曰:“禹，吾无间然矣。菲饮食而致孝乎鬼神，恶衣服而致美乎黻冕，卑宫室而尽力乎沟洫。禹，吾无间然矣。”(《论语・泰伯》)

18. 尧曰:“咨！尔舜，天之历数在尔躬，允执其中。四海困穷，天禄永终。”舜亦以命禹。(《论语・尧曰》)

19. 子曰:“甚矣吾衰也！久矣吾不复梦见周公!”(《论语・述而》)

20. 子曰:“如有周公之才之美，使骄且吝，其余不足观也已。”(《论语・泰伯》)

21. 子曰:“为政以德，譬如北辰，居其所而众星共之。”(《论语・为政》)

22. 叶公问政，子曰:“近者说，远者来。”(《论语・子路》)

23. 子曰:“道之以政，齐之以刑，民免而无耻。道之以德，齐之以礼，有耻且格。”(《论语・为政》)

24. 定公问:“君使臣，臣事君，如之何?”孔子对曰:“君使臣以礼，臣事君以忠。”(《论语・八佾》)

25. 子曰:“道千乘之国，敬事而信，节用而爱人，使民以时。”(《论语・学而》)

26. 季康子问:“使民敬、忠以劝，如之何?”子曰:“临之以庄，则敬;孝慈，则忠;举善而教不能，则劝。”(《论语・为政》)

27. 哀公问于有若曰:“年饥，用不足，如之何?”有若对曰:“盍彻乎?”曰:“二，吾犹不足，如之何其彻也?”对曰:“百姓足，君孰与不足？百姓不足，君孰

与足?"(《论语·颜渊》)

28. 子适卫,冉有仆。子曰:"庶矣哉!"冉有曰:"既庶矣,又何加焉?"曰:"富之。"曰:"既富矣,又何加焉?"曰:"教之。"(《论语·子路》)

29. 子曰:"善人为邦百年,亦可以胜残去杀矣。诚哉是言也!"(《论语·子路》)

30. 季康子问政于孔子曰:"如杀无道以就有道,何如?"孔子对曰:"子为政,焉用杀?子欲善而民善矣。君子之德风,小人之德草,草上之风必偃。"(《论语·颜渊》)

31. 子张学干禄。子曰:"多闻阙疑,慎言其余,则寡尤;多见阙殆,慎行其余,则寡悔。言寡尤,行寡悔,禄在其中矣。"(《论语·为政》)

32. 子路问政,子曰:"先之,劳之。"请益,曰:"无倦。"(《论语·子路》)

33. 子张问政。子曰:"居之无倦,行之以忠。"(《论语·颜渊》)

34. 仲弓为季氏宰,问政,子曰:"先有司,赦小过,举贤才。"曰:"焉知贤才而举之?"曰:"举尔所知。尔所不知,人其舍诸?"(《论语·子路》)

35. 子夏为莒父宰,问政,子曰:"无欲速,无见小利。欲速则不达,见小利则大事不成。"(《论语·子路》)

36. 颜渊问为邦,子曰:"行夏之时,乘殷之辂,服周之冕,乐则《韶》、《舞》;放郑声,远佞人。郑声淫,佞人殆。"(《论语·卫灵公》)

37. 子贡问政,子曰:"足食,足兵,民信之矣。"子贡曰:"必不得已而去,于斯三者何先?"曰:"去兵。"子贡曰:"必不得已而去,于斯二者何先?"曰:"去食。自古皆有死,民无信不立。"(《论语·颜渊》)

38. 子张问于孔子曰:"何如斯可以从政矣?"子曰:"尊五美,屏四恶,斯可以从政矣。"子张曰:"何谓五美?"子曰:"君子惠而不费,劳而不怨,欲而不贪,泰而不骄,威而不猛。"子张曰:"何谓惠而不费?"子曰:"因民之所利而利之,斯不亦惠而不费乎?择可劳而劳之,又谁怨?欲仁而得仁,又焉贪?君子无众寡,无小大,无敢慢,斯不亦泰而不骄乎?君子正其衣冠,尊其瞻视,俨然人望而畏之,斯不亦威而不猛乎?"子张曰:"何谓四恶?"子曰:"不教而杀谓之虐;不戒视成谓之暴;慢令致期谓之贼;犹之与人也,出纳之吝谓之有司。"

(《论语·尧曰》)

四、问礼

1. 孔子谓季氏:“八佾舞于庭,是可忍也,孰不可忍也?”(《论语·八佾》)

2. 三家者以《雍》彻,子曰:“‘相维辟公,天子穆穆’,奚取于三家之堂?”(《论语·八佾》)

3. 子曰:“禘自既灌而往者,吾不欲观之矣。”(《论语·八佾》)

4. 季氏旅于泰山。子谓冉有曰:“女弗能救与?”对曰:“不能。”子曰:“呜呼! 曾谓泰山不如林放乎?”(《论语·八佾》)

5. 子曰:“觚不觚,觚哉! 觚哉!”(《论语·雍也》)

6. 孔子曰:“天下有道,则礼乐征伐自天子出;天下无道,则礼乐征伐自诸侯出。自诸侯出,盖十世希不失矣;自大夫出,五世希不失矣;陪臣执国命,三世希不失矣。天下有道,则政不在大夫。天下有道,则庶人不议。”(《论语·述而》)

7. 陈司败问:“昭公知礼乎?”孔子曰:“知礼。”

孔子退,揖巫马期而进之曰:“吾闻君子不党,君子亦党乎? 君取于吴,为同姓,谓之吴孟子。君而知礼,孰不知礼?”巫马期以告。子曰:“丘也幸,苟有过,人必知之。”(《论语·述而》)

8. 子曰:“夏礼吾能言之,杞不足征也;殷礼吾能言之,宋不足征也。文献不足故也,足则吾能征之矣。”(《论语·八佾》)

9. 子张问:“十世可知也?”子曰:“殷因于夏礼,所损益,可知也;周因于殷礼,所损益,可知也。其或继周者,虽百世,可知也。”(《论语·为政》)

10. 子张曰:“《书》云,‘高宗谅阴,三年不言。’何谓也?”子曰:“何必高宗,古之人皆然。君薨,百官总己以听于冢宰三年。”(《论语·宪问》)

11. 子疾病,子路使门人为臣。病间,曰:“久矣哉,由之行诈也! 无臣而为有臣,吾谁欺? 欺天乎? 且予与其死于臣之手也,毋宁死于二三子之手乎! 且予纵不得大葬,予死于道路乎?”(《论语·子罕》)

12. 见齐衰者,虽狎,必变。见冕者与瞽者,虽亵,必以貌。凶服者式之,

式负版者。有盛馔,必变色而作。迅雷风烈,必变。(《论语·乡党》)

13. 齐,必有明衣,布。齐必变食,居必迁坐。(《论语·乡党》)

14. 虽疏食菜羹,必祭,必齐如也。(《论语·乡党》)

15. 乡人傩,朝服而立于阼阶。(《论语·乡党》)

16. 子入太庙,每事问。或曰:"孰谓鄹人之子知礼乎?入太庙,每事问。"子闻之,曰:"是礼也。"(《论语·八佾》)

17. 君命召,不俟驾行矣。(《论语·乡党》)

18. 君召使摈,色勃如也,足躩如也。揖所与立,左右手,衣前后襜如也。趋进,翼如也。宾退,必复命曰:"宾不顾矣。"(《论语·乡党》)

19. 入公门,鞠躬如也,如不容。立不中门,行不履阈。过位,色勃如也,足躩如也,其言似不足者。摄齐升堂,鞠躬如也,屏气似不息者。出,降一等,逞颜色,怡怡如也;没阶,趋进,翼如也;复其位,踧踖如也。(《论语·乡党》)

20. 执圭,鞠躬如也,如不胜。上如揖,下如授。勃如战色,足蹜蹜如有循。享礼,有容色。私觌,愉愉如也。(《论语·乡党》)

21. 朝,与下大夫言,侃侃如也;与上大夫言,訚訚如也。君在,踧踖如也,与与如也。(《论语·乡党》)

22. 席不正,不坐。(《论语·乡党》)

23. 乡人饮酒,杖者出,斯出矣。(《论语·乡党》)

24. 孔子于乡党,恂恂如也,似不能言者;其在宗庙朝庭,便便言,唯谨尔。(《论语·乡党》)

25. 问人于他邦,再拜而送之。(《论语·乡党》)

26. 君赐食,必正席先尝之;君赐腥,必熟而荐之;君赐生,必畜之。侍食于君,君祭,先饭。(《论语·乡党》)

27. 康子馈药,拜而受之。曰:"丘未达,不敢尝。"(《论语·乡党》)

28. 朋友之馈,虽车马,非祭肉,不拜。(《论语·乡党》)

29. 疾,君视之,东首,加朝服,拖绅。(《论语·乡党》)

30. 邦君之妻,君称之曰夫人,夫人自称曰小童;邦人称之曰君夫人,称诸异邦曰寡小君;异邦人称之亦曰君夫人。(《论语·季氏》)

31. 子之燕居,申申如也,夭夭如也。(《论语·述而》)

32. 子不语怪、力、乱、神。(《论语·述而》)

33. 食不语,寝不言。(《论语·乡党》)

34. 食不厌精,脍不厌细。食饐而餲,鱼馁而肉败,不食;色恶,不食;臭恶,不食;失饪,不食;不时,不食;割不正,不食;不得其酱,不食。肉虽多,不使胜食气。唯酒无量,不及乱。沽酒市脯,不食。不撤姜食,不多食。(《论语·乡党》)

35. 寝不尸,居不客。(《论语·乡党》)

36. 升车,必正立,执绥。车中不内顾,不疾言,不亲指。(《论语·乡党》)

37. 君子不以绀緅饰,红紫不以为亵服。当暑袗絺绤,必表而出之。缁衣羔裘,素衣麑裘,黄衣狐裘。亵裘长,短右袂。必有寝衣,长一身有半。狐貉之厚以居。去丧,无所不佩。非帷裳,必杀之。羔裘玄冠不以吊。吉月,必朝服而朝。(《论语·乡党》)

38. 子曰:"能以礼让为国乎?何有?不能以礼让为国,如礼何?"(《论语·里仁》)

39. 子曰:"上好礼,则民莫敢不敬;上好义,则民莫敢不服;上好信,则民莫敢不用情。"(《论语·子路》)

40. 子曰:"上好礼,则民易使也。"(《论语·宪问》)

41. 子贡欲去告朔之饩羊,子曰:"赐也!尔爱其羊,我爱其礼。"(《论语·八佾》)

42. 子曰:"君子博学于文,约之以礼,亦可以弗畔矣夫。"(《论语·雍也》)

43. 子曰:"以约失之者鲜矣。"(《论语·里仁》)

44. 有子曰:"信近于义,言可复也。恭近于礼,远耻辱也。因不失其亲,亦可宗也。"(《论语·学而》)

45. 子曰:"恭而无礼则劳,慎而无礼则葸,勇而无礼则乱,直而无礼则绞。君子笃于亲,则民兴于仁;故旧不遗,则民不偷。"(《论语? 泰伯》)

46. 子曰："事君尽礼，人以为谄也。"(《论语·八佾》)

47. 子曰："君子无所争，必也射乎！揖让而升，下而饮。其争也君子。"(《论语·八佾》)

48. 有子曰："礼之用，和为贵。先王之道，斯为美；小大由之。有所不行，知和而和，不以礼节之，亦不可行也。"(《论语·学而》)

49. 林放问礼之本，子曰："大哉问！礼，与其奢也，宁俭；丧，与其易也，宁戚。"(《论语·八佾》)

50. 宰我问："三年之丧，期已久矣！君子三年不为礼，礼必坏；三年不为乐，乐必崩。旧谷既没，新谷既升，钻燧改火，期可已矣。"子曰："食夫稻，衣夫锦，于女安乎？"曰："安！""女安则为之！夫君子之居丧，食旨不甘，闻乐不乐，居处不安，故不为也。今女安，则为之！"宰我出，子曰："予之不仁也！子生三年，然后免于父母之怀。夫三年之丧，天下之通丧也，予也有三年之爱于其父母乎！"(《论语·阳货》)

51. 子曰："居上不宽，为礼不敬，临丧不哀，吾何以观之哉？"(《论语·八佾》)

52. 子曰："礼云礼云，玉帛云乎哉？乐云乐云，钟鼓云乎哉？"(《论语·阳货》)

53. 子曰："人而不仁，如礼何？人而不仁，如乐何？"(《论语·八佾》)

54. 子曰："管仲之器小哉！"或曰："管仲俭乎？"曰："管氏有三归，官事不摄，焉得俭？""然则管仲知礼乎？"曰："邦君树塞门，管氏亦树塞门；邦君为两君之好，有反坫，管氏亦有反坫。管氏而知礼，孰不知礼？"(《论语·八佾》)

55. 路曰："桓公杀公子纠，召忽死之，管仲不死。"曰："未仁乎？"子曰："桓公九合诸侯，不以兵车，管仲之力也。如其仁，如其仁。"(《论语·宪问》)

56. 祭如在，祭神如神在。子曰："吾不与祭，如不祭。"(《论语·八佾》)

57. 子曰："麻冕，礼也；今也纯，俭，吾从众。拜下，礼也；今拜乎上，泰也；虽违众，吾从下。"(《论语·子罕》)

五、问孝

1. 有子曰："其为人也孝弟而好犯上者，鲜矣；不好犯上而好作乱者，未之

有也。君子务本,本立而道生。孝弟也者,其为仁之本与!"(《论语·学而》)

2. 孟懿子问孝,子曰:"无违。"樊迟御,子告之曰:"孟孙问孝于我,我对曰'无违'。"樊迟曰:"何谓也?"子曰:"生,事之以礼;死,葬之以礼,祭之以礼。"(《论语·为政》)

3. 子曰:"事父母几谏,见志不从,又敬不违,劳而不怨。"(《论语·里仁》)

4. 子曰:"孝哉闵子骞!人不间于其父母昆弟之言。"(《论语·先进》)

5. 孟武伯问孝。子曰:"父母唯其疾之忧。"(《论语·为政》)

6. 子曰:"父母之年,不可不知也,一则以喜,一则以惧。"(《论语·里仁》)

7. 子曰:"父母在,不远游,游必有方。"(《论语·里仁》)

8. 子游问孝。子曰:"今之孝者,是谓能养。至于犬马皆能有养;不敬,何以别乎?"(《论语·为政》)

9. 子曰:"父在,观其志;父没,观其行;三年无改于父之道,可谓孝矣。"(《论语·学而》)

10. 曾子曰:"吾闻诸夫子,孟庄子之孝也,其他可能也;其不改父之臣,与父之政,是难能也。"(《论语·子张》)

11. 子夏问孝。子曰:"色难。有事,弟子服其劳;有酒食,先生馔,曾是以为孝乎?"(《论语·为政》)

六、问学

1. 子曰:"学而时习之,不亦说乎?"(《论语·学而》)

2. 子曰:"弟子入则孝,出则弟,谨而信,泛爱众,而亲仁。行有余力,则以学文。"(《论语·学而》)

3. 曾子曰:"吾日三省吾身:为人谋而不忠乎?与朋友交而不信乎?传不习乎?"(《论语·学而》)

4. 子曰:"加我数年,五十以学《易》,可以无大过矣。"(《论语·述而》)

5. 子曰:"小子何莫学夫《诗》?"(《论语·阳货》)

6. 子曰:"吾十有五而志于学,三十而立,四十而不惑,五十而知天命,六十而耳顺,七十而从心所欲,不逾矩。"(《论语·为政》)

7. 子曰："年四十而见恶焉，其终也已。"（《论语·阳货》）

8. 子夏曰："贤贤易色；事父母，能竭其力；事君，能致其身；与朋友交，言而有信。虽曰未学，吾必谓之学矣。"（《论语·学而》）

9. 子曰："生而知之者上也，学而知之者次也，困而学之又其次也。困而不学，民斯为下矣。"（《论语·季氏》）

10. 子曰："十室之邑，必有忠信如丘者焉，不如丘之好学也。"（《论语·公冶长》）

11. 季康子问："弟子孰为好学？"孔子对曰："有颜回者好学，不幸短命死矣，今也则亡。"（《论语·先进》）

12. 子贡问曰："孔文子何以谓之文也？"子曰："敏而好学，不耻下问，是以谓之文也。"（《论语·公冶长》）

13. 子曰："语之而不惰者，其回也与！"（《论语·子罕》）

14. 子谓颜渊，曰："惜乎！吾见其进也，未见其止也。"（《论语·子罕》）

15. 子曰："君子食无求饱，居无求安，敏于事而慎于言，就有道而正焉。可谓好学也已。"（《论语·学而》）

16. 子曰："由也，女闻六言六蔽矣乎？"对曰："未也。""居！吾语女。好仁不好学，其蔽也愚；好知不好学，其蔽也荡；好信不好学，其蔽也贼；好直不好学，其蔽也绞；好勇不好学，其蔽也乱；好刚不好学，其蔽也狂。"（《论语·阳货》）

17. 子曰："知之者不如好之者，好之者不如乐之者。"（《论语·雍也》）

18. 子曰："学如不及，犹恐失之。"（《论语·泰伯》）

19. 子曰："贤哉回也！一箪食，一瓢饮，在陋巷，人不堪其忧，回也不改其乐。贤哉，回也！"（《论语·雍也》）

20. "士志于道，而耻恶衣恶食者，未足与议也。"（《论语·里仁》）

21. 子曰："吾有知乎哉？无知也。有鄙夫问于我，空空如也。我叩其两端而竭焉。"（《论语·子罕》）

22. 子曰："见贤思齐焉，见不贤而内自省也。"（《论语·里仁》）

23. 子曰："吾与回言终日，不违，如愚。退而省其私，亦足以发，回也不愚。"（《论语·为政》）

24. 子曰:“学而不思则罔,思而不学则殆。”(《论语·为政》)

25. 子曰:“吾尝终日不食、终夜不寝以思,无益,不如学也。”(《论语·卫灵公》)

26. 子曰:“温故而知新,可以为师矣。”(《论语·为政》)

27. 子夏曰:“日知其所亡,月无忘其所能,可谓好学也已矣。”(《论语·子张》)

28. 樊迟请学稼。子曰:“吾不如老农。”请学为圃。曰:“吾不如老圃。”樊迟出,子曰:“小人哉,樊须也……”(《论语·子路》)

29. 子曰:“由,诲汝知之乎! 知之为知之,不知为不知,是知也。”(《论语·为政》)

30. 曾子曰:“以能问于不能;以多问于寡;有若无,实若虚,犯而不校。昔者吾友尝从事于斯矣。”(《论语·泰伯》)

31. 子曰:“古者言之不出,耻躬之不逮也。”(《论语·里仁》)

32. 子与人歌而善,必使反之,而后和之。(《论语·述而》)

33. 子曰:“诵《诗》三百,授之以政,不达;使于四方,不能专对;虽多,亦奚以为?”(《论语·子张》)

34. 子曰:“譬如为山,未成一篑,止,吾止也;譬如平地,虽覆一篑,进,吾往也。”(《论语·子罕》)

七、问师

1. 叔孙武叔语大夫于朝曰:“子贡贤于仲尼。”子服景伯以告子贡。子贡曰;“譬之宫墙,赐之墙也及肩,窥见室家之好。夫子之墙数仞,不得其门而入,不见宗庙之美,百官之富。得其门者或寡矣。夫子之云,不亦宜乎!”(《论语·子张》)

2. 叔孙武叔毁仲尼。子贡曰;“无以为也! 仲尼不可毁也。他人之贤者,丘陵也,犹可逾也;仲尼,日月也,无得而逾焉。人虽欲自绝,其何伤于日月乎? 多见其不知量也。”(《论语·子张》)

3. 颜渊喟然叹曰:“仰之弥高,钻之弥坚,瞻之在前,忽焉在后。夫子循

循然善诱人，博我以文，约我以礼，欲罢不能，既竭吾才。既竭吾才，如有所立卓尔。虽欲从之，末由也已。”（《论语・子罕》）

4. 仪封人请见。曰：“君子之至于斯也，吾未尝不得见也。”从者见之。出曰：“二三子，何患于丧乎？天下之无道也久矣，天将以夫子为木铎。”（《论语・八佾》）

5. 子夏曰：“君子有三变：望之俨然，即之也温，听其言也厉。”（《论语・卫灵公》）

6. 子畏于匡，颜渊后。子曰：“吾以女为死矣！”曰：“子在，回何敢死！”（《论语・先进》）

7. 子之武城，闻弦歌之声。夫子莞尔而笑，曰：“割鸡焉用牛刀？”子游对曰：“昔者偃也闻诸夫子曰：‘君子学道则爱人，小人学道则易使也。’”子曰：“二三子，偃之言是也！前言戏之耳。”（《论语・阳货》）

8. 子见南子，子路不说，夫子矢之曰：“予所否者，天厌之！天厌之！”（《论语・雍也》）

9. 子曰：“有教无类。”（《论语・卫灵公》）

10. 原思为之宰，与之粟九百，辞。子曰：“毋，以与尔邻里乡党乎！”（《论语・雍也》）

11. 季康子问：“仲由可使从政也与？”子曰：“由也果，于从政乎何有？”曰：“赐也可使从政也与？”曰：“赐也达，于从政乎何有？”曰：“求也可使从政也与？”曰：“求也艺，于从政乎何有？”（《论语・雍也》）

12. 颜渊死。子曰：“噫！天丧予！天丧予！”（《论语・先进》）

13. 颜渊死，子哭之恸，从者曰：“子恸矣！”曰：“有恸乎？非夫人之为恸而谁为？”（《论语・先进》）

14. 伯牛有疾，子问之，自牖执其手，曰：“亡之，命矣夫！斯人也而有斯疾也！斯人也而有斯疾也！”（《论语・雍也》）

15. 子曰：“由之瑟奚为于丘之门？”门人不敬子路。子曰：“由也升堂矣，未入于室也。”（《论语・先进》）

16. 子所雅言，《诗》、《书》、执礼，皆雅言也。（《论语・述而》）

17. 互乡难与言，童子见，门人惑。子曰："与其进也，不与其退也，唯何甚？人洁己以进，与其洁也，不保其往也。"(《论语·述而》)

18. 子曰："默而识之，学而不厌，诲人不倦，何有于我哉？"(《论语·述而》)

19. 子曰："德之不修，学之不讲，闻义不能徙，不善不能改，是吾忧也。"(《论语·述而》)

20. 子绝四：毋意、毋必、毋固、毋我。(《论语·子罕》)

21. 子曰："二三子以我为隐乎？吾无隐乎尔！吾无行而不与二三子者，是丘也。"(《论语·述而》)

22. 达巷党人曰："大哉孔子！博学而无所成名。"子闻之，谓门弟子曰："吾何执？执御乎，执射乎？吾执御矣。"(《论语·子罕》)

23. 子曰："吾自卫反鲁，然后乐正，雅颂各得其所。"(《论语·子罕》)

24. 子曰："不愤不启，不悱不发，举一隅不以三隅反，则不复也。"(《论语·述而》)

25. 子曰："予欲无言。"子贡曰："子如不言，则小子何述焉？"子曰："天何言哉？四时行焉，百物生焉，天何言哉？"(《论语·阳货》)

26. 子路问："闻斯行诸？"子曰："有父兄在，如之何其闻斯行之？"冉有问："闻斯行诸？"子曰："闻斯行之。"公西华曰："由也问闻斯行诸，子曰，'有父兄在'；求也问闻斯行诸，子曰，'闻斯行之'。赤也惑，敢问。"子曰："求也退，故进之；由也兼人，故退之。"(《论语·先进》)

27. 子路有闻，未之能行，唯恐有闻。(《论语·公冶长》)

28. 子曰："道不行，乘桴浮于海。从我者，其由与？"子路闻之喜。子曰："由也好勇过我，无所取材。"(《论语·公冶长》)

29. 子曰："中人以上，可以语上也；中人以下，不可以语上也。"(《论语·雍也》)

30. 子曰："唯上知与下愚不移。"(《论语·阳货》)

31. 子谓仲弓曰："犁牛之子骍且角，虽欲勿用，山川其舍诸？"(《论语·雍也》)

32. 子曰："雍也可使南面。"(《论语·雍也》)

33. 宰予昼寝,子曰:“朽木不可雕也,粪土之墙不可杇也,于予与何诛?”子曰:“始吾于人也,听其言而信其行;今吾于人也,听其言而观其行。于予与改是。”(《论语·公冶长》)

34. 子贡方人,子曰:“赐也贤乎哉?夫我则不暇。”(《论语·宪问》)

35. 子路使子羔为费宰,子曰:“贼夫人之子。”子路曰:“有民人焉,有社稷焉,何必读书然后为学。”子曰:“是故恶夫佞者。”(《论语·先进》)

36. 季氏富于周公,而求也为之聚敛而附益之。子曰:“非吾徒也,小子鸣鼓而攻之可也。”(《论语·先进》)

37. 子路、曾皙、冉有、公西华侍坐。子曰:“以吾一日长乎尔,毋吾以也。居则曰‘不吾知也’。如或知尔,则何以哉?”(《论语·先进》)

38. 子以四教:文、行、忠、信。(《论语·述而》)

39. 兴于《诗》,立于礼,成于乐。(《论语·泰伯》)

40. 子曰:“《诗》三百,一言以蔽之,曰:‘思无邪’。”(《论语·为政》)

41. 子曰:“《关雎》,乐而不淫,哀而不伤。”(《论语·八佾》)

42. 陈亢问于伯鱼曰:“子亦有异闻乎?”对曰:“未也。尝独立,鲤趋而过庭,曰:‘学《诗》乎?’对曰:‘未也。’‘不学《诗》,无以言。’鲤退而学《诗》。”(《论语·季氏》)

43. 子贡曰:“贫而无谄,富而无骄,何如?”子曰:“可也。未若贫而乐道,富而好礼者也。”子贡曰:《诗》云,‘如切如磋!如琢如磨’,其斯之谓与?”子曰:“赐也!始可与言《诗》已矣,告诸往而知来者。”(《论语·学而》)

44. 子曰:“小子何莫学夫诗?诗可以兴、可以观、可以群、可以怨。迩之事父,远之事君,多识与鸟兽草木之名。”(《论语·阳货》)

45. 子谓伯鱼曰:“女为《周南》、《召南》矣乎?人而不为《周南》、《召南》,其犹正墙面而立也与?”(《论语·阳货》)

八、问友

1. 子曰:“君子不重则不威,学则不固。主忠信;无友不如己者;过则勿惮改。”(《论语·学而》)

2. 子曰："可与共学，未可与适道；可与适道，未可与立；可与立，未可与权。"(《论语·子罕》)

3. 子曰："道不同，不相为谋。"(《论语·卫灵公》)

4. 阳货欲见孔子，孔子不见，馈孔子豚。孔子时其亡也，而往拜之。遇诸途，谓孔子曰："来，予与尔言。"曰："怀其宝而迷其邦，可谓仁乎？"曰："不可。好从事而亟失时，可谓智乎？"曰："不可。日月逝矣，岁不我待。"孔子曰："诺，吾将仕矣。"(《论语·阳货》)

5. 子曰："德不孤，必有邻。"(《论语·里仁》)

6. 子曰："岁寒，然后知松柏之后凋也。"(《论语·子罕》)

7. 颜渊、季路侍。子曰："盍各言尔志？"子路曰："愿车马衣轻裘，与朋友共，敝之而无憾。"颜渊曰："愿无伐善，无施劳。"子路曰："愿闻子之志。"子曰："老者安之，朋友信之，少者怀之。"(《论语·公冶长》)

8. 子曰："唯女子与小人为难养也，近之则不逊，远之则怨。"(《论语·阳货》)

9. 子游曰："事君数，斯辱矣；朋友数，斯疏矣。"(《论语·里仁》)

10. 子曰："君子周而不比，小人比而不周。"(《论语·为政》)

11. 子曰："晏平仲善与人交，久而敬之。"(《论语·公冶长》)

12. 子贡问友。子曰："忠告而善道之，不可则止，毋自辱焉。"(《论语·颜渊》)

13. 朋友死，无所归，曰："于我殡！"(《论语·乡党》)

14. 曾子曰："君子以文会友，以友辅仁。"(《论语·子路》)

15. 孔子曰："益者三友，损者三友。友直、友谅、友多闻，益矣；友便辟、友善柔、友便佞，损矣。"(《论语·季氏》)

16. 孔子曰："益者三乐，损者三乐。乐节礼乐，乐道人之善，乐多贤友，益矣。乐骄乐，乐佚乐，乐宴乐，损矣。"(《论语·季氏》)

九、问利

1. 子罕言利与命与仁。(《论语·子罕》)

2. 子曰："回也其庶乎，屡空。赐不受命，而货殖焉，亿则屡中。"(《论

语·先进》)

3. 王孙贾问曰:"'与其媚于奥,宁媚于灶',何谓也?"子曰:"不然,获罪于天,无所祷也。"(《论语·八佾》)

4. 子言卫灵公之无道也。康子曰:"夫如是,奚而不丧?"孔子曰:"仲叔圉治宾客,祝鮀治宗庙,王孙贾治军旅。夫如是,奚其丧?"(《论语·宪问》))

5. 子曰:"富而可求也,虽执鞭之士,吾亦为之。如不可求,从吾所好。"(《论语·述而》)

6. 子曰:"富与贵,是人之所欲也,不以其道得之,不处也;贫与贱,是人之所恶也,不以其道得之,不去也。君子去仁,恶乎成名?君子无终食之间违仁,造次必于是,颠沛必于是。"(《论语·里仁》)

7. 宪问耻,子曰:"邦有道,谷;邦无道,谷,耻也。"(《论语·宪问》)

8. 子曰:"邦有道,贫且贱焉,耻也。邦无道,富且贵焉,耻也。"(《论语·泰伯》)

9. 子曰:"自行束脩以上,吾未尝无诲焉。"(《论语·述而》)

10. 朋友死,无所归。曰:"于我殡。"(《论语·乡党》)

11. 子贡曰:"有美玉于斯,韫椟而藏诸?求善贾而沽诸?"子曰:"沽之哉,沽之哉!我待贾者也。"(《论语·子罕》)

12. 子曰:"君子谋道不谋食。耕也馁在其中矣,学也禄在其中矣。君子忧道不忧贫。"(《论语·卫灵公》)

13. 樊迟问崇德。子曰:"善哉问!先事后得,非崇德与?"(《论语·子张》)

14. 樊迟问仁。子曰:"仁者先难而后获,可谓仁矣。"(《论语·雍也》)

15. 子曰:"事君,敬其事而后其食。"(《论语·卫灵公》)

16. 子曰:"吾未见刚者。"或对曰:"申枨。"子曰:"枨也欲,焉得刚。"(《论语·公冶长》)

17. 子问公叔文子于公明贾曰:"信乎,夫子不言,不笑,不取乎?"公明贾对曰:"以告者过也。夫子时然后言,人不厌其言;乐然后笑,人不厌其笑;义然后取,人不厌其取。"子曰:"其然?岂其然乎?"(《论语·宪问》)

18. 子曰:"饭疏食饮水,曲肱而枕之,乐亦在其中矣。不义而富且贵,于

我如浮云。”(《论语·述而》)

19. 子曰:“君子喻于义,小人喻于利。”(《论语·里仁》)

20. 子曰:“放于利而行,多怨。”(《论语·里仁》)

21. 子曰:“群居终日,言不及义,好行小慧,难矣哉!”(《论语·卫灵公》)

22. 子曰:“仁者安仁,知者利仁。”(《论语·里仁》)

十、问君子

1. 子曰:“先进于礼乐,野人也;后进于礼乐,君子也。如用之,则吾从先进。”(《论语·先进》)

2. 子曰:“君子而不仁者有矣夫,未有小人而仁者也。”(《论语·宪问》)

3. 子曰:“论笃是与,君子者乎,色庄者乎?”(《论语·先进》)

4. 子曰:“色厉而内荏,譬诸小人,其犹穿窬之盗也与?”(《论语·阳货》)

5. 棘子成曰:“君子质而已矣,何以文为?”子贡曰:“惜乎,夫子之说君子也!驷不及舌。文犹质也,质犹文也。虎豹之鞟犹犬羊之鞟。”(《论语·颜渊》)

6. 子曰:“质胜文则野,文胜质则史。文质彬彬,然后君子。”(《论语·雍也》)

7. 曾子有疾,孟敬子问之。曾子言曰:“鸟之将死,其鸣也哀;人之将死,其言也善。君子所贵乎道者三:动容貌,斯远暴慢矣;正颜色,斯近信矣;出辞气,斯远鄙倍矣。笾豆之事,则有司存。”(《论语·泰伯》)

8. 南容三复白圭,孔子以其兄之子妻之。(《论语·先进》)

9. 子谓南容,“邦有道,不废;邦无道,免于刑戮。”以其兄之子妻之。(《论语·公冶长》)

10. 南宫适问于孔子曰:“羿善射,奡荡舟,俱不得其死然;禹、稷躬稼而有天下。”夫子不答。南宫适出,子曰:“君子哉若人!尚德哉若人!”(《论语·宪问》)

11. 子谓子贱,“君子哉若人!鲁无君子者,斯焉取斯?”(《论语·公冶长》)

12. 子谓子产:“有君子之道四焉:其行己也恭,其事上也敬,其养民也惠,其使民也义。”(《论语·公冶长》)

13. 蘧伯玉使人于孔子,孔子与之坐而问焉,曰:“夫子何为?”对曰:“夫子欲寡其过而未能也。”使者出,子曰:“使乎!使乎!”(《论语·宪问》)

14. 子曰:“直哉,史鱼!邦有道,如矢;邦无道,如矢。君子哉,蘧伯玉!邦有道,则仕;邦无道,则可卷而怀之。”(《论语·卫灵公》)

15. 在陈绝粮,从者病,莫能兴。子路愠见曰:“君子亦有穷乎?”子曰:“君子固穷,小人穷斯滥矣。”(《论语·卫灵公》)

16. 子曰:“士而怀居,不足以为士矣。”(《论语·宪问》)

17. 子欲居九夷。或曰:“陋,如之何?”子曰:“君子居之,何陋之有!”(《论语·子罕》)

18. 子曰:“君子上达,小人下达。”(《论语·宪问》)

19. 子曰:“当仁,不让于师。”(《论语·卫灵公》)

20. 子曰:“君子去仁,恶乎成名?君子无终食之间违仁,造次必于是,颠沛必于是。”(《论语·里仁》)

21. 子曰:“君子疾没世而名不称焉。”(《论语·卫灵公》)

22. 曾子曰:“可以托六尺之孤,可以寄百里之命,临大节而不可夺也。君子人与?君子人也。”(《论语·泰伯》)

23. 子曰:“君子怀德,小人怀土;君子怀刑,小人怀惠。”(《论语·里仁》)

24. 子曰:“君子易事而难说也。说之不以道,不说也;及其使人也,器之。小人难事而易说也。说之虽不以道,说也;及其使人也,求备焉。”(《论语·子路》)

25. 子曰:“君子矜而不争,群而不党。”(《论语·卫灵公》)

26. 子曰:“君子周而不比,小人比而不周。”(《论语·为政》)

27. 子曰:“君子和而不同,小人同而不和。”(《论语·子路》)

28. 子曰:“君子泰而不骄,小人骄而不泰。”(《论语·子路》)

29. 子曰:“君子求诸己,小人求诸人。”(《论语·卫灵公》)

30. 子曰:“君子之于天下也,无适也,无莫也,义之与比。”(《论语·里仁》)

31. 子贡问君子。子曰:“先行其言而后从之。”(《论语·为政》)

32. 子曰:“君子耻其言而过其行。”(《论语·宪问》)

33. 子曰:“君子欲讷于言而敏于行。”(《论语·里仁》)

34. 子曰:“君子不以言举人,不以人废言。”(《论语·卫灵公》)

35. 子曰:“君子道者三,我无能焉:仁者不忧,知者不惑,勇者不惧。”子贡曰:“夫子自道也。”(《论语·宪问》)

36. 子曰:“鄙夫可与事君也与哉?其未得之也,患得之;既得之,患失之。苟患失之,无所不至矣。”(《论语·阳货》)

37. 司马牛问君子,子曰:“君子不忧不惧。”曰:“不忧不惧,斯谓之君子已乎?”子曰:“内省不疚,夫何忧何惧?”(《论语·颜渊》)

38. 孔子曰:“君子有三畏:畏天命,畏大人,畏圣人之言。小人不知天命而不畏也,狎大人,侮圣人之言。”(《论语·季氏》)

39. 孔子曰:“君子有三戒:少之时,血气未定,戒之在色;及其壮也,血气方刚,戒之在斗;及其老也,血气既衰,戒之在得。”(《论语·季氏》)

40. 孔子曰:“君子有九思:视思明,听思聪,色思温,貌思恭,言思忠,事思敬,疑思问,忿思难,见得思义。”(《论语·季氏》)

后　　记

子曰："予欲无言。"

孔子不想说话了，是因为"天何言哉，四时行焉，百物生焉，天何言哉"带给他的感触。

我也不想说话了，是因为经典太深邃了，"言有尽而意无穷"。于经典而言，再多的言语都是苍白的、多余的，甚至是误读的。我深深地知道，过度的解读一定会歧义丛生。

我只有等待方家的教诲了。

书中有关《论语》的译注，多处参考了钱穆、杨伯峻、傅佩荣、李零等学者的说法，没有一一标明，只好在此致歉并致谢了！

三年多零零碎碎的思考与记叙，并没有苦痛之感，反而乐此不疲。这亦是我经常感到奇怪的问题：为什么有人一读古文就头痛呢？《论语》真不让人头痛。除了是《论语》的有趣之外，还因为有众多的同行者、爱好者！

感谢黄珺、张昂波、唐小意等同仁给予的启迪！感谢余柯、赵姜艳、杨艳、刘茜、刘港、王安妮等同仁记录我的讲座！感谢耐心听我絮叨《论语》的诸多教育界同仁！感谢我的同事、老朋友何宗焕先生为我题写书名。

感谢江苏凤凰出版传媒集团报刊中心主任、江苏凤凰教育出版社副总编游建华先生对我的关心、支持和鼓励！

没有你们的帮助和激励，我还真不敢出版这本书。

太多的遗憾源自自己的固陋，还或许是我的胆大妄为、妄加臆测。遗憾也好，让我时时得到告诫：毋意，毋必，毋固，毋我！

李统兴

2018 年 10 月 25 日于长沙